新时代高校思想政治理论课研究丛书

新时代高校思想政治理论课体系创新研究

王仕民　丁存霞　等◎著

广东省教育科学规划（党的十九大精神研究专项）重点课题"新时代广东高校思想政治理论课建设研究"之新时代高校思想政治理论课体系创新研究（2018JKSJD23）成果

暨南大学出版社
JINAN UNIVERSITY PRESS
中国·广州

图书在版编目（CIP）数据

新时代高校思想政治理论课体系创新研究/王仕民，丁存霞等著．—广州：暨南大学出版社，2021.3

（新时代高校思想政治理论课研究丛书）

ISBN 978 - 7 - 5668 - 3092 - 0

Ⅰ．①新…　Ⅱ．①王…②丁…　Ⅲ．①高等学校—思想政治教育—教学研究—中国　Ⅳ．①G641

中国版本图书馆 CIP 数据核字（2021）第 018887 号

新时代高校思想政治理论课体系创新研究

XINSHIDAI GAOXIAO SIXIANG ZHENGZHI LILUNKE TIXI CHUANGXIN YANJIU

著　者：王仕民　丁存霞　等

出 版 人：张晋升
策划编辑：晏礼庆
责任编辑：陈绪泉
责任校对：周海燕　黄晓佳　陈皓琳
责任印制：周一丹　郑玉婷

出版发行：暨南大学出版社（510630）
电　　话：总编室（8620）85221601
　　　　　营销部（8620）85225284　85228291　85228292　85226712
传　　真：（8620）85221583（办公室）　85223774（营销部）
网　　址：http：//www.jnupress.com
排　　版：广州良弓广告有限公司
印　　刷：广州一龙印刷有限公司
开　　本：787mm×1092mm　1/16
印　　张：15.75
字　　数：282 千
版　　次：2021 年 3 月第 1 版
印　　次：2021 年 3 月第 1 次
定　　价：59.80 元

总　序

　　习近平总书记在十九大报告中指出：经过长期努力，中国特色社会主义进入了新时代，这是我国发展新的历史方位。新时代是一种新的历史方位，面临着发展的时空境遇，一切的发展离不开新时代这个前提。新时代所呈现的三个"意味着"为高校思想政治理论课提供了一种全新的思维空间，也对其提出了更高的时代要求。

　　高校思想政治理论课肩负着学习、研究、宣传马克思主义，培养中国特色社会主义事业建设者和接班人的重大任务。高校思想政治理论课是巩固马克思主义在高校意识形态领域的指导地位、坚持社会主义办学方向的重要阵地；是全面贯彻落实党的教育方针、培养中国特色社会主义事业合格建设者和可靠接班人、落实立德树人根本任务的主要渠道；是进行社会主义核心价值观教育，帮助大学生树立正确世界观、人生观、价值观的核心课程。办好高校思想政治理论课，事关意识形态工作大局，事关中国特色社会主义事业后继有人，事关实现中华民族伟大复兴的中国梦，必须始终摆在突出位置，持之以恒、常抓不懈。

　　党的十九大在政治上、理论上、实践上取得了一系列重大成果，就新时代坚持和发展中国特色社会主义的一系列重大理论和实践问题阐明了大政方针，就推进党和国家各方面工作制定了战略部署，是我们党在新时代开启新征程、续写新篇章的政治宣言和行动纲领。"贯彻落实党的十九大精神，在新时代坚持和发展中国特色社会主义，要求全党来一个大学习。"习近平总书记要求大家把学习贯彻党的十九大精神作为第一堂党课、第一堂政治必修课，努力提高自己的政治素养和思想理论水平，以更好地担负起党和人民赋予的重要职责；党的十九大提出了许多新理念、新论断，确定了许多新任务、新举措，需要通过学习来准确领会；关键是要多思多想，努力掌握党的十九大精神的政治意义、历史意义、理论意义、实践意义；要注重采取理论和实践、历史和现实、当前和未来相结合的方法，把每一点都领会深、领会透；要联系地而不是孤立地、系统地而不是零散地、全部地而不是局部地理解党的十九大精神，不能就事论事，不能搞形式主义、实用主义；要把学习贯彻党的十九大精神同学习马克思主义基本原理贯通起来。习近平总书记强调，学习贯彻党的十九大精神，要在做实上下功夫；清谈误国、实干兴邦，一分部署、九分落实；要拿出实实在在的举措，一个时间节点一个时间节点往前推进，以钉钉子精神全面抓好落实。

2019 年 3 月 18 日，在全国"两会"刚刚胜利闭幕之际，习近平总书记亲自主持召开学校思想政治理论课教师座谈会并发表重要讲话，充分体现了党中央对学校思想政治理论课的高度重视、对学校思想政治理论课教师的殷切期望。讲话深刻阐明了学校思想政治理论课和思想政治理论课教师的地位作用、目标任务、职责使命、工作要求，科学回答了思想政治理论课改革创新和思想政治理论课教师队伍建设的方向性、全局性、战略性的重大问题，是办好思想政治理论课和加强思想政治理论课教师队伍建设的根本遵循。习近平总书记指出了高校思想政治理论课教师在办好思想政治理论课方面所起的关键作用，向全国广大思想政治理论课教师提出了六个方面的要求，并提出了八个方面的统一作为办好新时代思想政治理论课教育教学的指导方针，指引我们在新时代进一步提升自己的思想政治素质和教学业务水平，进一步改进和创新新时代思想政治理论课教育教学，不断提升思想政治理论课教学的实效性和感染力。高校思想政治理论课教师一定要讲政治，要善于从政治上看问题，在大是大非面前保持政治清醒。这就要求高校思想政治理论课教师必须有清醒的政治头脑、浓厚的政治意识、高超的政治鉴别力。高校思想政治理论课教师要坚持政治性和学理性相统一，以透彻的学理分析回应学生，以彻底的思想理论说服学生，用真理的强大力量引导学生，这就要求教师在教学过程中不能脱离政治讲理论，必须用学理讲政治，寓政治于学理之中；要把立德树人、培养中国特色社会主义事业建设者和接班人作为一项具有长远战略意义的政治任务。

使命呼唤担当，使命引领未来。高校思想政治理论课是高校进行思想政治教育的主阵地，在高校思想政治教育系统中具有重要地位。高校思想政治理论课面对新时代，必须认真贯彻落实党的十九大精神，特别是扎实推动习近平新时代中国特色社会主义思想"进教材、进教辅、进教案、进教室、进课堂、进网络、进头脑"，认真实施新课程方案，采取一系列重大举措，全面加强和改进高校思想政治理论课。

高校肩负着人才培养、科学研究、社会服务、文化传承创新、国际交流合作的重要使命。加强和改进高校思想政治理论课工作，事关办什么样的大学、怎样办大学的根本问题，事关党对高校的领导，事关中国特色社会主义事业后继有人，是一项重大的政治任务和战略工程。高校思想政治理论课，要高举中国特色社会主义伟大旗帜，全面贯彻党的教育方针，立足坚定大学生对中国特色社会主义的道路自信、理论自信、制度自信、文化自信，以教材体系、人才体系、教学体系建设为核心，以学科支撑体系、综合评价体系、条件保障体系建设为关键，注重发挥高校思想政治理论课的育人功能，发挥高校思想政治理论课教师的育人职责，不断提升高校思想政治理论课教学质量，努力把高校思想政治理论课建设成为学生真心喜爱、终身受益、毕生难忘的优秀课程。

《新时代高校思想政治理论课体系创新研究》《新时代高校思想政治理论课前沿问题研究》《新时代高校思想政治理论课教学方法研究》《新时代高校思想政治理论课发展战略研究》是广东省教育科学规划（党的十九大精神研究专项）重点课题"新时代广东高校思想政治理论课建设研究"成果。该成果以习近平新时代中国特色社会主义思想和党的十九大精神为指导，贯彻落实习近平总书记关于教育的重要论述，特别是在学校思想政治理论课教师座谈会上的重要讲话精神，系统地研究了新时代高校思想政治理论课的重大理论问题和现实问题。该研究成果是一个整体，统一于高校思想政治理论课这个研究主题，形成彼此联系、相互照应、层层递进的研究特效；然又各成体系，相互略有过渡与交叉，但不影响各自的个性特色，突出问题意识，尽可能系统而深入。同时，本研究注重基本理论问题，把握全局，但又突出地域特色，广东经验独立成章，画龙点睛；理论与实践结合，历史与现实结合，国内与国际结合，力争做到具有理论性、时代性、原则性、应用性。然受时间、能力、水平所限，研究成果难免留有遗憾，恳请各位专家学者批评指正。

新时代涉及高校思想政治理论课的问题还很多，本研究只是一个开始，课题组将一如既往地探索研究，不断开拓研究的新境界，希望对此有更深的理解，后续有更多的研究成果，以飨读者。

王仕民

2020 年 12 月 8 日

序

2019 年 3 月 18 日，习近平总书记主持召开了学校思想政治理论课教师座谈会。习近平总书记要求：用新时代中国特色社会主义思想铸魂育人，贯彻党的教育方针，落实立德树人根本任务。习近平总书记强调，"办好思想政治理论课，最根本的是要全面贯彻党的教育方针，解决好培养什么人、怎样培养人、为谁培养人这个根本问题"。习近平总书记认为，思想政治理论课是落实立德树人根本任务的关键课程；思想政治理论课的作用不可替代，思想政治理论课教师队伍责任重大；办好思想政治理论课关键在教师，关键在发挥教师的积极性、主动性、创造性；推动思想政治理论课改革创新，要不断增强思想政治理论课的思想性、理论性和亲和力、针对性。

为深入贯彻落实习近平新时代中国特色社会主义思想和党的十九大精神，贯彻落实习近平总书记关于教育的重要论述，特别是在学校思想政治理论课教师座谈会上的重要讲话精神，全国高校思想政治理论课掀起了发展的新高潮。同时，中共中央办公厅、国务院办公厅印发《关于深化新时代学校思想政治理论课改革创新的若干意见》（2019），教育部印发《普通高等学校思想政治理论课教师队伍培养规划（2019—2023 年）》（2019），教育部印发《普通高等学校马克思主义学院建设标准（2019 年本）》，教育部印发《新时代高校思想政治理论课教学工作基本要求》（2018），中央宣传部、教育部印发《普通高校思想政治理论课建设体系创新计划》（2015），教育部印发《新时代高等学校思想政治理论课教师队伍建设规定》（2020）以及教育部等八部门发布《关于加快构建高校思想政治工作体系的意见》（2020）等，这些都是新时代高校思想政治理论课建设的纲领性文件，通过这些文件把高校思想政治理论课改革创新制度化，极大地提升了高校思想政治理论课教学水平和研究水平。

高校思想政治理论课必须坚持社会主义办学方向，学习、研究、宣传马克思主义，巩固马克思主义在高校意识形态领域的指导地位。实践证明，马克思主义为中国革命、建设、改革提供了强大的思想武器，使中国这个古老的东方大国创造了人类历史上前所未有的发展奇迹。历史和人民选择马克思主义是完全正确的；中国共产党把马克思主义写在自己的旗帜上是完全正确的；坚持马克思主义基本原理同中国具体实际相结合，不断推进马克思主义中国化、时代化是完全正确的。习近平总书记指出，中国共产党之所以能够完成近代以来各种政治力量不可能完成的艰巨任务，就在于始终把马克思主义这一科学理论作为自己的行动指南，并坚持在实践中不断丰富和发展马克思主义。办好高校思想政治理论课，事关意识形态工作大局，事关中国特色社会主义事业后继有人，事关实现中华民族伟大复兴的中国梦，必须始终摆在突出位置，持之以恒、常抓不懈。习近平总书记强调，我们的高校是党领导下的高校，是中国特色社会主义高校。高校思想政治理论课，要遵循思想政治工作规律，遵循教书育人规律，遵循学生成长规律，切实增强大学生对高校思想政治理论课的获得感，不断坚定道路自信、理论自信、制度自信、文化自信。

高校思想政治理论课，必须落实立德树人的根本任务、培养中国特色社会主义事业建设者和接班人的重大任务；坚持教育为人民服务、为中国共产党治国理政服务、为巩固和发展中国特色社会主义制度服务、为改革开放和社会主义现代化建设服务；努力培养担当民族复兴大任的时代新人、培养德智体美劳全面发展的社会主义建设者和接班人。习近平总书记指出，当代大学生是可爱、可信、可贵、可为的。青年正处于学习的黄金时期，应该把学习作为首要任务，作为一种责任、一种精神追求、一种生活方式，树立梦想从学习开始、事业靠本领成就的观念，让勤奋学习成为青春远航的动力，让增长本领成为青春搏击的能量。广大青年既是追梦者，也是圆梦人。追梦需要激情和理想，圆梦需要奋斗和奉献。广大青年应该在奋斗中释放青春激情、追逐青春理想，以青春之我、奋斗之我，为民族复兴铺路架桥，为祖国建设添砖加瓦。高校是立德树人、培养人才的地方，是青年学习知识、增长才干、放飞梦想的地方，对青年成长成才发挥着重要作用。高校只有抓住培养社会主义建设者和接班人这个根本才能办出、办好中国特色世界一流大学。

高校要加快壮大学校思想政治理论课教师队伍，严把思想政治理论课教师的政治关、师德关、业务关；努力建设一支政治强、情怀深、思维新、视野广、自律严、人格正的思想政治理论课教师队伍；不断增强高校思想政治理论课教师的职业认同感、荣誉感、责任感。习近平总书记指出，教师是人类灵魂的工程师，承担着神圣使命。习近平总书记强调，办好思想政治理论课关键在教师，关键在发挥教师的积极性、主动性、创造性。思想政治理论课教师，要给学生心灵埋下真善美的种子，引导学生扣好人生第一粒扣子。传道者自己首先要明道、信道。高校思想政治理论课教师要坚持先受教育，努力成为先进思想文化的传播者、党执政的坚定支持者，从而更好地担起学生健康成长指导者和引路人的责任。常言道：学高为师，身正为范。教书育人，教书者必先学为人师，育人者必先行为世范。良好的师德和专业技能，都是教师必须具备的素质，其中师德是教师的灵魂，是更重要的素质。

高校思想政治理论课建设只能加强，不能削弱，必须切实增强办好高校思想政治理论课的信心，全面提高高校思想政治理论课的质量和水平。上好高校思想政治理论课责任重大，使命光荣。广大高校思想政治理论课教师必须把贯彻落实习近平总书记系列重要讲话精神当作一项重要政治任务来完成，教育战线各级领导干部要将其当作一项主要职责来承担，种好责任田，守好主阵地，为实现"两个一百年"奋斗目标和中华民族伟大复兴中国梦作出新的、更大的贡献。

中国共产党第十九届中央委员会第四次全体会议通过的《中共中央关于坚持和完善中国特色社会主义制度　推进国家治理体系和治理能力现代化若干重大问题的决定》中明确指出：坚持马克思主义在意识形态领域指导地位的根本制度。这要求全党全社会全面贯彻落实习近平新时代中国特色社会主义思想，健全用党的创新理论武装全党、教育人民工作体系；深入实施马克思主义理论研究和建设工程，把坚持以马克思主义为指导全面落实到思想理论建设、哲学社会科学研究、教育教学各方面；加强和改进学校思想政治教育，建立全员、全程、全方位育人体制机制；坚持以社会主义核心价值观引领文化建设制度；推动理想信念教育常态化、制度化，完善青少年理想信念教育齐抓共管机制。这就是新时代思想政治理论课建设的指导思想。在党的十九大报告中，习近平总书记指出，必须推进马克思主义中国化、时代化、大众化，建设具有强大凝聚力和引领力的社会主义意识形态，使全体人民在理想信念、价值理念、道德观念上紧紧团结在一起；要加强理论武装，推动新时代中国特色社会主义思想深入人心。习近平总书记要求，加强和改进思想政治工作，必须把教育事业放在优先位置，加快教育现代化，办好人民满意的教育。

新时代高校思想政治理论课教学与研究，使命光荣，任务艰巨。特别是广东比邻港澳，广东高校面临的环境与形势更加复杂。广东高校牢牢占领着思想政治理论课高地，发挥着重要作用，新时代广东高校思想政治理论课必将再创辉煌，这其中，"新时代广东高校思想政治理论课建设研究"成果的出版就是一个标志。然而，新时代高校思想政治理论课必将面临许多新情况、新问题、新任务，高校思想政治理论课教学与研究必将迈上一个新台阶。预祝广东高校思想政治理论课建设取得更大成就！

郑永廷

2020 年 10 月 8 日

目　录

第一章 新时代高校思想政治理论课
体系创新研究综述

新时代思想政治理论课是高等学校落实立德树人根本任务的关键课程，是必须按照国家要求设置的课程，是高校思想政治教育的主渠道，也是新时代大学生的必修课。"高校思想政治工作关系高校培养什么人、如何培养人以及为谁培养人这个根本问题。要坚持把立德树人作为中心环节，把思想政治工作贯穿教育教学全过程。"① 高校思想政治理论课体系是高校思想政治理论课的重要方面，它既包括思想政治理论课的课程体系，也包括思想政治理论课的内容体系及其相关内容。新时代研究高校思想政治理论课体系，对于把握思想政治理论课的系统性、整体性、全局性具有重要意义。这里有必要对思想政治理论课体系的前期研究情况进行梳理，为深入而系统地研究本课题打下坚实基础。

一、高校思想政治理论课体系创新基本问题研究综述

在全国高校思想政治工作会议上，习近平总书记提出高校培养什么样的人、如何培养人以及为谁培养人的终极三问，这是高校思想政治理论课必须回答的问题。根据中国知网关于"高校思想政治理论课"学术成果发表计量可视化图表分析，1959 年，学者发表第一篇关于高校思想政治理论课的研究成果。从 1959 年至 2003 年间，学术成果较为匮乏，尤其是在 1985 年前，年均发文量仅在"个位数"，到 2003 年，年均发文量也没有突破"百位数"。2004 年，胡锦涛同志做出重要指示，明确提出了要力争在几年内使高校思想政治理论课教学状况有明显改善的要求。随着"05 方案"的提出与实施，学界对于高校思想政治理论课的研究开始"热"起来，2005 年发表成果量突破了"千位数"。自党的十八大以来，高校思想政治理论课的研究成果一路攀

① 习近平:《习近平谈治国理政》（第二卷），北京：外文出版社 2017 年版，第 376 页。

升，2016 年全国高校思想政治工作会议召开，2017 年党的十九大的胜利召开，新时代高校思想政治理论课的研究呈现高潮。学者们纷纷就新时代高校思想政治理论课体系基本问题及其体系的界定、历史演变和具体内容等基础性问题进行了探讨研究。

第一，关于"思想政治理论课"的界定。关于高校思想政治理论课的定义，学界虽没有形成统一的界定，但多数学者能从全局性宏观层面进行整体把握，或从其本质、任务、目的等微观角度出发来对其进行定义。主要有如下观点：从全局角度、整体层面出发，将高校思想政治理论课作为对学生进行思想政治教育的"主渠道"和"主阵地"。习近平总书记在全国高校思想政治工作会议上强调："要用好课堂教学这个主渠道，思想政治理论课要坚持在改进中加强，提升思想政治教育亲和力和针对性，满足学生成长发展需求和期待。"[1] 这一重要论述为新时代高校思想政治理论课体系创新提供了纲领性指导。刘晓玲（2018）[2]、文君（2017）[3]、许传红和程雅（2017）[4]、汤玲（2017）[5] 等都将高校思想政治理论课定义为对学生进行思想政治教育的"主渠道""主阵地"。对高校思想政治理论课的界定，吴潜涛在《充分发挥高校思想政治理论课"主渠道"功能》（2017）一文中指出："高校思想政治理论课，是传播马克思主义理论的课堂，是对学生进行马克思主义理论教育、为学生一生的成长奠定科学思想基础的课堂。"[6] 有学者从高校思想政治理论课的内涵、本质以及内在逻辑关系上对其进行界定。李卫东在《高校思想政治理论课导学》（2013）中指出，高校思想政治理论课是思想政治教育课程，它不是一般意义的必修课，是事关大学生的政治方向性的课程；高校思想政治理论课是思想教育，是提高大学生思想素质的重要手段，是培养大学生具有科学观点和方法的教育，是培养大学生正确的世界观、人生观和价值观的重要方式；高校思想政治理论课是道德教育，是德育教育的主渠道，担负德育的重要任务；尽管思想教育、政治教育、道德教育具有各自质的规定性，在德育内容结构中也处于不同的地位，存在着一定的层次性，但是三者是相互

① 习近平：《习近平谈治国理政》（第二卷），北京：外文出版社 2017 年版，第 378 页。
② 刘晓玲：《提升高校思想政治理论课育人水平的现实路径》，《学校党建与思想教育》2018 年第 1 期。
③ 文君：《全面落实高校思想政治理论课建设新要求》，《思想理论教育导刊》2017 年第 3 期。
④ 许传红、程雅：《高校思想政治理论课的教学困境与学情反思》，《学校党建与思想教育》2017 年第 4 期。
⑤ 汤玲：《改进高校思想政治理论课教学的三个着力点》，《红旗文摘》2017 年第 9 期。
⑥ 吴潜涛：《充分发挥高校思想政治理论课"主渠道"功能》，《中南民族大学学报（人文社会科学版）》2017 年第 5 期。

联系、互相渗透、互为依存、互相转化的，没有脱离政治教育的思想教育、道德教育，也不存在脱离思想教育的政治教育、道德教育。思想教育是根本，政治教育是主导，道德教育是基础。① 还有学者从教育的任务、目标层面来界定高校思想政治理论课概念。郑洁、梁虹在《高校思想政治理论课网络教学的现状、原因及对策》（2017）论文中，阐述了"高校思想政治理论课，承担着培养和塑造当代大学生世界观、人生观、价值观的重大任务，负有维护高校意识形态安全的重要责任，关系着高校'培养什么样的人'和'怎样培养人'的价值定位和目标导向"②。李卫红在《统一思想，明确任务，扎实工作，高质量实施高校思想政治理论课新课程方案》（2006）一文中指出，高校思想政治理论课，承担着对大学生进行系统的马克思主义理论教育的任务，是各层次、各科类大学生的必修课，是对大学生进行思想政治教育的主渠道，是帮助大学生坚定理想信念，树立正确世界观、人生观和价值观的重要途径，是社会主义高等教育的本质特征。③

第二，高校思想政治理论课体系创新的历史演变研究综述。中华人民共和国成立以来，高校思想政治理论课经过多次的调整。我国高校思想政治理论课经历了一个从不成熟到成熟、与时俱进、不断发展的过程。国内学者对高校思想政治理论课体系的演变进行了梳理。忻平、吴德勤等在《高校思想政治理论课改革发展研究》（2015）中，系统梳理改革开放以来高校思想政治理论课的基本发展历程。以"78方案""85方案""98方案""05方案"为依据，将高校思想政治理论课发展历程分为四个阶段：恢复与重建时期（1978—1984年）；改革与规划时期（1985—1997年）；反思与发展时期（1998—2004年）；支撑与前进时期（2005—2015年）。④ 作者认真分析了各个阶段高校思想政治理论课改革发展的背景、特征与要求，为深入研究高校思想政治理论课体系改革发展的重大问题提供经验启示。李卫东在《高校思想政治理论课导学》（2013）中，也将高校思想政治理论课的发展分为四个阶段，并对高校思想政治理论课的历史沿革做了详细的阐述：确立体系时期（1949—1956年），中华人民共和国成立初期，根据新民主主义建设和坚持党

---

① 李卫东：《高校思想政治理论课导学》，南昌：江西人民出版社2013年版，第6-7页。

② 郑洁、梁虹：《高校思想政治理论课网络教学的现状、原因及对策》，《学校党建与思想教育》2017年第1期。

③ 李卫红：《统一思想，明确任务，扎实工作，高质量实施高校思想政治理论课新课程方案》，《思想理论教育导刊》2006年第6期。

④ 忻平、吴德勤等：《高校思想政治理论课改革发展研究》，上海：上海大学出版社2015版，第6-30页。

的领导的需要，在吸收老解放区思想政治教育经验的基础上，借鉴苏联高等教育模式，创建了新中国的思想政治教育理论课；曲折发展时期（1957—1976 年），思想政治理论课教学逐步走上正轨，但由于受 1957 年"大跃进""左"倾思想的严重冲击，思想政治理论课也出现了一定程度的混乱。改革探索阶段（1977—2004 年），全国高考制度得以恢复，思想政治理论课又回到了 20 世纪 60 年代初的课程设置。繁荣发展阶段（2005 年至今），高校思想政治理论课设置得到进一步加强和改进，无论是课程内容、教材编撰、师资队伍建设，还是学科建设等，各项事业都蓬勃发展，欣欣向荣。① 雷儒金在《高校思想政治理论课课程设置的演变历程及其历史启示》（2013）中，将高校思想政治理论课分为：初步发展时期（1949—1956 年）；曲折发展时期（1956—1976 年）；恢复和稳定发展时期（1976—1992 年）；全面发展时期（1992—2004 年）和改革完善时期（2004 年至今）。② 作者总结了中华人民共和国成立以来特别是改革开放以来，我国高校思想政治理论课改革发展的历史进程，得出了一定的规律性认识和历史启示。石云霞在《高校思想政治教育理论课程建设史研究》（2006）中，通过对中华人民共和国成立以来高校思想政治理论教育事业的历史考察，揭示出党在高校进行思想政治理论教育方面形成的基本理论和基本经验，并在此基础上进行认真总结；同时，指出我国高校思想政治理论教育工作存在的缺陷、不足、失误以及面临的挑战，对中华人民共和国成立以来高校思想政治理论课建设历史提出若干反思。③

中华人民共和国成立以来，高校思想政治理论课经过多次的调整，我国高校思想政治理论课经历了一个从不成熟到成熟的与时俱进、不断发展过程。近年来，我国学者对高校思想政治理论课程的演变进行了梳理，主要有以下几种观点。骆郁廷（2006）④ 指出，在中共党史上，把马克思主义理论纳入高等学校课程，通过课程教学的形式宣传马克思主义理论，进行马克思主义理论教育，可追溯到 1920 年李大钊在北京大学史学系、经济系、法律系和政治系先后正式讲授的《唯物史观》《工人的国际运动》等马克思主义理论课程或讲座。而直接比较系统地开设马克思主义理论课程是在中国共产党成立以后，在土地革命战争时期举办的各种干部培训学校，在抗日战争期间创办

① 李卫东：《高校思想政治理论课导学》，南昌：江西人民出版社 2013 年版，第 1 - 6 页。

② 雷儒金：《高校思想政治理论课课程设置的演变历程及其历史启示》，《湖北师范学院学报（哲学社会科学版）》20113 年第 4 期。

③ 石云霞：《高校思想政治教育理论课程建设史研究》，武汉：武汉大学出版社 2006 年版，第 366 页。

④ 骆郁廷：《高校思想政治理论课程论》，武汉：武汉大学出版社 2006 年版，第 52 - 78 页。

的具有高等教育性质的大学，在解放战争时期新办的各种门类高等学校中都开设了马克思主义理论教育课程。但由于受当时革命战争年代各方面条件的限制，这些类型课程的开设还处于相对分散、比较零星、比较偶然和范围受到局限的阶段。而真正开始从整体上、大规模地、主动地开展思想政治教育理论课程建设，是在中华人民共和国成立以后。骆郁廷把我国高校思想政治理论课程的历史发展分为四个时期：高校思想政治理论课程初步发展时期（1949—1956 年）；高校思想政治理论课程的曲折发展时期（1956—1978 年）；高校思想政治理论课程的恢复和稳定发展时期（1978—1992 年）；高校思想政治理论课程的全面发展时期（1992 年至今）。顾海良（2007）[1] 对高校思想政治理论课程体系的演化及其特点进行了概括。他指出，高校思想政治理论课程体系的演化，基本上是循着"确立一个意识、突出两类课程、涵盖三个层面"的思路展开的。"确立一个意识"是指确立思想政治理论课是大学生思想政治教育主渠道和主阵地的意识；"突出两类课程"是指由最初的马列主义理论课拓展到马克思主义理论课和思想品德课，形成了"两课"的基本格局，在"05 方案"中进一步统一于思想政治理论课；"涵盖三个层面"是指在课程内涵中体现为：一是以马克思主义基本原理教育为根本的课程，二是以中国化的马克思主义理论教育为中心的课程，三是以运用马克思主义基本立场、观点和方法认识客观世界和改造主观世界为重点的课程。

回顾思想政治理论课建设的演变历程，不难看出，自中华人民共和国成立以来，党和国家非常重视高校思想政治理论课建设研究，在政策制度、机构建设、资金投入、人力发展等方面均给予了极大的支持。高校思想政治理论课无论是在课程名称、教材编撰，还是在内容结构、课程安排等方面都经历了一个不断规范化、系统化、科学化的动态发展过程。而在现实中，在高校思想政治理论课的不断完善和发展中，我们也注意到思想政治理论课建设的反复多变现象，虽然这是课程体系建设过程中不可避免的正常现象，但也从一定程度上说明课程体系建设还缺乏一定的合理性、科学性，还不成熟、不完善。因此，正确总结和反思高校思想政治理论课建设的历史和规律，自觉汲取高校思想政治理论课建设的经验、教训，在立足高校思想政治理论课程"马克思主义理论基础不变""马克思主义中国化理论依据不变""立德树人根本目标不变"的"三不变"同时，创新高校思想政治理论课建设体系，有效把握改革创新过程中的多变性，是提高高校思想政治理论课建设科学化水平的必然要求。

---

[1]　顾海良：《高校思想政治理论课程体系的演化及其基本特点》，《教学与研究》2007 年第 2 期。

第三，高校思想政治理论课体系创新及其关系研究综述。高校思想政治理论课体系建设与发展研究，国内学者的研究成果主要集中在如下方面，即我国高校思想政治理论课体系的内容构成及其相互间的关系研究；新时代高校思想政治理论课体系改革与发展研究。骆郁廷在《高校思想政治理论课的"变"与"不变"》（2013）一文中指出，高校思想政治理论课体系是马克思主义理论体系向课程体系转化的成果，高校思想政治理论课的课程设置无论如何调整和变化，其实质内容始终体现为三大板块，即马克思主义基本原理、马克思主义中国化理论与实践创新成果及人的全面发展理论，深刻揭示了自然界和人类社会发展的客观规律，中国特色社会主义发展的客观规律及人的全面发展的客观规律，彰显了马克思主义理论深刻性和高校思想政治理论课实质内容的相对稳定性。[①] 顾海良在其论文《高校思想政治理论课程体系的演化及其基本特点》（2007）中，对高校思想政治理论课程体系的演化及其特点进行了概括。他指出，近20年来高校思想政治理论课体系的演化基本上是循着"确立一个意识、突出两类课程、涵盖三个层面"的思路展开的。"确立一个意识"是指确立思想政治理论课是大学生思想政治教育主渠道和主阵地的意识；"突出两类课程"是指由最初的马列主义理论课拓展到马克思主义理论课和思想品德课，形成了"两课"的基本格局，在"05 方案"中进一步统一于思想政治理论课；"涵盖三个层面"是指课程内涵上一是体现以马克思主义基本原理教育为根本的课程，二是以发展的马克思主义，即中国化的马克思主义理论教育为中心的课程，三是以初步掌握并运用马克思主义基本立场、观点和方法认识客观世界和改造主观世界为重点的课程。[②] 学界普遍认为高校思想政治理论课体系内部存在着一定的逻辑关系。忻平、吴德勤等在《高校思想政治理论课改革发展研究》（2015）中，以内容体系为核心，系统考察改革开放以来高校思想政治理论课内容建设的基本历程、基本经验、发展脉络，重点分析了"05 方案"中各门思想政治理论课内容改革的主要特点。以学科为支撑，系统梳理马克思主义理论与高校思想政治理论课教学两者之间的关系问题，主要分析了学术界的研究成果，尤其是"主从论""重合论""渗透论""双向互动论"等观点，分析了马克思主义理论支撑思想政治理论课建设的基本模式，提出了相关的对策。[③] 李芳、张耀灿在论文《试论高校思想政治

---

① 骆郁廷：《高校思想政治理论课的"变"与"不变"》，《思想理论教育导刊》2013 年第 4 期。
② 顾海良：《高校思想政治理论课程体系的演化及其基本特点》，《思想理论教育》2007 年第 4 期。
③ 忻平、吴德勤等：《高校思想政治理论课改革发展研究》，上海：上海大学出版社 2015 版，第 3 - 5 页。

理论课新课程的结构关系》（2008）中指出，高校思想政治理论新课程结构是组成高校思想政治理论课系统内各门课程及课程之间的客观、稳定关系所构建而成的体系，四门必修课就是这一结构系统中的四个基本要素。这四个基本要素之间主要包括层次、数比、时间和空间四层基本关系。高校思想政治理论新课程应该按照"理论原理—理论发展—理论历史—理论运用"的逻辑演绎，刚性规定与弹性空间相结合的数比关系，呈"基础—纲要—原理—概论"的排列顺序，全部循序渐进地传授给大学生，以帮助大学生树立整体的、历史的、科学的马克思主义观。① 骆郁廷在其著作《高校思想政治理论课程论》（2006）中认为，高校思想政治理论课教学应遵循其内在规律。首先，在进行知识体系建设中遵循学科课程设计规律，如在中华人民共和国成立初期，高校马克思主义理论课设计基本覆盖了马克思主义理论的三个重要组成部分，把它作为一个完整的科学体系进行系统设计。在改革开放以后，我国高校思想政治理论课设计特别反映了当代中国的马克思主义，又要从社会主义现代化建设的需要和学生的实际出发，处理思想政治理论课的各门课程之间的关系，形成了知识结构合理、功能互补、相对稳定的课程体系。其次，在进行教学活动中遵循教育教学规律，马克思主义灌输理论并不意味着在思想政治理论课教学中应采取强制性的压服的方法去要求学生接受，而是说明开展社会主义意识形态教育的客观性和必要性。思想政治理论课教学作为一种教育教学活动，应遵循教学活动的基本特点。②

二、新时代高校思想政治理论课体系创新研究综述

中共中央、国务院、中宣部、教育部等对高校思想政治理论课改革做出了一系列重要决策，采取了一系列重要措施，对高校思想政治理论课建设提出了较为系统的指导思想。各级党委、教育部门和各高校认真贯彻落实中央精神，高校思想政治理论课教学改革工作全面推进，健康发展，卓有成效。

第一，新时代高校思想政治理论课体系创新的政策梳理。高校思想政治理论课在中华人民共和国成立之初就被称为"马列主义理论课"。1985 年，《中共中央关于改进学校思想品德和政治理论课程教学的通知》明确提出了"思想品德和政治理论课"这一概念。1987 年，国家教育委员会颁布了《关

---

① 李芳、张耀灿：《试论高校思想政治理论课新课程的结构关系》，《思想教育研究》2008 年第 1 期。

② 骆郁廷：《高校思想政治理论课程论》，武汉：武汉大学出版社 2006 年版，第 97 - 99 页。

于进一步改革高等学校马克思主义理论课（公共课）教学的意见》，提出了"马克思主义理论课"这一概念。1995 年国家教育委员会颁布的《关于高校马克思主义理论课和思想品德课教学改革的若干意见》中第一次使用了"马克思主义理论课与思想品德课简称'两课'"这一概念。2004 年，中共中央国务院颁布的《关于进一步加强和改进大学生思想政治教育的意见》中使用了"思想政治理论课"这一概念。该《意见》强调指出：大学生是十分宝贵的人才资源、是民族的希望、是祖国的未来。该《意见》明确指出："高等学校思想政治理论课是大学生思想政治教育的主渠道。思想政治理论课是大学生的必修课，是帮助大学生树立正确世界观、人生观、价值观的重要途径，体现了社会主义大学的本质要求。"加强和改进大学生思想政治教育，提高他们的思想政治素质，把他们培养成中国特色社会主义事业的建设者和接班人，对于全面实施科教兴国和人才强国战略，确保我国在激烈的国际竞争中始终立于不败之地，确保实现全面建设小康社会、加快推进社会主义现代化的宏伟目标，确保中国特色社会主义事业兴旺发达、后继有人，具有重大而深远的战略意义。2005 年 1 月，中央召开全国大学生思想政治教育工作会议，胡锦涛同志发表重要讲话，党中央对加强和改进大学生思想政治教育做了全面的具体部署。同时，胡锦涛同志主持中央政治局常委会，专门研究加强和改进高校思想政治理论课工作，审议通过了《关于进一步加强和改进高等学校思想政治理论课的意见》。该《意见》就进一步加强和改进高校思想政治理论课，提出了明确要求和具体措施，全面深刻阐述了进一步加强和改进高校思想政治理论课的八个"必须"，即：必须充分认识新形势下加强和改进高校思想政治理论课的重要性；必须全面把握加强和改进高校思想政治理论课的指导思想和总体要求；必须大力推进高校思想政治理论课的学科建设；必须不断完善高校思想政治理论课的课程体系；必须抓紧组织编写高校思想政治理论课教材；必须切实改进高校思想政治理论课教育教学的方式和方法；必须努力造就一支高素质的高校思想政治理论课教师队伍；必须切实加强和改进党对高等学校思想政治理论课的领导。该《意见》的核心内容和最大亮点是构建了新的课程体系，推出了大学生思想政治理论课教育教学改革新方案，即"05 方案"。2005 年 2 月，中共中央宣传部、教育部发布了《关于进一步加强和改进高等学校思想政治理论课的意见》，该《意见》指出高等学校思想政治理论课承担着对大学生进行系统的马克思主义理论教育的任务，是对大学生进行思想政治教育的主渠道。充分发挥思想政治理论课的作用，用马克思列宁主义、毛泽东思想、邓小平理论和"三个代表"重要思想武装当代大学生，是党的教育方针的具体体现，是社会主义大学的本质特征，是党和国家事业长远发展的根本保证。2008 年 7 月 8 日至 9 日，中共中央宣传部和教育部在京召开加强和改进高校思想政治理论课工作会议。会议强调，要把思想政治理论课建设成为大学生真心喜爱、终身受益的优秀课程，更好地发挥在培养中国特色社会主义事业建设者和接班人中的重要作用。要把加强和改进高校思想政治理论课摆在更加重要的位置，进一步提高对高校思想政治理论课宏观指导的水平，进一步形成加强和改进高校思想政治理论课的整体合力和良好氛围。2008 年 9 月，为了充分发挥思想政治理论课作为大学生思想政治教育主渠道的作用，进一步推动中国特色社会主义理论体系"进教材、进课堂、进头脑"工作，不断提高大学生的思想政治素质，中共中央宣传部、教育部印发《关于进一步加强高等学校思想政治理论课教师队伍建设的意见》。该《意见》强调，思想政治理论课教师是高等学校教师队伍的一支重要力量，是党的理论、路线、方针、政策的宣讲者，是大学生健康成长的指导者和引路人。在"05 方案"全面实施，教材建设取得突破性进展的情况下，加强教师队伍建设、提高教师队伍的素质和水平，显得尤为迫切。该《意见》为高校思想政治理论课教师队伍建设提供学科支撑，切实为高校思想政治理论课教师队伍建设提供政策和制度保障等问题，提出了明确的要求。为贯彻落实全国加强和改进大学生思想政治教育工作座谈会精神以及《中共中央宣传部、教育部关于进一步加强高等学校思想政治理论课教师队伍建设的意见》，2011 年 1 月，教育部印发《高等学校思想政治理论课建设标准（暂行）》，对高校思想政治理论课的组织管理、教学管理、队伍管理和学科建设进行了规范。2015 年 9 月，该《标准》再次进行修订，进一步加强和完善了高校思想政治理论课的宏观指导，规范了组织管理、教学管理、队伍管理和学科建设。2013 年 8 月 19 日，习近平总书记在全国宣传思想工作会议上强调，经济建设是党的中心工作，意识形态工作是党的一项极端重要的工作。宣传思想工作就是要巩固马克思主义在意识形态领域的指导地位，巩固全党全国人民团结奋斗的共同思想基础。党校、干部学院、社会科学院、高校、理论学习中心组等都要把马克思主义作为必修课，成为马克思主义学习、研究、宣传的重要阵地。2013 年 11 月 17 日，习近平总书记针对高校思想政治理论课建设做出重要批示，为新形势下进一步加强和改进高校思想政治理论课建设指明了方向。习近平总书记强调：高校思想政治理论课必须办好，关键是把教材编好，把教师队伍建设好，把课讲好，这方面还要再努力。2015 年 1 月，中共中央办公厅、国务院办公厅印发《关于进一步加强和改进新形势下高校宣传思想工作的意见》，该《意见》强调指出，意识形态工作是党和国家一项极端重要的工作，高校作为意识形态工作前沿阵地，肩负着学习研究宣传马克思主义，培育和弘扬社会主义核心价值观，为实现中华民族伟大复兴的中国梦提供人才保障和智力支持的重要任务。做好高校宣传思想工作加强高校意识形态阵地建设，是一项战略工程、固本工程、铸魂工程，事关党对高校的领导，事关全面贯彻党的教育方针，事关中国特色社会主义事业后继有人，对于巩固马克思主义在意识形态领域的指导地位，巩固全党全国人民团结奋斗的共同思想基础具有十分重要而深远的意义。为贯彻落实党的十八大和十八届三中、四中全会精神，贯彻落实习近平总书记系列重要指示精神，根据中共中央办公厅、国务院办公厅《关于进一步加强和改进新形势下高校宣传思想工作的意见》，2015 年 7 月，中央宣传部、教育部特制订《普通高校思想政治理论课建设体系创新计划》。该《计划》强调，高校肩负着学习研究宣传马克思主义、培养中国特色社会主义事业建设者和接班人的重大任务。思想政治理论课是巩固马克思主义在高校意识形态领域指导地位，坚持社会主义办学方向的重要阵地，是全面贯彻落实党的教育方针，培养中国特色社会主义事业合格建设者和可靠接班人，落实立德树人根本任务的主干渠道，是进行社会主义核心价值观教育，帮助大学生树立正确世界观、人生观、价值观的核心课程。办好思想政治理论课，事关意识形态工作大局，事关中国特色社会主义事业后继有人，事关实现中华民族伟大复兴的中国梦，必须始终摆在突出位置，持之以恒、常抓不懈。2016 年 5 月 17 日，习近平总书记在哲学社会科学工作座谈会上强调，哲学社会科学领域是知识分子密集的地方，要把这支队伍关心好、培养好、使用好，让广大哲学社会科学工作者成为先进思想的倡导者、学术研究的开拓者、社会风尚的引领者、党执政的坚定支持者。总书记的重要讲话体现了我们党对哲学社会科学发展规律的认识达到了一个新高度，为哲学社会科学繁荣发展指明了方向。2016 年 12 月 7 日至 8 日，习近平总书记在全国高校思想政治工作会议上发表重要讲话。习近平总书记指出，要用好课堂教学这个主渠道，思想政治理论课要坚持在改进中加强，提升思想政治教育亲和力和针对性，满足学生成长发展需求和期待。2017 年 2 月，中共中央国务院印发的《关于加强和改进新形势下高校思想政治工作的意见》指出："要推进高校思想政治工作改革创新，强化社会实践育人，提高实践教学比重，组织师生参加社会实践活动。"2017 年 10 月 18 日，习近平总书记在《中国共产党第十九次全国代表大会报告》中指出，要加强思想道德建设，广泛开展理想信念教育，深化中国特色社会主义和中国梦宣传教育，弘扬民族精神和时代精神，加强爱国主义、集体主义、社会主义教育，引导人们树立正确的历史观、民族观、国家观、文化观。加强和改进思想政治工作，深化群众性精神文明创建活动。2017 年 12 月 4 日，教育部关于印发《高校思想政治工作质量提升工程实施纲要》的通知，为当前高校思想政治理论课建设提出了具有针对性的要求。通知强调要大力推动以"课程思政"为目标的课堂教学改革，优化课程设置，修订专业教材，完善教学设计，加强教学管理，梳理各门专业课程所蕴含的思想政治教育元素和所承载的思想政治教育功能，融入课堂教学各环节，实现思想政治教育与知识体系教育的有机统一。党中央的一系列重大决策和部署对思想政治理论课的学科建设、课程体系、教材编写、教学方法创新、教师队伍建设等都提出了新思路、新举措，高校思想政治理论课教育教学改革生机勃勃，开创了崭新的局面，对新时代高校思想政治理论课体系创新建设具有重要的指导意义。

第二，新时代高校思想政治理论课体系创新问题研究。2015 年中共中央办公厅、国务院办公厅《关于进一步加强和改进新形势下高校宣传思想工作的意见》颁布实施后，中央宣传部、教育部相继出台了《普通高校思想政治理论课建设体系创新计划》和《高等学校思想政治理论课建设标准》，对规范高校思想政治理论课的组织管理、教学管理、队伍管理和学科建设做出整体部署，充分体现新时代党中央对高校思想政治理论课的高度重视。自"05 方案"实施以来，国家从机构设置、学科建设、课程建设、理论研究、教材编写、教师培训等方面下了很大功夫，也取得了比较明显的效果。随着经济的发展，信息化时代的不断加快，新问题、新情况、新矛盾层出不穷。中宣部、教育部印发的《普通高校思想政治理论课建设体系创新计划》指出："一些地方和高校对思想政治理论课仍然重视不够，政策条件保障尚未落实到位，思想政治理论课在高校考核评价体系中的地位和作用不够突出；统筹推进教材修订完善、教师队伍建设、教学方法改革的意识不强，思想政治理论课建设体系尚未完全形成；教师队伍建设不适应思想政治理论课改革发展需求，整体素质亟待提升；改革创新的手段不多，制约思想政治理论课针对性实效性的瓶颈亟待突破；有效整合全社会资源的力度不够，思想政治理论课建设全员全方位全过程育人的格局仍需巩固。"面对新时代出现的新问题、新矛盾，学者们从教育者、教育对象、教学方法、考核方式等多方面进行了系统论述。孙晓华对当前工科院校思想政治理论课存在经典的老问题和棘手的新问题进行了阐述，并在其论文《慕课背景下工科院校思想政治理论课教学改革创新研究》（2018）中指出，新时代"工科院校思想政治理论课教学在向'让学生真心喜爱、终身受益'的目标不断进步的同时，存在授课班型过大，师生互动不足；片面迎合学生，削弱课程地位；内容不接地气，问题意识缺失；

智能手机的广泛普及在一定程度上降低了课堂效能"① 等多方面问题。王培培在其论文《高校思想政治理论课教学和大学生批判性思维的培育》（2018）中从教育对象、教育者、教育环境等三方面分析当前高校思想政治理论课建设现状及问题，即"学生对思政课的学习热情不够、缺乏兴趣和动力、学习目标模糊；'以教师为中心'的教学模式僵化，'启发式'教学方法流于形式"。究其原因，"在教育环境上，长期的传统教育的制约；国内教育界对批判性思维教育重视程度不够；在教师教学上，思政课教师批判性思维素养有待提升；在学生学习上，大学生的批判性思维普遍缺失"。② 许传红在《高校思想政治理论课的教学困境与学情反思》（2017）中认为，生活在科技、经济快速发展的快节奏时代，"90 后"大学生对新事物充满好奇与热情，对于理论性较强的思想政治理论课程则缺乏兴趣；"90 后"学生对思想政治理论课认知程度较低、课堂教学主导者自我认同度下降、课堂教学方法亟待提升等问题比较突出。③ 有学者将思想政治理论课与日常教育相结合，认为当前思想政治理论课存在自说自话、照本宣科等理论与现实相脱离的问题。李辉、陈三宝在《高校思想政治理论课与日常思想政治教育融合之研究》（2018）中指出，当前思想政治理论课教育教学存在着"重言传，轻身教""重理论，轻实践""重课上，轻课下"的老问题，割裂了知识教育同价值引导的关系，割裂了整体教育和个性关怀的关系。同时，就日常思想政治教育而言，思想引导、价值引领和个性关怀也存在着缺乏科学理论支撑的问题，主要表现为事不达理、情难入心、知行不一等问题。④ 朱京海、邹长青以思想政治理论课与日常生活的双重变奏为主题，直面当今时代，高校思想政治理论课与现实生活之间出现的现实问题。其论文《高校思想政治理论课贴近生活何以可能？——借喻后马克思思潮的理论路径》（2018）指出："思政课与生活的鸿沟，在教师与学生的相互漠视中越拉越大。一方面，学生用微观的经验生活去否定宏观的制度建构，另一方面是教师面对'有什么用？'的疑问戛然失语。课堂与生活就在这相互的冷漠中渐行渐远。现实生活中对思政课乃至思

---

① 孙晓华：《慕课背景下工科院校思想政治理论课教学改革创新研究》，《学校党建与思想教育》2018 年第 1 期。

② 王培培：《高校思想政治理论课教学和大学生批判性思维的培育》，《黑龙江高教研究》2018 年第 1 期。

③ 许传红：《高校思想政治理论课的教学困境与学情反思》，《学校党建与思想教育》2017 年第 4 期。

④ 李辉、陈三宝：《高校思想政治理论课与日常思想政治教育融合之研究》，《学校党建与思想教育》2018 年第 1 期。

政课教师普遍的'价值悬设'却实实在在地'高估'了思政课的承载能力。"① 新时代高校思想政治理论课建设，国家层面的重视程度前所未有，为高校思想政治理论课体系建设创造了条件。

第三，新时代高校思想政治理论课体系创新措施研究。新时代，高校思想政治理论课依旧面临着诸多问题和严峻挑战。意识形态领域各种思想观念和价值取向日趋活跃，多种社会思潮纷纭激荡；经济社会的高速发展、利益格局的多元显现，各种矛盾凸显交错；拜金主义、享乐主义、极端个人主义等消极思想观念滋生蔓延，社会诚信缺失、公共道德滑坡；信息技术高速发展，新媒体信息传播快捷方便的同时，多样性、互动性增强，冲击了传统信息传播方式和教学方式。探讨新时代高校思想政治理论课体系建设问题十分重要。对于高校思想政治理论课建设问题，学者们均结合新时代出现的新问题、新矛盾来提出自我见解。唐世刚、杨江民在其著作《高校思想政治理论课教学理论与实践创新研究》（2015）中，结合当今时代出现的新矛盾，对高校思想政治理论课的教学创新内容进行了论述，有一定的代表性。② 冯培主编的《新媒介时代高校思想政治理论课创新体系研究》（2013），由一系列论文汇编而成，分为理论研究篇、教学研究篇、路径研究篇和功能研究篇，在每篇中收集了若干篇论文，反映了学者们对高校思想政治理论课体系问题的思考。③ 李松林和李会先主编的《新时期高校思想政治理论课教学体系研究》（2014），该书对当前思想政治理论课相关问题进行了研究综述，系统探讨了高校思想政治理论课教学体系的转换、高校思想政治理论课实践教学、高校思想政治理论课教学实效性、高校思想政治理论课网络教学、高校思想政治理论课教学质量保障、高校思想政治理论课教师队伍建设等问题。④ 在研究论文方面有：谢惠媛在其论文《混合教学：推进高校思想政治理论课创新的有效方式》（2017）以混合教学为进路，结合高校思想政治理论课自身特点与要求，整合影响教学效果的多种要素，充分发挥其优势，推进教学方法改革。从课程体系化建设的角度，优化教学体系、人才体系、评价体系和条件保障

---

① 朱京海、邹长青：《高校思想政治理论课贴近生活何以可能？——借喻后马克思思潮的理论路径》，《辽宁大学学报（哲学社会科学版）》2018 年第 1 期。

② 唐世刚、杨江民：《高校思想政治理论课教学理论与实践创新研究》，重庆：重庆出版社 2015 年版，第 119－127 页。

③ 冯培：《新媒介时代高校思想政治理论课创新体系研究》，北京：旅游教育出版社 2013 年版。

④ 李松林、李会先：《新时期高校思想政治理论课教学体系研究》，北京：首都师范大学出版社 2014 年版。

体系，使之形成系统联动效应，产生教学合力，提升教育成效。① 艾四林在《构建有效支撑思想政治理论课建设的学科体系》（2015）一文中认为，应该强化马克思主义理论学科支撑意识，构建有效支撑思想政治理论课建设的学科体系，更好地服务于思想政治理论课建设；需要进一步推动马克思主义理论学科和思想政治理论课教学科研机构的融合；将对高校思想政治理论课教学中的热点难点问题的研究，作为学科重要的研究方向；将科研优势转化为教学优势，增强思想政治理论课教学的科研含量。② 吴月齐在《试论高校推进"课程思政"的三个着力点》（2018）中，从三个方面论述当今高校思想政治理论课建设问题，即加强思政理论课——第一课堂建设；转变专任教师观念，挖掘每一门专业课的"德育元素"；推动"第二课堂"和"第三课堂"建设，发挥校园文化育人功能和实践育人有效途径，从而全面提高高校思想政治教育工作水平。③ 肖映胜、吕学芳在《"五全育人"：提升高校思想政治理论课教学实效创新思路研究》（2015）一文中指出，提升高校思想政治理论课教学实效需要从多方面下功夫，其中创新课程建设思路是首要的；并提出高校思想政治理论课"五全育人"的建设思路，即全新育人理念、全面育人举措、全程育人模式、全员育人格局、全心育人精神。④ 杨志刚在《高校思想政治理论课"两分两专"改革思路初探》（2015）一文中提出，高校思想政治理论课"两分两专"改革思路。这里的"两分两专"就是"分课论治，分段主攻，专题教学，专家讲授"。所谓分课论治，指根据每门课程不同的教学目的，采取相应的授课形式，寻求教与学的最佳结合点；所谓分段主攻，是将一门思想政治理论课分成若干段落，如将马克思主义基本原理概论课程分成"历史唯物主义""辩证唯物主义"和"科学社会主义"三段，由三个教学科研团队负责课程的教学任务。⑤

　　第四，新时代网络信息技术对高校思想政治理论课体系创新影响日益深远。新时代，以"互联网＋"为载体的新兴媒体对高校思想政治理论课影响

　　① 谢惠媛：《混合教学：推进高校思想政治理论课创新的有效方式》，《国家教育行政学院学报》2017 年第 11 期。

　　② 艾四林：《构建有效支撑思想政治理论课建设的学科体系》，《思想理论教育导刊》2015 年第 11 期。

　　③ 吴月齐：《试论高校推进"课程思政"的三个着力点》，《学校党建与思想教育》2018 年第 1 期。

　　④ 肖映胜、吕学芳：《"五全育人"：提升高校思想政治理论课教学实效创新思路研究》，《思想理论教育导刊》2015 年第 10 期。

　　⑤ 杨志刚：《高校思想政治理论课"两分两专"改革思路初探》，《思想政治教育研究》2015 年第 4 期。

日益深远。新媒体给思想政治理论课带来了教育观念和教育技术的革命，为教学资源的整合与共享、教学模式的改革与创新、学习效率的优化与提升提供了新的思路与方法。赵庆寺在《"互联网＋"时代高校思想政治理论课的优化路径》（2017）从教学理念、教学平台、学习方法、管理评价、师资培训等多个方面进行重构与优化，形成"互联网＋"时代高校思想政治理论课教学的新范式。① 王萍霞在《"互联网＋"时代高校思想政治理论课混合式教学模式探析》（2017）中指出，"互联网＋"时代高校思想政治理论课混合式教学模式是一种既让在线课堂成为知识传授和价值引导的重要渠道，又强化面对面线下的实体课堂互动、提升内化理论的实践教学效果、融合"课堂教学＋网络教学＋实践教学"三位一体的全新教学模式。这种混合式教学模式具有超时空性、主体间性、开放生成性等特征。它对教学内容呈现、学习资源获取、师生交往互动、教学空间秩序、课程考核评价等进行了全面重构。坚守实体课堂、打造网络平台、构建教师共同体、建设开放共赢的教育生态系统，是其运行保障。② 沈壮海、段立国则强调网络运用已成为新时代下高校思想政治理论课体系改革与发展的重要内容，其在论文《思想政治理论课的主渠道作用及其发挥》（2015）中指出，思想政治理论课教学在增强大学生思想政治教育整体实效方面发挥积极作用，其中教育内容与教学方法应成为加强改进的重点，网络运用应成为积极关注的重要领域，与日常思想政治教育的深层协同应予以更多关注。③

第五，新时代高校思想政治理论课体系创新的其他问题研究。一是思想政治理论课体系改革与建设研究。陈锡喜在其论文《深化高校思想政治理论课改革和建设的新空间》（2015）中指出，深化高校思想政治理论课的改革和建设，其中教材建设的根本，是提升马克思主义对于当代社会矛盾的解释力，并解决教材内容简单重复的结构性问题。队伍建设的重点应从课程培训和方法探索转向提高马克思主义理论素养，激励教师将对"主义"的研究和对"问题"的研究结合起来，并把握好意识形态性与科学性、批判性与辩护性的关系。课堂教学的基点是培养学生的理论思维和价值判断能力，这需要将"以育人为本"定为教学目标，把对意识形态的认同和满足大学生成才需求结

① 赵庆寺：《"互联网＋"时代高校思想政治理论课的优化路径》，《思想理论教育》2017 年第 4 期。

② 王萍霞：《"互联网＋"时代高校思想政治理论课混合式教学模式探析》，《广西社会科学》2017 年第 4 期。

③ 沈壮海、段立国：《思想政治理论课的主渠道作用及其发挥》，《中国高等教育》2015 年第 10 期。

合起来，做到"照本"而不"宣科"。学科建设的支撑是以理论研究成果带动课程体系建设，形成相对明确的学科建设方向，以"资政育人"作为马克思主义理论学科的功能定位，同时要"固本外联"，加强对基础理论问题的研究以及与其他学科的互动。[①] 二是高校思想政治理论课教师队伍建设研究。王炳林在《教师是上好思想政治理论课的关键所在》（2017）一文中指出："上好思想政治理论课的关键在教师，教师的自信是上好思想政治理论课的前提；教师提高科研水平是上好思想政治理论课的基础；教师的言传身教是上好思想政治理论课的保障。"[②] 赵诤在《关于加强高校思想政治理论课教学团队建设的若干思考》（2014）中认为，加强教学团队建设是提升思想政治理论课教师业务素质和教学水平的重要保障，是完成立德树人根本任务的基本保证，是推进课程建设和学科建设的必然要求。思想政治理论课教学团队的遴选要以教学为中心，应当选拔和培养高水平的思想政治理论课教学团队带头人，以及进一步完善思想政治理论课教学团队的长效机制。[③] 金丽馥在《思想政治理论课教师"四有"标准的理性审视》（2015）中指出，思想政治理论课教师是学生思想道德情操和世界观人生观的重要指引者。高校思想政治理论课教师应该以"四有"教师为标准，不断加强自身修养，提升自身价值，强化引领作用。以坚定的理想信念引领人；以无私的道德情操感化人；以扎实的学识教育人；以慈祥的仁爱之心关爱人。[④] 格日乐其其格在其论文《内涵式发展视阈下高校思想政治理论课教师队伍建设的几点思考》（2014）中指出，当前高校思想政治理论课教师队伍建设中存在的结构不合理、现代教育意识薄弱和中青年教师流失、教师队伍发展不平衡等问题，严重影响了高等教育内涵式发展。这就要求社会、政府和高校形成合力，共同行动；进一步完善教师培训制度，形成长效机制；避免"近亲繁殖"，形成丰富多彩的学术风格；严把教师入口关，重点建设一支师德高尚、精通业务、勇于创新、充满活力的骨干教师队伍；加强对口支援，实现高校思想政治理论课教师队伍均衡发展。[⑤] 三是高校思想政治理论课评估研究。袁久红、卢雷在《高校思想政治理

---

① 陈锡喜：《深化高校思想政治理论课改革和建设的新空间》，《湖北社会科学》2015 年第 12 期。

② 王炳林：《教师是上好思想政治理论课的关键所在》，《思想理论教育导刊》2017 年第 1 期。

③ 赵诤：《关于加强高校思想政治理论课教学团队建设的若干思考》，《思想理论教育导刊》2014 第 2 期。

④ 金丽馥：《思想政治理论课教师"四有"标准的理性审视》，《中国高等教育》2015 年第 22 期。

⑤ 格日乐其其格：《内涵式发展视阈下高校思想政治理论课教师队伍建设的几点思考》，《内蒙古师范大学学报》2014 年第 9 期。

论课教学质量提升的方法论自觉》（2017）中，把学生运用方法论能力作为评价思想政治理论课教育质量的重要标尺，并提出在教学评估中应加强对大学生掌握与运用马克思主义方法论的水平和能力的考核。[①] 王恩江在《高校思想政治理论课教学有效性评价原则及维度构建》（2015）一文中认为，构建高校思想政治理论课科学合理的教学有效性评价体系，应坚持评估的政治性、科学性和可操作性相统一的原则，知识、技能、价值观三位一体的原则，定性和定量相结合的评价原则。思想政治理论课教学有效性评价应考虑从教师的教学行为、学生的学习行为、教学环境、教学管理等多维度切入。[②]

三、国外高校思想政治理论课体系创新研究综述

在亚洲、美洲和欧洲国家，其课程设置中都有与我国"思想政治理论课"相类似的课程，比如美国的通识课程、英国的道德课、日本公民教育、韩国道德课、新加坡好公民课等。各国的教育家们均致力于各种思想政治理论课教学模式的研究，并且相当重视实践在培养个人美好道德情操上举足轻重的地位。

第一，美国、英国高校思想政治理论课体系研究。在美国高校思想政治理论课体系中，虽然没有明确使用"政治课""思想政治教育课程"或"思想政治理论课"这些名称，但无论是公立高校还是私立高校都设置有具有浓厚意识形态色彩的思想政治理论课程。赖雪梅就美国高校如何培养学生诚信和责任意识问题进行了探讨。其论文《美国高校研究生学术诚信课程设置及其特色探析》（2017），对美国高校培养研究生学术诚信品质与学术责任的四类课程进行介绍并分析其特色，指出其学术诚信课程设置体系化、多元化，特色鲜明，成效显著。[③] 还有部分学者从教学方式、教学管理、课程设置等方面对美国高校思想政治理论课进行了阐述。郭纯平在其著作《我国思想政治教育理论课实践教学研究》（2014）中，针对美国大学的教育教学方式，从教育的途径、管理和评价等三方面进行了详细阐述。他指出，在德育途径上，美国十分讲究途径的多样化和渗透性，即通过课堂教学、学科渗透、各类活

① 袁久红、卢雷：《高校思想政治理论课教学质量提升的方法论自觉》，《思想理论教育》2017年第8期。
② 王恩江：《高校思想政治理论课教学有效性评价原则及维度构建》，《思想理论教育导刊》2015年第4期。
③ 赖雪梅：《美国高校研究生学术诚信课程设置及其特色探析》，《学位与研究生教育》2017年第4期。

动、心理咨询、大众传媒等途径，对学生进行德育教育。美国大学十分重视德育管理，尤其是大学生的自主管理，其"荣誉制度"就是大学生自主管理的一个典范。美国大学德育评价的实施方法一般有构造性陈述、呈示性陈述、现场观察和场外观察四种。由于道德素质是一种综合性的素质，在实践中要针对学生的道德水准做出全面、准确的评价，往往需要对各种方法进行综合运用。① 周南平、张敏在《美国高校思想政治教育的隐性化及其启示》（2011）一文中指出，美国各名校的公开课程通常包括美国历史、公民与法、美国与世界、正义论、美国内战、欧洲文明史等内容，课堂采取开放兼纠问的形式，鼓励学生批判性地思考公平、正义、平等、自由、民主等问题，深受美国学生喜爱，是美国校园最受欢迎的课程之一。这些课程中渗透了美国的核心价值观，课程是完全开放式的，适用于所有专业的学生，不排斥、不点名、不考试，减少了学生对于思想政治理论课的厌恶感，同时不断增强学生对美国核心价值观的认同感。这些以培育美国核心价值观为目标的课程设置在美国大学生核心价值观的高度统一方面发挥着巨大作用。② 张晓红在《美国高校思想政治教育课程设置略探》（2008）一文中，对美国高校思想政治教育的课程进行了梳理，并在与我国同类课程比较的基础上对其课程设置、教材编撰、教学方式等方面进行了研究。③

关于英国高校思想政治理论课体系研究问题。英国是世界上最早进入现代化进程的国家，也是世界近代教育制度的发祥地，同样十分重视对大学生的思想政治教育，并具有宗教性、隐蔽性和多样性的特征。部分学者从"隐性教育"角度，对英国高校思想政治理论课体系建设进行了研究。宁曼荣在《英国高校隐性德育的特点及启示》（2017）中详细介绍了英国高校是如何通过课堂教学渗透、校园文化熏陶、学生事务引领、社会活动锻炼等方式，广泛深入地开展隐性德育，并呈现出内容阶级性、过程情感性、途径多样性、方法生活性等特点。④ 有学者对英国高校思想政治教育的历史沿革进行了详细梳理。张嵘在《英国高校思想政治教育的发展及其启示》（2011）一文中将英国高校的思想政治教育从时间上分为三个阶段：宗教化的中世纪思想政治教育、宗教与世俗相妥协的近代思想政治教育、世俗化深入发展的当代思想

① 郭纯平：《我国思想政治教育理论课实践教学研究》，广州：世界图书出版广东有限公司 2014 年版，第 12 – 14 页。

② 周南平、张敏：《美国高校思想政治教育的隐性化及其启示》，《南京政治学院学报》2011 年第 6 期。

③ 张晓红：《美国高校思想政治教育课程设置略探》，《学校党建与思想教育》2008 年第 1 期。

④ 宁曼荣：《英国高校隐性德育的特点及启示》，《学校党建与思想教育》2017 年第 6 期。

政治教育。从英国高校思想政治教育的发展历史上看，思想政治教育传递统治阶级思想的共性虽然不曾改变，但是因为时代的不同，统治阶级需要的变化，每个时代思想政治教育也体现出不同的内容与侧重。[①] 骆郁廷从课程设置、课程目标、课程实施方面对英国高校思想政治理论课进行系统介绍。其著作《高校思想政治理论课程论》（2006）指出，在课程设置上，英国高校普遍开设伦理道德课、宗教教育课等通识课程并在其他学科教学中渗透思想政治理论教育内容。在课程目标上，英国高校把培养"有德行、智慧、礼仪和学问"的绅士作为教育的出发点。在课程内容上，英国高校思想政治理论课主要通过宗教教育课程、道德教育课程、人文社会科学课程和公民教育课程来进行。在课程的实施上，英国学校思想政治理论课程以设有专门课程为前提，强调道德教育应以人与人的关系为主要内容，以学生的自主体验和思考为基本手段。此外，英国高校也十分注重课外活动中的思想政治教育的功能。学校经常组织集体活动，教育学生积极与人接触和承担社会责任，参与社区活动，使学生逐步懂得公民的权利和义务，促进道德意识的形成。[②]

第二，日本、韩国、新加坡高校思想政治理论课体系研究。日本是一个十分重视思想政治教育的国家，在高校的教育构成体系中，思想政治理论课程是其重要的组成部分。目前，学者们多从日本思想政治理论课的设置、发展历程、目标设置、功能划分、基本内容和方法选择、管理评价等方面进行研究。李晓红在《日本德育的新路径："道德学科化"的背景、内涵与挑战》（2016）中详细介绍了自2015年，日本文部科学省正式宣布将实行"道德学科化"之后，日本的道德教育在教材编审、教师教育、操作方法和评价方式等方面对传统德育进行的改革。[③] 郭纯平在其著作《我国思想政治教育理论课实践教学研究》（2014）中指出，日本以德育为中心，通过课堂教学、特别活动（课外活动）、社会实践活动、大众传媒等形式，寓德育于学校生活的各个环节。日本大学德育的实施离不开学生工作的组织体系，日本大学学生工作体制具有内容覆盖面宽、由教授负责等特点。在德育评价上，其评价内容具有全面性以及民族性和人类性的统一，并在德育评价中突出角色的特征。[④] 倪慊襄在《日本高校思想政治理论课程设置简介》（2009）一文中指出，虽然

①　张嵘：《英国高校思想政治教育的发展及其启示》，《现代教育科学》2011年第6期。

②　骆郁廷：《高校思想政治理论课程论》：武汉：武汉大学出版社2006年版，第316－326页。

③　李晓红：《日本德育的新路径："道德学科化"的背景、内涵与挑战》，《外国教育研究》2016年第6期。

④　郭纯平：《我国思想政治教育理论课实践教学研究》，广州：世界图书出版广东有限公司2014年版，第18－19页。

在日本高校的教育课程中没有使用"思想政治理论课程"的字眼，但是其所使用的"一般教育课程""教养教育课程""共通教育课程"等提法，实际上都具有思想政治理论课程的性质。日本高校思想政治理论课程的设置，各高校各有特色，不尽一致；但总体来说，是以文部省的中央教育审议会的决议和政策为依据的。通过对日本几所大学（东京大学、早稻田大学和创价大学）的思想政治理论课程设置的比较分析，可以看出，尽管各类大学思想政治理论课程的设置有所区别，但日本的大学非常重视思想政治教育，并设有专门的思想政治理论课程来完成思想政治教育的目标和任务。①

韩国高校思想政治理论课程十分重视对儒家伦理、国民精神、爱国主义和传统道德的教育，培养大学生忠孝克俭、勤劳朴素、品德高尚、家庭和睦的新社会风尚。有学者从韩国高校思想政治理论课程的设置、韩国高校思想政治教育的内容和特色等方面进行研究。张鸿燕、王培培在《韩国道德教育现代化进程的文化透析》（2014）中详细阐述了韩国政府先后进行了七次教育改革，通过改革不断完善了道德教育的理念、内容、方法途径及评估标准，实现了由传统德育模式向现代德育模式的转变。② 张社强在《日本、韩国、新加坡学校道德教育比较研究》（2012）中研究分析日本、韩国、新加坡学校道德教育的目标和内容，比较其差异性和特征，并提出了其对我国学校道德教育的借鉴。③ 陈立思、高翔在《从人文社科课程设置看韩国思想政治教育》（2007）一文，考察了韩国高校人文社科课程的设置，从宗教教育、道德教育、政治法律教育、历史教育、思想教育和公民素质教育等方面对韩国高校思想政治教育的现状做出描述与分析，揭示韩国高校思想政治教育的内容与特色，展示了韩国思想政治教育中鲜明的政府导向以及教育形式与途径的隐蔽性和多样化。④ 骆郁廷在其著作《高校思想政治理论课程论》（2006）中指出，在课程设置上，韩国高校的思想政治教育课主要是以选修课为主。政府表现出毫不隐瞒的强烈政治倾向性和试图使学生成为服务于其阶级利益工具的政治目的。韩国是对思想政治教育的行政管理最为严格的一个国家，可以说这也是一种"国家干预主义"。在课程目标上，韩国思想政治教育的目标是一个多元化、多层次系统。在课程内容上，主要有爱国主义教育、儒家伦理

---

① 倪慷襄：《日本高校思想政治理论课程设置简介》，《思想理论教育》2009 年第 9 期。

② 张鸿燕、王培培：《韩国道德教育现代化进程的文化透析》，《教育探索》2014 年第 2 期。

③ 张社强：《日本、韩国、新加坡学校道德教育比较研究》，《思想理论教育导刊》2012 年第 1 期。

④ 陈立思、高翔：《从人文社科课程设置看韩国思想政治教育》，《思想理论教育》2007 年第 7 期。

教育、道德能力教育和社会服务。对于课程的实施，韩国高校思想政治理论课程的实施和我国大体是一样的，也有显性和隐性、课堂内和课堂外之分。①

新加坡是一个多民族、多文化、多宗教的移民国家，政府十分重视思想政治教育尤其是公民道德教育，新加坡的公民道德教育堪称世界公民道德教育的典范。学者大致从课程目标、内容、实施途径等方面进行了研究。靳义亭在《新加坡青少年思想政治教育的经验及启示》（2015）一文中指出，新加坡政府高度重视对青少年的思想政治教育，将道德教育放在首位，强化国民意识教育。新加坡的思想政治教育注重从国情出发，具体做法包括强化儒家传统道德教育，引入西方国家德育的先进理念、探索"洋为新用"的途径；注重思想政治教育方法上的创新，采取真实教育和与社会实践相结合的方法。② 程晴晴、滕志妍在《新加坡新品格与公民教育述评》（2014）一文中，对新加坡新品格与公民教育进行了详细述评。为培养更能适应国家发展的公民，新加坡政府和教育部于 2014 年推出新品格与公民教育。通过身份、人际关系和选择三大概念，新品格与公民教育课程将引导学生从自身出发延伸至家庭、学校、社区、国家和世界层面进行反思，并通过政府、学校、社区等各种途径来实施，以为新加坡良好公民的培养奠定基础。③ 郭纯平在其著作《我国高校思想政治教育理论课实践教学研究》（2014）中指出，新加坡政府一贯重视中小学德育，后逐步强调大学德育。新加坡大学德育的内容主要是儒家伦理教育、共同价值观教育、品格教育和国民教育。新加坡大学总会善于利用每一次机会，借助每一项活动让学生践行课堂上学到的德育知识。④ 卢艳兰在《新加坡高校思想政治教育课程评介》（2008）一文中，从课程目标、课程内容、课程实施三个方面对新加坡高校思想政治理论课程进行了全面的阐释。新加坡高校思想政治理论课目标主要包括培养学生"新加坡人"意识、引导学生树立东方价值观、培养学生道德判断和行为能力三个方面；课程内容主要包括伦理道德教育、政治思想教育、法律思想教育、历史文化知识教育和国际交流的教育五个方面；课程实施主要通过专门课程教学、专业课渗透、德育活动三个方面进行。⑤ 骆郁廷在《高校思想政治理论课程论》（2006）一书中，从学科课程、寓于通识课程中的道德课程、活动课程三方面

① 骆郁廷：《高校思想政治理论课程论》，武汉：武汉大学出版社 2006 年版，第 347－354 页。

② 靳义亭：《新加坡青少年思想政治教育的经验及启示》，《思想教育研究》2015 年第 5 期。

③ 程晴晴、滕志妍：《新加坡新品格与公民教育述评》，《国外教育研究》2014 年第 4 期。

④ 郭纯平：《我国高校思想政治教育理论课实践教学研究》，广州：世界图书出版广东有限公司 2014 年版，第 19－20 页。

⑤ 卢艳兰：《新加坡高校思想政治教育课程评介》，《湖北社会科学》2008 年第 1 期。

对新加坡高校思想政治理论课设置进行了介绍。其课程的目标有：帮助学生了解新加坡社会，引导学生树立国家意识和社会责任感，培养学生"新加坡人"意识；引导学生进一步学习和了解儒家文化，继承儒家文化精华，树立东方价值观；引导学生学习和了解基本伦理道德知识，并运用伦理道德知识解决实际生活中的伦理道德问题；培养学生竞争、合作意识以及创新、开拓、进取等优秀个人品质，以适应新加坡高等教育国际化和经济发展国际化的需要。在课程内容上，主要是进行国家意识教育、东方价值观教育、伦理道德知识教育、品格教育等。在课程的实施上，采用先进的道德课程教学方法，对课程进行科学的管理，重视教师能力与素质的培养。[①]

四、相关研究的分析与评价

从对已有文献的梳理与分析来看，学界对于高校思想政治理论课体系建设的研究已具备一定的成绩以及相当的成果。比如已有的研究成果中，既有对高校思想政治理论课体系的历史演变的研究，以及对课程的内容构成及逻辑关系、教师队伍建设、课程的教学和改革、课程的评估体系建设等方面的探讨，还有对国外高校思想政治理论课体系的比较和借鉴。不同的研究视角、内容、形式和方法，都在一定意义上推动了这个主题相关问题的研究。当然，有关研究也显露出一定的不足，主要体现在以下几个方面：

课程体系建设中教材建设问题的研究相对不足。教材是高校思想政治理论课的教学依托，教材的优劣直接影响到教师的教学水平以及学生的接受程度。而已有的研究成果虽然也有对于教学内容的探讨，然而大部分都聚焦于从整体性的角度阐释课程内容以及课程之间的逻辑关联，或者课程内容的特征等，对于落实到教材本身的编写等问题提及较少，以及中国化马克思主义最新理论成果，如中国梦、核心价值观等融进教材的研究相对不足。有鉴于此，本书将在梳理已有相关成果的基础上，落到实处，对教材建设的相关问题做明确的阐述和探讨。

课程评估体系研究有待深化。思想政治理论课评估问题，学者也给予了较多的阐释，实践中也有实证的探索。尽管取得了一些成果，提出了一些独特的创新性的见解，如各种评价原则以及指标体系，但依然存在一些问题。如依照西方研究范式倡导的"有效教学"，强调对教学效益、教学结果的可测

① 骆郁廷：《高校思想政治理论课程论》，武汉：武汉大学出版社 2006 年版，第 337–344 页。

性和量化分析，从而导致将高校思想政治理论课评价简单等同于一般的教学评价，忽视了高校思想政治理论课教学评价的特殊性；然而，坚持另一种模糊评价的原则又将引发教学实效性的不可控。

中外高校思想政治理论课体系建设的比较研究有待深化与拓宽。较多学者将目光转向国外思想政治理论教育，或者说国民教育等的比较和借鉴，通过整理目前关于这个问题的研究成果发现，学界在对中外高校思想政治理论课体系建设所做的比较研究中，主要集中于对国外的经验介绍与借鉴，如国外相关课程的设置、课程的目标、内容以及具体的实施方法，还有教学方法的借鉴等。国外思想政治理论课，为我们提供了新的教学理念和教学模式，从而起到丰富和发展我国思想政治理论课的教学方法等问题。但在实际研究中，学者们对国外高校思想政治理论课与国内思想政治理论课的对比研究不够深入，对于国外高校思想政治理论课的借鉴以及启示较为浅显，如有些学者在研究国外思想政治理论课借鉴的方法途径上，过于陈旧和生硬，不利于唤起学生的主观能动性，导致接受的实效性不强。有些学者在对中外思想政治理论课教育的比较与借鉴上，缺乏应有的鉴别能力和选择能力，对于国外高校思想政治理论教育采取全盘接受，没有慎重思考；而对国外高校思想政治理论教育的研究进行批判性思考与评价以及对策性研究的成果较少，对此方面的研究有待深化与拓宽。

第二章　新时代高校思想政治理论课体系创新的重要性、艰巨性与可行性

　　为贯彻落实党的十九大精神，贯彻落实习近平总书记系列重要讲话精神，根据中共中央办公厅、国务院办公厅《关于进一步加强和改进新形势下高校宣传思想工作的意见》，中央宣传部和教育部《普通高校思想政治理论课建设体系创新计划》（以下简称《创新计划》），有必要系统研究高校思想政治理论课体系创新问题。《创新计划》全面系统阐述了高校思想政治理论课建设体系创新的系列问题，是新时代高校思想政治理论课体系创新发展的指南。党的十九大报告指出，中国特色社会主义进入了新时代，新时代承前启后、继往开来，是在新的历史条件下继续夺取中国特色社会主义伟大胜利的时代。站在新的历史方位上，在肯定我国高校思想政治理论课体系建设取得巨大成绩的同时，面对新情况和新问题，我们也应清醒地认识到，新时代高校思想政治理论课体系创新仍然任重道远。

一、新时代高校思想政治理论课体系创新的重要性

　　《创新计划》明确指出：高校肩负着学习研究宣传马克思主义、培养中国特色社会主义事业建设者和接班人的重大任务。思想政治理论课是巩固马克思主义在高校意识形态领域指导地位、坚持社会主义办学方向的重要阵地，是全面贯彻落实党的教育方针、培养中国特色社会主义事业合格建设者和可靠接班人、落实立德树人根本任务的主干渠道，是进行社会主义核心价值观教育、帮助大学生树立正确世界观人生观价值观的核心课程。办好思想政治理论课，事关意识形态工作大局，事关中国特色社会主义事业后继有人，事关实现中华民族伟大复兴的中国梦，必须始终摆在突出位置，持之以恒、常抓不懈。"守正创新是思想政治理论课改革创新的首要原则。'守正'是基础、是前提，坚持'守正'，改革创新才能有坚定立场、正确方向。'守正'与'创新'辩证统一于思想政治理论课改革创新的进程中。把握好守正与创新的

关系，要求我们在坚守本正要求、用好基础条件的同时勇于破除一切束缚，最大限度地调动和用活一切创新资源，塑造思想政治理论课教育教学的新形态。"① 教育部印发的《高校思想政治工作质量提升工程实施纲要》指出，要坚持以习近平新时代中国特色社会主义思想为指导，充分发挥中国特色社会主义教育的育人优势，以立德树人为根本，以理想信念教育为核心，以社会主义核心价值观为引领，以全面提高人才培养能力为关键，强化基础、突出重点、建立规范、落实责任，一体化构建内容完善、标准健全、运行科学、保障有力、成效显著的高校思想政治工作质量体系。② 这也是开展高校思想政治理论课体系创新的重要指导思想。

第一，高校思想政治理论课是坚持社会主义办学方向的需要。教育部等八部门关于加快构建高校思想政治工作体系的意见（教思政〔2020〕1 号）中要求，把坚持以马克思主义为指导落实到教育教学各方面，对各种错误观点和思潮旗帜鲜明予以抵制。全面推动习近平新时代中国特色社会主义思想"进教材、进课堂、进头脑"，开展理论教育培训，编写出版理论读物，打造示范课堂，运用各种载体分群体深入开展习近平新时代中国特色社会主义思想学习研究宣传工作。人民有信仰，国家有力量，民族有希望。"要坚持不懈培育和弘扬社会主义核心价值观，引导广大师生做社会主义核心价值观的坚定信仰者、积极传播者、模范践行者。"③ 习近平总书记在全国宣传思想工作会议上发表重要讲话，强调高校要把马克思主义理论教育作为必修课，成为马克思主义学习、研究、宣传的重要阵地。《创新计划》强调："办好思想政治理论课，事关意识形态工作大局，事关中国特色社会主义事业后继有人，事关实现中华民族伟大复兴的中国梦，必须始终摆在突出位置，持之以恒、常抓不懈。"思想政治理论课体系创新关系到社会主义高校的办学方向。高校能不能抓好思想政治理论课教学工作，直接关系到培养什么样的人、怎样培养人的大问题，关系到办什么样的高等教育、怎样办高等教育的大问题。当前我国高校思想政治理论课体系主要包括本科生课程"马克思主义基本原理概论""毛泽东思想和中国特色社会主义理论体系概论""中国近现代史纲要"和"思想道德修养和法律基础""形势与政策"；硕士研究生课程包括"中国特色社会主义理论与实践研究""自然辩证法概论""马克思主义与社会科学方法论"；博士研究生课程包括"中国马克思主义与当代""马克思恩

---

① 沈壮海：《论新时代思想政治理论课的改革创新》，《思想理论教育》2019 年第 5 期。
② 中华人民共和国教育部：《高校思想政治工作质量提升工程实施纲要》，2017 年 12 月 6 日。
③ 习近平：《习近平谈治国理政》（第二卷），北京：外文出版社 2017 年版，第 377 页。

格斯列宁经典著作选读"等。"马克思主义基本原理概论"主要包括马克思主义哲学、马克思主义政治经济学和科学社会主义的基本原理，旨在引导和帮助学生掌握马克思主义的基本立场、观点和方法。"毛泽东思想和中国特色社会主义理论体系概论"主要阐述了马克思主义中国化的理论创新成果，引导学生坚定对社会主义的热爱。"中国近现代史纲要"阐释的是马克思主义中国化的实践创新成果，旨在从革命、建设和改革的实践中揭示中国选择自身发展道路的历史必然性和现实合理性，教育学生要铭记近现代中国的历史，以史为鉴，激发他们振兴中华的责任感。"思想道德修养和法律基础"主要阐明了人的德智体全面发展的理论，以培养学生高尚的道德情操等。高校开设以马克思主义理论为基本内容的思想政治理论课，是坚持社会主义方向的本质要求，有利于高校全面贯彻党的教育方针，更好地坚持社会主义办学方向。

第二，高校思想政治理论课是维护意识形态安全的需要。当前，我国社会主义意识形态面临着国内外诸多挑战，维护社会主义意识形态安全任务艰巨而迫切。十九大报告指出："意识形态决定文化前进方向和发展道路。必须推进马克思主义中国化时代化大众化，建设具有强大凝聚力和引领力的社会主义意识形态，使全体人民在理想信念、价值理念、道德观念上紧紧团结在一起。要加强理论武装，推动新时代中国特色社会主义思想深入人心。"[1] 马克思、恩格斯曾强调："在阶级社会中，占统治地位的思想，总是统治阶级的思想。"[2] 社会主义意识不可能自发产生，必须从经济斗争范围之外灌输政治意识、从工人与资本家斗争范围之外灌输阶级意识。正如列宁所言："或者是资产阶级思想体系，或者是社会主义的思想体系。这里中间的东西是没有的（因为人类没有创造过任何第三种思想体系，而且在为阶级矛盾所分裂的社会中，任何时候也不可能有非阶级的或超阶级的思想体系）。因此，对社会主义思想体系的任何轻视和脱离，都意味着资产阶级思想体系的加强。"[3] 美国教育家卡扎米亚斯说过："即使在具有民主传统和声称民主之冠的国家，也必然要进行政治灌输和禁止异说，这是很实际的问题。"[4] 每个国家的发展都需要重视意识形态的问题，意识形态事关党和国家的安全和稳定，甚至事关整个

---

① 习近平：《决胜全面建成小康社会　夺取新时代中国特色社会主义伟大胜利——在中国共产党第十九次全国代表大会上的报告》，北京：人民出版社 2017 年版，第 41 页。

② 中共中央马克思恩格斯列宁斯大林著作编译局编：《马克思恩格斯选集》（第一卷），北京：人民出版社 1995 年版，第 98 页。

③ 中共中央马克思恩格斯列宁斯大林著作编译局编译：《列宁全集》（第六卷），北京：人民出版社 1986 年版，第 38 页。

④ ［美］卡扎米亚斯、马西亚拉斯合著，福建师范大学教育系等合译：《教育的传统与变革》，北京：文化教育出版社 1981 年版，第 5 页。

国家的兴衰成败。中共中央办公厅、国务院印发的《关于进一步加强和改进新形势下高校宣传思想工作的意见》中强调，意识形态工作是党和国家的一项极端重要的工作，作为意识形态工作的前沿阵地，高校肩负着学习研究宣传马克思主义，培育和弘扬社会主义核心价值观，为实现中华民族伟大复兴提供人才保障、精神动力和智力支持的重要任务。《创新计划》强调，办好高校思想政治理论课，在思想工作方面，事关意识形态工作大局；在人才培养方面，事关中国特色社会主义事业后继有人；在国家发展方面，事关实现中华民族伟大复兴的中国梦。马克思主义意识形态是社会主义社会的主流意识形态，必须"坚持马克思主义在意识形态领域指导地位的根本制度"①。我国当前正处于全面建成小康社会的攻坚阶段，各种社会矛盾凸显，这本是社会转型期出现的正常现象，但一些不怀好意的势力却趁机大做文章，给高校思想政治理论课教学带来巨大冲击。加强高校思想政治理论课体系建设，对坚持马克思主义在意识形态领域指导地位，坚定中国特色社会主义道路自信具有重要的意义。

第三，高校思想政治理论课是大学生全面发展的需要。教育是国之大计、党之大计，承担着立德树人的根本任务。思政课是落实立德树人根本任务的关键课程，发挥着不可替代的作用。作为高校思想政治教育的主渠道和主阵地，高校思想政治理论课只有不断创新，才能有效推进高校思想政治教育的理论创新，不断丰富思想政治教育理论与实践。高校思想政治理论课应加强对学生进行以爱国主义为重点的民族精神教育、以改革创新为重点的时代精神教育，进行以集体主义为原则、以为人民服务为核心、以诚实守信为重点的公民思想道德教育，以实现学生德智体美全面发展为目标的素质教育。习近平总书记指出，做好高校思想政治工作，要因事而化、因时而进、因势而新。要用好课堂教学这个主阵地，要坚持在改进中加强思想政治理论课建设，提升思想政治教育工作的亲和力、感染力和针对性。要加快构建中国特色哲学社会科学学科体系和教材体系，推出更多高水平教材，加强具有中国特色、时代特征的高校哲学社会科学学术理论体系和学术话语体系建设。② 因此，无论是从理论内容的契合度，或是从现实实践的角度看，加强思想政治理论课体系建设，都是提高思想政治理论课教学实效性的必然选择，是加强和改进

---

① 《中共中央关于坚持和完善中国特色社会主义制度　推进国家治理体系和治理能力现代化若干重大问题的决定》，北京：人民出版社 2019 年版，第 23 页。

② 中共中央办公厅、国务院办公厅：《关于进一步加强和改进新形势下高校宣传思想工作的意见》，《人民日报》，2015 年 1 月 20 日。

高校思想政治教育的重要举措。十九大报告指出："青年兴则国家兴，青年强则国家强。建设教育强国是中华民族伟大复兴的基础工程，必须把教育事业放在优先位置。"① 高等教育发展水平是一个国家发展水平和发展潜力的重要标志。我们对高等教育的需要比以往任何时候都更加迫切，对科学知识和卓越人才的渴求比以往任何时候都更加强烈。谁拥有一流的技术，谁拥有一流人才，谁就拥有世界和未来。当今世界的科技竞争，归根到底是人才的竞争，而核心是尖子人才的竞争。党和国家历来都高度重视人才的培育问题。胡锦涛同志指出，一个有远见的民族，总是关注青年；一个有远见的政党，总是把青年看作推动历史发展和社会进步的重要力量。大学生是祖国和民族的未来，作为建设中国特色社会主义伟大事业的生力军，是实现人才强国战略的重要力量。习近平总书记指出，要坚持把立德树人作为指导思想和中心环节，把思想政治工作贯穿教育教学全过程，努力实现全程育人、全方位育人。"思想政治工作从根本上说是做人的工作，必须以人为本，围绕学生、关照学生、服务学生，不断提高学生的思想水平、政治觉悟、道德品质、文化素养，让学生成为德才兼备、全面发展的人才。"② 党的十九大报告强调："要全面贯彻党的教育方针，落实立德树人根本任务，发展素质教育，培养德智体美全面发展的社会主义建设者和接班人。"③ 思想政治理论课作为高校德育的主渠道，是实现高校思想政治教育育人功能的主要途径，它主要是针对在校大学生，对其进行多角度、深层次、系统化、理论化的思想教育；也是大学生实现自身全面发展的内在需要。习近平总书记指出："思想政治理论课是落实立德树人根本任务的关键课程。青少年阶段是人生的'拔节孕穗期'，最需要精心引导和栽培。我们办中国特色社会主义教育，就是要理直气壮开好思政课，用新时代中国特色社会主义思想铸魂育人，引导学生增强中国特色社会主义道路自信、理论自信、制度自信、文化自信，厚植爱国主义情怀，把爱国情、强国志、报国行自觉融入坚持和发展中国特色社会主义事业、建设社会主义现代化强国、实现中华民族伟大复兴的奋斗之中。"④ 人要在不断超越自我和完善自我的过程中改善自身的缺陷。"在改造自身和他人的过程中，不达到至

① 习近平：《决胜全面建成小康社会　夺取新时代中国特色社会主义伟大胜利——在中国共产党第十九次全国代表大会上的报告》，北京：人民出版社 2017 年版，第 45 页。

② 习近平：《习近平谈治国理政》（第二卷），北京：外文出版社 2017 年版，第 377 页。

③ 习近平：《决胜全面建成小康社会　夺取新时代中国特色社会主义伟大胜利——在中国共产党第十九次全国代表大会上的报告》，北京：人民出版社 2017 年版，第 45 页。

④ 《习近平：用新时代中国特色社会主义思想铸魂育人　贯彻党的教育方针　落实立德树人根本任务》，人民网，2019 年 3 月 18 日。

高的完善绝不停步，可是最高的完善又是一个永远不可抵达的目标，人永远不应当停下脚步，要坚持不懈地努力奋进，只有这样，我们还有他人才能达到较高程度的完善。"① 而由于人的思想意识是一个不断变化发展的过程，而通过思想政治理论课学习，可以引导学生正确认识当今错综复杂的形势，把握国际局势的发展变化，保持清醒的头脑，坚定自己的理想信念，成为一个德智体美全面发展的人。

二、新时代高校思想政治理论课体系创新的艰巨性

《创新计划》明确指出：世界范围内各种思想文化交流交融交锋更加频繁，如何发挥正能量，增强对重大理论和现实问题的阐释力，在多元中确立主导，给思想政治理论课提出新的挑战。必须清醒地认识到社会思想意识更加多元、多样、多变，面对各种思潮和复杂的社会现象，如何运用马克思主义的立场观点方法在多样中求得共识，给思想政治理论课提出新的要求。在当前，高校思想政治理论课体系建设面临着一系列新情况和新问题。如何立足于新时代发展的新特点，着眼于社会发展的新要求，积极探索高校思想政治理论课体系创新的新方法、新途径，切实加强和改进新时代思想政治理论课体系创新问题，努力实现高校思想政治理论课的与时俱进，是新时代高校思想政治理论课体系创新面临的时代挑战。

第一，全球化对高校思想政治理论课体系创新的挑战。全球化是以经济领域为发端，而形成的一切生产要素在世界范围内的一体化。② 各种经济生产要素在世界范围内的充分流动和迅速扩展又会影响到政治、文化、社会等其他领域。马克思称："由于开拓了世界市场，使一切国家的生产和消费都成为世界性的了……过去那种地方和民族的自给自足和闭关自守状态被各民族的各方面的相互往来和各方面的相互依赖所代替了。"③ 因此，全球化意味着人类社会经济生活已经跨越国家和地区的界限，在全球范围内实现相互影响的进程。经济全球化作为一把双刃剑，对高校思想政治理论课的影响是双重的，在给思想政治理论课带来机遇的同时，也带来新的挑战。在经济全球化条件下，高校教育教学资源内容和形式更加多种多样，我国高校与其他国家和地

①　何兆武：《中国印象：世界名人论中国文化》，桂林：广西师范大学出版社 2001 年版，第 155 页。

②　袁本新：《新常态下高校思想政治教育发展思考》，《思想教育研究》2015 年第 8 期。

③　中共中央马克思恩格斯列宁斯大林著作编译局编译：《马克思恩格斯文集》（第二卷），北京：人民出版社 2009 年版，第 35 页。

区的交流与合作日益增多，高校师生与境外人士的合作交流也越来越频繁。境外教师与学者可以通过各种平台和渠道，如讲学、讲座、学术会议、合作科研等与我国高校进行交流。国际教育领域课程体系也发生了巨大变化，慕课、翻转课程、微课等新的教学方式不断涌现。这些新的知识和理论丰富了思想政治理论课的内容，这些在全球化扩张性进程中所形成的新视域，也成为思想政治教育面临的新课题。一些发达资本主义国家凭借发达的经济和科技优势，向其他发展中国家推行帝国主义和霸权主义，挑战独立国家的主权地位。西方资本主义国家的文化思想和价值观念对中国的思想文化也产生了巨大冲击。源自资本主义社会的极端个人主义、享乐主义和利己主义等价值观念对社会主义国家的集体主义价值观构成直接挑战。同时，社会开放程度逐步加深，世界各国之间的交往越来越紧密，各种思想文化交流、交融、交锋更加频繁，标榜"自由、民主、人权"的西方社会思潮在社会上显得异常活跃，袭扰中国主流思想文化阵地，侵蚀着人们的共同思想基础。其实，早在20世纪50年代，美国中央情报局就草拟一套内部代号为"十条戒令"的行动计划，企图从思想文化、政治经济、民族宗教矛盾、传媒工具到武器装备等方面动摇中国年青一代的传统价值观。[①] 近年来，面对日益复杂的国际形势，西方多种思潮影响的严峻形势，对大学生思想产生了一系列不良影响。社会思潮是在一定社会历史时期内，反映一定阶段、一定阶层的物质利益和价值诉求的一种思想倾向。[②] 同时，大众传播中的各种信息蕴含着多元化的价值观和意识形态，有些信息打着生态环保、反思传统、还原历史的旗号，包装和传播资本主义价值观、历史虚无主义思潮、民主社会主义思潮、新自由主义等思潮，在看似价值中立的信息中蕴含着资本主义意识形态的渗透和引导，从而对社会主义意识形态和主流价值观产生消解和冲击，并经过微信、微博等分众媒介传播产生叠加效应。[③] 受之影响，"思想政治理论课取消论""思想政治理论课非意识形态化""意识形态多元化"以及"思想政治理论课自由选择论"等观点甚嚣尘上，对高校思想政治理论课的主渠道地位带来冲击。正如马克思指出，经济的社会形态的发展是一种自然史的过程，"不管个人在主观上怎样超脱各种关系，他在社会意义上总是这些关系的产物"[④]。资本主义社会里的资产阶级始终掌控着主流意识形态的话语权，操纵着大众思

① 顾海良等：《高校思想政治理论课程建设研究》，北京：经济科学出版社2009年版，第32页。
② 金炳华：《马克思主义哲学大辞典》，上海：上海辞书出版社2003年版，第352页。
③ 周琪：《高校思想政治理论课创新的三个着力点》，《思想理论教育导刊》2016年第3期。
④ 中共中央马克思恩格斯列宁斯大林著作编译局编：《马克思恩格斯选集》（第二卷），北京：人民出版社1995年版，第101–102页。

想意识的舆论导向，并用资本去收买各种代言人，用资产阶级的意识形态去麻痹无产阶级，使其意识形态占据社会的主流。有些美国人甚至鼓吹美国是"整个世界的山巅之城"，是"自由的灯塔，民主的堡垒"①，认为自己的"天定命运"是"向一切人传播自由和正义"②。其实，意识形态作为一种理论形态，是其所代表的阶级或利益群体的价值观上升的理论体系。按马克思、恩格斯所揭示的"把自己的利益又说成是普遍的利益"③，或者"把自己的利益说成是社会全体成员的共同利益，就是说，这在观念上的表达就是：赋予自己的思想以普遍的形式，把它们描绘成唯一合乎理性的、有普遍意义的思想"④。意识形态在表达利益关系时，最根本的特性是：把某个社会阶级的特殊利益说成是社会成员的共同利益或是人类的普遍利益。这就决定了历史上剥削阶级的意识形态的虚幻性，即用语言形式上的利益普遍性来掩盖其实质上的利益特殊性。西方资产阶级向世界推广的"普世价值"的实质也是如此。高校思想政治理论课面临如此严峻形势，迫切需要揭露资本主义各种社会思潮的实质，必须直面全球化带来的种种挑战，主动迎接这种挑战，就必须不断创新发展思想政治理论课体系。

第二，网络化对高校思想政治理论课体系创新的挑战。全球化进程中纷繁复杂的西方资本主义的价值观念、负面社会思潮通过网络等各种渠道在大学校园中散布和传播，对高校思想政治理论课的主渠道作用形成冲击，对正处于世界观形成过程中的大学生的健康成长带来冲击，甚至容易诱发高校大学生群体行为，导致不良的社会影响。可以说，"网络社会的到来，既推动了思想政治教育的创新，也为思想政治教育的创新提供了条件，思想政治教育同互联网的结合，就是同新的认识工具、新的交流工具和新的生产力相结合，也就更具有生机和活力"⑤。在信息时代，哪一种意识形态占据舆论主导地位，这种意识形态就会获得更多的话语权，从而更为有效地影响社会成员的思想观念、价值追求和行为模式。习近平总书记指出："互联网是当前宣传思想工

① ［美］比尔·克林顿著，金灿荣等译：《希望与历史之间——迎接 21 世纪对美国的挑战》，海口：海南出版社 1997 年版，第 116 页。

② ［美］斯帕尼尔著，段若石译：《第二次世界大战后美国的外交政策》，北京：商务印书馆 1992 年版，第 1 页。

③ 中共中央马克思恩格斯列宁斯大林著作编译局编译：《马克思恩格斯文集》（第一卷），北京：人民出版社 2009 年版，第 537 页。

④ 中共中央马克思恩格斯列宁斯大林著作编译局编译：《马克思恩格斯文集》（第一卷），北京：人民出版社 2009 年版，第 552 页。

⑤ 杨立英：《网络思想政治教育论》，北京：人民出版社 2003 年版，第 54 - 55 页。

作的主阵地。这个阵地我们不去占领，人家就会去占领。"① 从 E-mail、新闻网站、BBS 到网络论坛再到 QQ、MSN、微博、微信等，这些信息技术的发展为思想政治理论课提供了大量、多元的教育资源。同时，网络视频公开课、慕课、翻转课程、微课等新的教学形式不断涌现，突破了传统课堂教学的地域限制，摆脱了传统课堂教学模式的束缚，为高校思想政治理论课教学网络阵地的拓展提供了条件。高校思想政治理论课运用微博、微信公众号辅助教学获得迅速发展；积极推进高校思想政治理论课"课堂教学—网络教学—实践教学"三位一体教学体系改革，运用云教学平台建设"导入 + 微课程 + 学习链接 + 测验 + 学分"为主体的网络教学模式等，都取得了良好的教学效果，受到学生的喜爱和欢迎。② 然而，由于网络的开放性、虚拟化、隐蔽性和交互性等特征，使各种同质、异质文化、合法、非法信息混合在一起，人人可以成为信息的掌握者、传播者，也给高校思想政治课体系建设带来了一些挑战。在大数据、新媒体、"互联网 +"背景下，大学生获取知识信息的方式与以往不同，呈现出海量与碎片、去中心化与多中心化并存的新特点，思想政治理论课教师的信息优势不复存在，教师引导说服教育学生的难度也增大。思想政治理论课教师若不能与时俱进地跟进学生关注的社会热点问题，并与学生进行分析讨论，就会使思想政治理论课教学效果大打折扣。传统的教学模式还是一对多的以教师讲授为主的方式，缺乏双向互动，教学方法单一，若不及时进行教学理念、教学场域、教学方法等要素的改革，使教学过程从单向知识输出转向扁平化、网络化知识传递，即从单一理论教学转向专题教学、实践教学和研讨教学的有机统一，则会使高校思想政治理论课缺乏现实针对性，缺乏令学生信服的科学化解释，因而降低思想政治理论课课堂教学的亲和力、趣味性和实效性。同时，在纷繁复杂的信息中，若教师无法进行有效的甄别和判断，则有的信息会抵消或弱化思想政治理论课的教学效果，造成个体对社会主导价值观的怀疑、淡化和抵制。一些非马克思主义、反马克思主义的社会思潮，如西方宪政民主思潮、新自由主义思潮、消费主义思潮、普世价值观等具有一定的社会市场，这些消极的、错误的社会思潮同样侵蚀着当代大学生的人生观和价值观，其负面影响不可低估③，必须引起我们的高度警惕。西方文化的强势传播，由经济强势带来的文化吸引力和价值认同，

---

① 习近平：《习近平谈治国理政》（第二卷），北京：外文出版社 2017 年版，第 325 页。
② 周琪：《高校思想政治理论课创新的三个着力点》，《思想理论教育导刊》2016 年第 3 期。
③ 张爱华：《加强高校网络文化建设，抵御西方错误社会思潮影响》，《思想理论教育导刊》2014 年第 4 期。

造成了人们对西方文化的盲目崇拜和对马克思主义的不以为然。① 因此，网络是一把双刃剑，一方面它有效地推动了世界各国文化的交流发展；同时，西方资产阶级国家利用其广泛性、开放性、便利性对我国进行"和平演变"，渗透其价值观，无疑增加了我国高校思想政治理论课体系创新的难度和现实迫切性。

第三，市场经济对高校思想政治理论课体系创新的挑战。十九大报告指出，我国经济已由高速增长阶段转向高质量发展阶段，正处在转变发展方式、优化经济结构、转换增长动力的攻关期。因此，中国社会正处于改革发展深水区、攻坚区，社会发展处于矛盾多发期、利益调整期、社会转型期，社会结构和利益格局也在发生深刻变化，"由于社会经济成分、组织形式、物质利益、就业方式日益多样化，人们的思想活动的独立性、选择性、多变性、差异性明显增加"②，这对高校思想政治理论课体系建设也提出了新的挑战。在社会主义市场经济条件下，大学生越来越具有民主、平等、公正、独立的思想意识和创新精神，尤其是新时代的学生，他们朝气蓬勃、思想活跃、见解敏锐、好学上进、视野宽广、开放自信。这种特点使得大学生在接受思想教育、理论教育、实践教育等过程中，越来越诉诸自己的判断、决策和选择，要求能够通畅地表达自己的思想、进行理论探讨和思想论辩，要求在学习上要有自主选择学习方式、内容的机会和条件。因此，他们对以往思想政治理论课教学中的简单灌输结论式的教学方式日益不满，对各种形式的带有说教意味色彩的教学形式表现出较强的抵制情绪，对单纯学习知识、不知学了何用的"读死书"学习方式不感兴趣，而强烈地要求思想政治理论课能够教给他们思考方法，提升学习能力，对他们日后适应社会生活、取得事业成功提供更大的帮助。③ 这都严重冲击着传统思想政治教育的"三中心"（教师中心、课堂中心、书本中心）教学理念，使得传统的教育模式难以适应新的发展要求。在社会主义市场经济条件下，人们之间的利益关系变得日益分化与复杂化，这一方面促使思想政治教育目标和手段更加需要切合社会实际，促进强化思想政治教育主客体关系的平等意识；但另一方面，一些错误的价值导向也不可避免地影响人们的价值观和人生观，带来人们思想的趋利倾向以及道德虚无主义、功利主义等问题，思想政治理论课教育对象也不可避免地受其影响，思想正在发生变化。一些在校大学生深受市场经济中"一切向钱

① 马晨、雷琳：《当前我国马克思主义意识形态面临的挑战》，《社会科学》2008 年第 1 期。
② 江泽民：《论"三个代表"》，北京：中央文献出版社 2001 年版，第 59 页。
③ 吴倬：《新时期大学生思想意识特点与政治课建设》，《清华大学教育研究》2010 年第 3 期。

看"思想的影响，只关心与自己切身利益相关的问题，政治意识日趋淡薄，对学习思想政治理论课的重要意义认识不足。市场经济下功利主义的体现，它忽视了大学生全面成才的目标，片面强调科学技术的工具作用，忽视"理论""思想""制度"对科学技术的价值引领，更没有看到"以什么理论为指导、走什么路"对国家和民族发展的决定性意义。① 毛泽东同志曾说："思想和政治又是统帅，是灵魂。只要我们的思想工作和政治工作稍为一放松，经济工作和技术工作就一定会走到邪路上去。"② 事实上，学习和培养专业技能，与培养和养成良好的思想政治道德品质，是并行不悖、同等重要的。另外，由于我国当今地区和城乡差别依然存在，贫富差距呈日益扩大的趋势，当代大学生的家庭状况（包括父母的受教育程度、家庭的经济水平、家庭的人员结构等）也都发生了很大的变化，城乡大学生各群体的消费水平差异也逐步增大。因此，在社会主义市场经济条件下，面对纷繁复杂的思想碰撞，面对思想政治理论课教育对象思想观念上的变化，教师发挥着不可替代的重要作用。正如习近平总书记所强调："办好思想政治理论课关键在教师，关键在发挥教师的积极性、主动性、创造性。"③ 因此，高校思想政治理论课体系创新，不能脱离环境，不能脱离学生，不能脱离现实，必须把体系创新工作落到实处。

随着经济全球化进程的加快，各国的政治和文化出现区域同质化、全球一体化的趋势。政治区域化表现为各国之间在政治价值和政治制度上的认同趋向，文化多元化则对马克思主义意识形态以及马克思主义理论的解释力均提出了新的挑战。西方主要的发达资本主义国家打着民主的旗号，借助其强大的军事力量和话语霸权，在世界上到处干涉他国内政，对马克思主义的主权国家意识造成了严重威胁。与此同时，文化作为一种产业在 20 世纪初期就已开始创造利润，大量的文化产品从西方发达资本主义国家尤其是美国向世界各地输出。文化产品输出的过程也是文化的输出过程，更是价值观念的传播过程。文化全球化是对本土文化认同和价值认同的超越，其最根本的体现就是超越国界、超越社会制度的全球范围内公认的普遍价值观的出现。通过易被人们所接受的具有大众娱乐性和商业价值的文化产品的方式，文化全球

---

① 孙宗伟、岳从欣：《高校思想政治理论课没有正当性吗?》，《思想理论教育导刊》2016 年第 6 期。

② 中共中央文献研究室编：《毛泽东文集》（第七卷），北京：人民出版社 1999 年版，第 351 页。

③ 《习近平：用新时代中国特色社会主义思想铸魂育人 贯彻党的教育方针 落实立德树人根本任务》，人民网，2019 年 3 月 18 日。

化将一种价值观念潜移默化地渗透到一国或一定区域内人们的思想和生活方式当中，进而影响其对本土文化和价值观念的认同，这势必会对该国或部分区域的主流意识形态的传播效果产生重大影响，有时甚至会带来一些不可预知的灾难。如美国的麦当劳文化、好莱坞文化已经在世界各地站稳脚跟，他们不仅带来了一种文化或者物质的产品，也把资本主义的个人主义、追求速效的价值观念传送到了全世界。可见，高校思想政治理论课建设体系创新要真正把握好当前的国际形势，就应做到四个必须，即必须对当前的国际形势尤其是西方世界（主要是以美国为首的西方主要发达资本主义国家）文化输出本质有清醒的认识；必须构建既符合中国本土文化宣传需要，又能有效抵制以全盘西化中国、颠覆中国政权、危害中华民族利益为目的价值观念；必须进一步深化马克思主义理论的研究，增强高校思想政治理论课的理论依托；必须不断丰富和发展思想政治理论教育教学的话语体系，提高其对重大理论问题和社会热点问题的解释力。

随着中国经济进入新常态、改革进入攻坚期和深水区，党和国家事业发展也面临着一系列的新情况、新问题亟须解决。"我国经济发展正处于增长速度换挡期、结构调整阵痛期、前期刺激政策消化期'三期叠加'阶段。"① 依据历史唯物主义原理，经济基础决定上层建筑，并辐射至社会生活的方方面面。在此背景下，高校思想政治理论课建设体系创新也面临诸多问题，具体而言，主要体现在三个方面：一是新媒体文化对精神世界的双重性影响。新媒体是指以数字、网络、多媒体等信息传播新技术为依托的新媒介，它以其数字化、交互性、互联性等构筑了一个开放性、全方位、即时性、平等性的信息空间。新媒体无疑已成为包括大学生在内的现代人学习和沟通的重要平台。新媒体技术的发展为大学生思想政治理论课学习提供了良好的机遇和信息资源条件，拓宽了马克思主义意识形态教育的全球视野、文化资源和信息渠道，丰富了教育的手段和方式，大大地增强了理论教育的针对性、时效性、亲和力和感染力。但是，新媒体环境同时具有多元化、复杂性等特点，存在着西方意识形态渗透、不良信息诱惑、网络道德行为失范等问题，使大学生易受到不良价值观念的裹挟和侵袭，负面影响不少，最终会使马克思主义理论教育效果因冲击而大打折扣。二是新时期国家发展的利弊共存。中国的改革开放和现代化建设已进入全新时期，在强力推进"全面建成小康社会、全面深化改革、全面依法治国、全面从严治党"的战略布局中，新事物、新经验、新理论不断涌现。这些具有鲜明时代特征、反映时代发展与进步、彰显

---

① 习近平：《习近平谈治国理政》（第二卷），北京：外文出版社 2017 年版，第 229 页。

中国特色的理论与实践内容也必将被纳入新的中国化马克思主义成果——中国特色社会主义理论体系当中，这对当代大学生来讲具有更大的吸引力和说服力。当然，伴随社会经济转型，中国还存在诸多社会问题，如体制机制不健全，民主法治不完善，贫富差距、贪污腐败、环境恶化等各种问题和矛盾也在消解着马克思主义意识形态教育的效果，一些非马克思主义的甚至反马克思主义的思潮也借机而入，这在一定程度上影响了大学生对马克思主义的认同，影响到思想政治理论课的教学效果。三是社会意识形态的多样复杂性。在我国，社会经济成分、组织形式、就业方式、利益关系和分配方式的日益多样化，反映在人们的思想观念上，出现了社会意识多样化的趋势，这是社会生活多样化在观念形态上的反映，是我国现代化建设在社会意识领域引起的重大变化。社会意识多样化体现为人们的思想空前活跃，人们的思想不断解放，人们思想活动的独立性、选择性、多变性、差异性增强，有助于形成探索精神和创造活力，它是社会主义文化建设的成果体现，是我国文化领域日益繁荣的表现。社会主导意识形态主要是指一个社会占据主导地位的意识形态，是统治阶级意志在思想体系上的集中反映。在我国改革不断深化、对外开放不断扩大、经济关系发生深刻变化的情况下，社会思想文化呈现多样化或多元化是不可避免的，但社会主导意识形态只能"一元化"，因此要处理好"一"与"多"的关系。正如习近平总书记强调："在意识形态领域斗争上，我们没有任何妥协、退让的余地，必须把意识形态工作的领导权、管理权和话语权牢牢掌握在手中，任何时候都不能旁落，否则就要犯无可挽回的历史性错误。"① 高校思想政治理论课建设体系创新必须辩证地看待社会发展过程中出现的各种问题，以实现对事物的扬弃，并善于用发展着的马克思主义理论作为指导，深入研究改革发展中的重大理论和现实问题，使高校思想政治理论课贴近实际、能接地气。

三、新时代高校思想政治理论课体系创新的可行性

自中华人民共和国成立以来，党和国家非常重视高校思想政治理论课体系创新，在政策制度、机构建设、资金投入、人才提供等方面均给予了极大的支持。高校思想政治理论课在课程名称、教材编纂、内容结构、课程安排等方面都经历了一个不断规范化、系统化、科学化的动态发展过程。从"85

---

① 中共中央宣传部编：《习近平新时代中国特色社会主义思想三十讲》，北京：学习出版社 2018 年版，第 213 页。

方案""98 方案"直至现在的"05 方案",我国高校思想政治理论课体系在不断地更新与完善中发展。近些年来,在党中央的坚强领导下,各部门和各地区高校认真实施新课程方案,采取一系列重大新举措,全面加强、改进和创新思想政治理论课,深入推进中国特色社会主义理论体系进教材、进课堂、进学生头脑。高校思想政治理论课体系建设得到加强,质量明显提升,体系和内容也大为改观。统一编写使用本专科教材和研究生教材、课程教学大纲等,课程和教材体系建设进一步得以规范。教师队伍规模不断扩大,结构进一步优化,综合素质不断提高。同时,加快全面推进教学科研改革,优化教学体系内容,创新课堂教学形式,推广了一批行之有效的教学方法,课堂秩序和教学效果明显改善。设立马克思主义理论一级学科,为高校思想政治理论课建设提供了坚实的学科支撑。新时代"要充分发挥马克思主义理论研究和建设工程、中国特色社会主义理论体系研究中心、马克思主义学院、报刊网络理论宣传等思想理论工作平台的运用,深化拓展马克思主义理论研究和宣传教育"①。这就为新时代推进高校思想政治理论课体系创新指明了方向。

第一,贯彻落实高校思想政治理论课体系创新计划。《创新计划》中对思想政治理论课体系创新进行了系统而明确的规定,从如下方面系统规定了体系创新问题:一是充分认识办好高校思想政治理论课的重要性、艰巨性问题;二是高校思想政治理论课建设体系创新计划的指导思想、基本原则和目标任务;三是高校思想政治理论课建设体系创新计划的重点建设内容。高校思想政治理论课体系建设是一个系统工程,要加强顶层设计,统筹各方面力量协同推进。当前,部分高校、家长和学生,甚至一些其他专业的任课教师,对思想政治教育理论课的地位、功能都缺乏明确的认识,存在着一些认识误区。有学者将其主要表现划分为几个方面:"思想政治理论课无关紧要""思想政治理论课课程内容不适应时代需要""思想政治理论课是一种思想钳制""思想政治理论课应该取消"。② 这样错误的观念势必会造成"教师厌教,学生厌学"的现象,对思想政治理论课的有效性产生极大的消极影响。高校思想政治理论课建设是一个复杂的整体性的系统工程,涉及各方面的要素和环节。"要坚持用科学发展观统领思想政治理论课建设,具体地就是说要在各个方面、各个环节上全面坚持马克思主义整体性原则,不仅要加强马克思主义理论体系研究,而且各门课程要努力体现整体性……思想理论课要整合建设和

---

① 习近平:《习近平谈治国理政》(第二卷),北京:外文出版社 2017 年版,第 347 页。
② 张耀灿等:《高校思想政治理论课教育教学质量监测体系研究》,北京:经济科学出版社 2014 年版,第 7 - 8 页。

发展……不仅要抓好课程和教材建设，而且要抓好教师队伍建设。"① 高校思想政治理论课建设体系创新不是某一要素或具体方式方法上细枝末节或一招一式的改变，而是一个综合性、整体性的系统化改革工程，要从整体性的视角和高度来把握研究高校思想政治理论课体系建设问题。特别是要把握以下方面问题：一是教材建设问题。"教材是国家意志的体现，思想政治理论课教材更是体现了党的意识形态工作、党的宣传思想工作的基本方向和要求。"② 高校思想政治理论课教材应"始终与时代同步，在坚持中与时俱进，在改革中加强，在创新中发展"③。当前，教材内容与中学政治课内容有部分重复，如高校"思想道德修养与法律基础"课程的内容与高中思想政治课中爱国主义、法律基础、个人道德情操等内容有重复；"中国近现代史纲要"与高中历史也有部分内容重复。在"毛泽东思想和中国特色社会主义理论体系概论"和"马克思主义基本原理概论"中也存在重复问题。二是教师队伍问题。就教师队伍建设而言，高校思想政治理论课教师的学历、专业背景、职称参差不齐。在学历结构上，相比整个高校教师队伍的学历结构，思想政治理论课教师的学历在不同高校存在较大差异。三是教学方法问题。就教学方法改革而言，多样性教学方法缺失。长期以来，教学方法问题一直是影响思想政治理论课教学效果的重要原因之一。目前在教学中，已探索出案例式教学法、演讲式教学法、问题式教学法、讨论式教学法、实践教学法和多媒体教学法等多种教学方法。但在实际授课中，仍然存在教师授课方式缺乏创新、照本宣科的本本主义现象，以单向灌输、宏大叙事、空泛刻板为主要特征的传统话语广泛存在，教师对教材话语向学生话语、生活话语转换不到位，缺乏鲜活有力的实例，致使教学的感染力和吸引力大打折扣。教师或由于自身知识能力不足，或由于教学资源的有限，导致对多种教学方法的错位运用、整合性运用严重不足。这就要求高校认真落实《创新计划》《关于深化新时代学校思想政治理论课改革创新的若干意见》等文件精神，把对思想政治理论课的重视落到实处。

第二，统筹协调整合高校思想政治理论课教学资源。教师是高校思想政治理论课教学的关键，教师自身的素质是思想政治理论课有效性的关键因素。根据思想政治理论课的自身特点和时代要求，教师的自身素质至少包括以下

---

① 张耀灿等：《高校思想政治理论课教育教学质量监测体系研究》，北京：经济科学出版社 2014 年版，第 21 页。

② 李卫红：《在高校思想政治理论课 2013 年新修订教材和教学大纲示范培训班上的讲话》，《思想理论教育导刊》2013 年第 9 期。

③ 杨泉明：《中国高等教育改革发展研究》，北京：中国人民大学出版社 2009 年版，第 293 页。

几个方面：良好的思想道德素质、深厚的理论功底、广博的知识储备和与时俱进的创新精神。从当前整体情况看，大部分思想政治理论课教师政治信仰坚定，爱岗敬业，乐于奉献，具备良好的师德师风、较扎实的理论功底和合理的知识结构，特别是青年教师思维敏捷、精力充沛、勇于创新，正在为高校教育事业奉献着自己的力量。但我们仍不能忽视高校思想政治理论课教师在教育理念、专业理论知识和讲课热情等方面的突出问题，仍需要进一步的改善和提高。习近平总书记强调："教师是人类灵魂的工程师，承担着神圣使命。传道者自己首先要明道、信道。高校教师要坚持教育者先受教育，努力成为先进思想文化的传播者、党执政的坚定支持者，更好担起学生健康成长指导者和引路人的责任。"① 思想政治理论课是一门政治性和理论性都很强的课程，教师需要具备深厚扎实的马克思主义理论功底、广博的知识储备，以及善于对实践中遇到的新问题进行理论思考的能力，方能做到以理服人，使学生们心悦诚服地接受。《创新计划》要求：研究制定马克思主义学院建设标准，推进思想政治理论课教学科研机构科学规范建设。加大投入力度，完善体系创新的条件保障。优化思想政治理论课二级机构办公环境，配备必要的现代化办公设施，提供充分的教学科研资料，加强信息化建设。加强组织领导，确保思想政治理论课优先发展。确保在学校发展规划、经费投入、公共资源使用中优先保障思想政治理论课建设，在人才培养、科研立项、评优表彰、职务评聘等方面优先支持思想政治理论课教师，真正落实思想政治理论课在学校教育教学体系中的重点建设地位等。在全国高校思想政治工作会议上，习近平总书记强调："要坚持把立德树人作为中心环节，把思想政治工作贯穿教育教学全过程，实现全程育人、全方位育人。"② 当前，还应进一步加强机构建设和组织领导，加大投入力度，发挥校内思想政治理论课建设领导小组的协调作用和思想政治工作队伍与思想政治理论课教师队伍的协同作用，着力培养学生理论骨干和理论社团，充分发挥地方政府对大学生思想政治教育的积极作用，切实加强统筹协调，形成合力，进一步巩固思想政治理论课建设全员、全方位、全过程格局，实现育人目标。

　　第三，在问题研究中提升思想政治理论课实效。改革开放以来，高校思想政治理论课理论和实践研究从来没有停止过。面对新形势、新课题、新情况，高校思想政治理论课建设发展，必须不断进行研究，才能把握思想政治

　　① 《习近平：把思想政治工作贯穿教育教学全过程　开创我国高等教育事业发展新局面》，《人民日报》，2016 年 12 月 9 日。

　　② 习近平：《习近平谈治国理政》（第二卷），北京：人民出版社 2017 年版，第 376 页。

理论课的发展趋势。高校思想政治理论课应从创新教学模式，更新教学观念，改进教育方式和方法，更新补充教学内容，形成科学合理的教学评价体系等方面着手，以提高思想政治教育的实效性。思想政治理论课不是单纯的知识灌输，而是要让学生学习和掌握马克思主义的立场、观点和方法。要树立问题意识，坚持问题导向，就是教师要通过对重大问题的关注和分析而吸引学生，激发学生学习兴趣；注重培养学生的问题意识，不断探索当今社会发展中存在的重大理论和实践问题，并培养学生分析问题和解决问题的能力。教师要认真研究教材内容，注重课前调研，贴近学生需求，根据教学大纲要求，理论联系实际进行教学专题设计。同时，也要结合地方实际，设计具有地方特色的专题，使课程的吸引力、亲和力和感染力不断增强。目前，许多高校都致力于统筹课堂教学、实践教学、网络教学建设，逐步形成课堂教学为主渠道，实践教学与网络教学有效补充的教学体系。但是，一些教师教学手段单一，即便使用多媒体教学，也只是简单地变传统的"黑板＋粉笔"为"屏幕＋键盘"，缺乏对多媒体教学环境下的教学设计、教学方式方法的深入思考，没有充分体现出多媒体教学应有的互动性、互交性和现实模拟性等优势特征，也影响到整个教学的实效性。还有一些教师过度使用图片、音频、视频等资源，课件华而不实，使多媒体教学过于形式主义，这样也同样难以提高教学的实际效果。目前，教学内容仍存在理论性、说教性较强，与社会现实、大学生的思想实际和实际需要联系不够紧密，缺乏针对性等问题。另外，考试评价体系内容单一。现在教学考核方式往往以单一的知识性内容考查为主，考试内容偏重基础理论知识的考核，对分析问题、解决问题的考察不够重视。以课堂考核为主，忽视课外考核；以最终结果为主，忽视过程考核。采用的大多仍然是以期末卷面考试为主要考试成绩的方式。期末考试后，只简单地将平时考核成绩与期末卷面成绩汇总，对卷面考试成绩的分析流于形式，缺少对关键指标的分析，如试卷的信度、效度、难度以及大学生学习能力及知识运用情况。忽视考后分析和反馈，只将考试看作评价学生学习效果的手段，没有很好地发挥考试的反馈功能，更没有看到考试本身也是一个对学生进行品德教育的过程。① 这样的考试方式容易导致学生死记硬背，欠缺应有的理论思考，也难以有效检验学生的学习效果，不利于提高学生的学习积极性。所有这些问题，都值得好好研究；只有在研究中，才能不断提高教学水平。

① 游薇：《网络环境下高校思想政治理论课考试方式改革策略探析》，《思想理论教育导刊》2017 年第 1 期。

第三章　新时代高校思想政治理论课体系创新的指导思想

《创新计划》中明确提出了当前高校思想政治理论课体系创新的重要性和紧迫性，为高校思想政治理论课体系创新做出了明确要求。2019 年，中共中央办公厅、国务院办公厅《关于深化新时代学校思想政治理论课改革创新的若干意见》中要求各地区各部门结合实际认真贯彻落实党的教育方针，坚持马克思主义指导地位，贯彻落实习近平新时代中国特色社会主义思想，坚持社会主义办学方向，落实立德树人根本任务，坚持教育为人民服务、为中国共产党治国理政服务、为巩固和发展中国特色社会主义制度服务、为改革开放和社会主义现代化建设服务，扎根中国大地办教育，同生产劳动和社会实践相结合，加快推进教育现代化，建设教育强国，办好人民满意的教育，努力培养担当民族复兴大任的时代新人，培养德智体美劳全面发展的社会主义建设者和接班人。

一、坚持马克思主义在意识形态领域指导地位的根本制度

教育部等八部门印发的《关于加快构建高校思想政治工作体系的意见》（教思政〔2020〕1 号）中要求，以习近平新时代中国特色社会主义思想为指导，全面贯彻党的教育方针，坚持和加强党的全面领导，坚持社会主义办学方向，以立德树人为根本，以理想信念教育为核心，以培育和践行社会主义核心价值观为主线，以建立完善全员、全程、全方位育人体制机制为关键，全面提升高校思想政治工作质量。高校思想政治理论课是巩固马克思主义在意识形态领域指导地位的前沿阵地，高校思想政治理论课体系创新必须坚持马克思主义理论指导。习近平总书记在全国宣传思想工作会议上指出，"意识形态工作是党的一项极端重要的工作"[①]，在《中共中央关于坚持和完善中国

[①]　习近平：《习近平谈治国理政》（第一卷），北京：外文出版社 2018 年版，第 153 页。

特色社会主义制度　推进国家治理体系和治理能力现代化若干重大问题的决定》（2019 年 10 月 31 日中国共产党第十九届中央委员会第四次全体会议通过）中明确指出："坚持马克思主义在意识形态领域指导地位的根本制度。"① 这就从根本制度的角度明确规定了高校思想政治理论课必须遵循的指导思想。

自 1848 年《共产党宣言》发表后，马克思主义就是最先进的科学理论体系。"马克思主义极大推进了人类文明进程，至今依然是具有重大国际影响的思想体系和话语体系，马克思至今依然被公认为'千年第一思想家'。"② 马克思主义是符合客观实际、客观规律的科学真理。马克思主义是对人类文明成果批判性继承的结果。马克思主义不仅如实反映了客观事物的现象，而且深入揭示了物质世界现象背后的本质和规律，揭示了人类社会尤其是资本主义社会和社会主义社会发展的本质和规律，为人们探索世界提供了科学的世界观和方法论。马克思在中学时代就关注社会现实中的公平问题，并立志为"人类的幸福和我们自身的完美而工作"。马克思在《青年在选择职业时的考虑》一文中写道："如果我们选择了最能为人类而工作的职业，那么重担就不能把我们压倒，因为这是为大家做出的牺牲；那时我们所享受的就不是可怜的、有限的、自私的乐趣，我们的幸福将属于千百万人，我们的事业将悄然无息地存在下去，但是它会永远发挥作用，而面对我们的骨灰，高尚的人们将洒下热泪。"③ 马克思终其一生都是在为全人类的幸福而奋斗，为绝大多数人也即为无产阶级服务是马克思主义的旨趣所在。习近平总书记指出："马克思的思想理论源于那个时代又超越了那个时代，既是那个时代精神的精华又是整个人类精神的精华。"④ 马克思主义理论体系具有严密的逻辑性，是一个有机整体。

理论的生命力在于创新，而理论创新需要扎实的理论基础作为保障。高校思想政治理论课是进行马克思主义理论教育的重要渠道，马克思主义理论是高校思想政治理论课体系创新的理论基础。马克思在《〈黑格尔法哲学批判〉导言》中明确指出："批判的武器当然不能代替武器的批判，物质力量只能用物质力量来摧毁；但是理论一经掌握群众，也会变成物质力量。理论只

① 《中共中央关于坚持和完善中国特色社会主义制度　推进国家治理体系和治理能力现代化若干重大问题的决定》，北京：人民出版社 2019 年版，第 23 页。
② 习近平：《在纪念马克思诞辰 200 周年大会上的讲话》，《人民日报》，2018 年 5 月 5 日。
③ 中共中央马克思恩格斯列宁斯大林著作编译局编：《马克思恩格斯选集》（第二卷），北京：人民出版社 1995 年版，第 459 页。
④ 习近平：《在纪念马克思诞辰 200 周年大会上的讲话》，《人民日报》，2018 年 5 月 5 日。

要说服人，就能掌握群众；而理论只要彻底，就能说服人。"① 理论如何掌握群众、说服群众？最关键的就是运用好教育传播途径。高校思想政治理论课就是在马克思主义理论指导下所进行的宣传教育活动。马克思曾指出："如果你想感化别人，那你就必须是一个实际上能鼓舞和推动别人前进的人。"② 恩格斯指出："作为党的政论家，除了一定的信念、善良的愿望和洪亮的嗓音外，还需要一些别的条件。""党的政论家还需要具有更多的智慧、更明确的思想、更好的风格和更丰富的知识。"③ 作为无产阶级革命运动的伟大导师，马克思、恩格斯所创立的理论体系具有非常明确的目标。社会发展的最终目的是具体到每一个个体的实现和每一个人的自由发展。高校思想政治理论课教育教学的对象是人，人的自由全面发展是思想政治理论课要实现的终极目标。马克思、恩格斯还指出了共产主义社会是不断发展着的动态的人类理想，"在那里，每个人的自由发展是一切人的自由发展的条件"④。可见，思想政治理论课的最终最根本的目标是促进每一个人的自由全面发展，马克思、恩格斯关于人的全面发展理论为思想政治理论课提供了方向性指引。

列宁不仅继承和发展了马克思主义理论，还积极践行马克思主义理论，并创立了世界上第一个社会主义国家——苏联，使马克思、恩格斯的科学社会主义真正实现理论向现实的转变。列宁指出："没有革命的理论，就不会有革命的运动。"⑤ 从理论到运动的实现则离不开思想政治教育。列宁指出，工人阶级的思想理论工作必须通过灌输教育去贯彻落实。列宁系统地论证了马克思主义的灌输理论。显然，列宁所讲的灌输并不是所谓的恶意填鸭式输入，也不是强迫学习，而是因结合工人阶级自身的认知能力和水平的实际，将革命的理论和科学的真理尤其是马克思主义理论——相对于工人阶级的认知情况是很难通过自学而达及自悟的——通过教育宣传等外在输入的方式，将社会主义意识、社会主义革命理论内化为工人阶级的革命行动，从而最终实现工人阶级的革命行为由自发转向自觉。如何将马克思主义的科学理论很好地

---

① 中共中央马克思恩格斯列宁斯大林著作编译局编：《马克思恩格斯选集》（第一卷），北京：人民出版社1995年版，第9页。

② 中共中央马克思恩格斯列宁斯大林著作编译局译：《马克思恩格斯全集》（第四十二卷），北京：人民出版社1979年版，第115页。

③ 中共中央马克思恩格斯列宁斯大林著作编译局编：《马克思恩格斯选集》（第一卷），北京：人民出版社1995年版，第203页。

④ 中共中央马克思恩格斯列宁斯大林著作编译局编：《马克思恩格斯选集》（第一卷），北京：人民出版社1995年版，第294页。

⑤ 中共中央马克思恩格斯列宁斯大林著作编译局编：《列宁选集》（第一卷），北京：人民出版社1995年版，第153页。

输入广大无产阶级和人民群众的头脑，并运用于革命实践活动，是一个亟待解决的问题。列宁指出，解决这一问题的关键是教育者的素质和能力。可见，思想政治教育者必须具备全面发展无产阶级政治意识的能力，具备良好的理论素养和实践能力，要以理论家、宣传员、协调者、鼓动员和组织者的身份到群众中去进行思想政治教育。列宁认为马克思主义之所以能得老百姓广泛的认同并被千百万人所接受和实施，其根本原因在于马克思主义的真理性和现实性，是经得起历史和实践检验的。同时，列宁还强调："我们绝不把马克思的理论看作是某种一成不变的和神圣不可侵犯的东西；恰恰相反，我们深信：它只是给一种科学奠定了基础，社会党人如果不愿意落后于实际生活，就应当在各方面把这门科学推向前进。"[①] 可见，思想政治教育效果如何必须坚持实践检验真理的标准，同时还必须以发展的眼光来看待和评价教育的实效性。斯大林指出："马克思主义是关于自然和社会的发展规律的科学，是关于被压迫和被剥削群众的革命的科学，是关于社会主义在一切国家中胜利的科学，是关于共产主义社会建设的科学。"[②] "列宁主义是帝国主义和无产阶级革命时代的马克思主义。"[③] 斯大林坚决反对当时苏联党内外出现的关于思想政治教育"灌输多余论"以及轻视社会主义制度下思想政治教育工作的思想和行为，突出强调了"必须大声疾呼地说明一个思想：没有社会主义的自发工人运动就是在黑暗中摸索，即使有一天能摸索到目的地，但谁知道要到什么时候并且要受多少痛苦，所以社会主义意识对于工人运动是有极大意义的"[④]。因为只有把社会主义意识灌输到工人运动中去，才能"赋予自发的工人运动以社会民主主义的性质"[⑤]，才有可能实现社会主义革命和建设的胜利。斯大林认为："青年是我们的未来，是我们的希望"[⑥]，青年"是一种可以推动革命一日千里地前进的力量"[⑦]。并指明学校思想政治教育的根本目的就是

① 中共中央马克思恩格斯列宁斯大林著作编译局编：《列宁选集》（第一卷），北京：人民出版社1995年版，第274页。

② 中共中央马克思恩格斯列宁斯大林著作编译局编：《斯大林选集》（下卷），北京：人民出版社1979年版，第559页。

③ 《斯大林全集》（第七卷），北京：人民出版社1958年版，第204－205页。

④ 中共中央马克思恩格斯列宁斯大林著作编译局编：《斯大林选集》（上卷），北京：人民出版社1979年版，第28页。

⑤ 中共中央马克思恩格斯列宁斯大林著作编译局编：《斯大林选集》（上卷），北京：人民出版社1979年版，第36页。

⑥ 中国共产主义青年团中央团校编：《马克思恩格斯列宁斯大林论青年》，北京：中国青年出版社1980年版，第258页。

⑦ 中国共产主义青年团中央团校编：《马克思恩格斯列宁斯大林论青年》，北京：中国青年出版社1980年版，第232页。

"用社会主义精神改造人"①，以培养和造就更多的列宁主义者。为此，斯大林还把政治思想工作列入国家的政治和文化生活，把思想政治教育工作正式纳入学校教育范畴。斯大林高度重视党员干部的思想政治教育工作。斯大林指出："有一门科学知识却是一切科学部门中的布尔什维克都必须具备的，这就是马克思列宁主义关于社会、社会发展规律、无产阶级革命发展规律、社会主义建设发展规律以及共产主义胜利的科学。"② 并认为：对于广大党员干部而言，其身份应该是多重的，其不仅是某一科学专业领域的行家，是专才；更是马克思主义的政治家、理论家与活动家，精通多个领域的基本知识和技能，并能有效运用之。关于思想政治教育者工作的自觉性问题，斯大林指出："这种意识的体现者社会民主党应该把社会主义意识灌输到工人运动中去，应该始终走在运动的前头，而不要冷眼旁观，做自发工人运动的尾巴。"③ 他还进一步指出："创造社会主义意识的是少数社会民主党的知识分子。而把这种意识灌输到工人运动中去的则是整个社会民主党，它使无产阶级的自发斗争具有自觉的性质。"④ 关于思想政治教育者的工作成效问题，斯大林认为："在国家和党的任何一个工作部门中，工作人员的政治水平和马克思列宁主义觉悟程度愈高，工作本身的效率也愈高，工作也就愈有成效；反过来说，工作人员的政治水平和马克思列宁主义觉悟程度愈低，就愈有可能在工作中遭受挫折和失败，就愈可能使工作人员本身庸俗化和堕落成为鼠目寸光的事务主义者，就愈可能使他们蜕化变质——这要算是一个定理。"⑤ 斯大林思想政治教育思想是在继承和发展马克思列宁主义的基础之上，更加重视在社会主义条件下，如何巩固和发展思想政治教育工作的问题，这为我们做好社会主义条件下的高校思想政治理论课教学工作提供了一定的借鉴价值和指导意义。

　　马克思主义是中国近代以来的历史选择。"任何科学道理都是从实践中得来的，又必须由实践来检验。"⑥ 为什么坚持马克思主义的指导地位这一问题，必须要从中国的具体的历史进程中去寻找答案。中国近代以来的曲折发展道

---

① 中共中央马克思恩格斯列宁斯大林著作编译局编：《斯大林选集》（下卷），北京：人民出版社1979年版，第470页。

② 中共中央马克思恩格斯列宁斯大林著作编译局编：《斯大林选集》（上卷），北京：人民出版社1979年版，第247页。

③ 中共中央马克思恩格斯列宁斯大林著作编译局编：《斯大林选集》（上卷），北京：人民出版社1979年版，第28页。

④ 《斯大林全集》（第一卷），北京：人民出版社1953年版，第145页。

⑤ 中共中央马克思恩格斯列宁斯大林著作编译局编：《斯大林选集》（下卷），北京：人民出版社1979年版，第461－462页。

⑥ 田心铭：《为什么必须坚持马克思主义的指导地位》，《马克思主义研究》2009年第3期。

路已充分说明，只有马克思主义才能救中国，只有马克思主义才能指引我们走向富强、民主、文明、和谐、美丽的社会主义现代化国家。"实践证明，马克思主义的命运早已同中国共产党的命运、中国人民的命运、中华民族的命运紧紧连在一起，它的科学性和真理性在中国得到了充分检验，它的人民性和实践性在中国得到了充分贯彻，它的开放性和时代性在中国得到了充分彰显！"① 中国近代以来的历史、改革开放以来的发展过程都充分表明，中国社会主义革命、建设和改革所取得的伟大成就，离不开马克思主义的指导思想。社会主义建设取得的成就正是将马克思主义同中国具体实际相结合的结果。

今天中国发展，面临着复杂多变的国内外环境，尤其是在意识形态领域。伴随世界多极化、经济全球化和科技革命的飞速发展，在意识形态领域，文化霸权主义和政治强权主义依然存在，西方敌对势力从来没有放弃弱化、丑化、西化、分化中国的和平演变图谋，从来没有停止与中国的意识形态斗争。因而，坚持和巩固马克思主义在意识形态领域的根本制度，对维护中国人民的国家利益有着重要意义。

伴随我国改革开放的不断深入，社会各层次的矛盾不断涌现，社会主义事业发展遇到了诸多可以预见和难以预见的风险。因而，要抵御风险，将中国特色社会主义事业不断推向前进，就必须团结全体中国人民，使其拧成一股强大的力量以迎接挑战、战胜困难。而人民的团结、力量的凝聚势必须要有一个科学理论作为人民团结奋斗的共同思想基础；否则，就不可能有人心的凝聚、人民根本利益的维护和社会主义事业的发展，苏联的解体就较好地诠释了一个国家以科学理论为指导巩固人民共同奋斗思想基础的极端重要性。更何况，今天中国在意识形态领域，各种社会思潮空前活跃，噪音杂音泛起，一些人通过鼓吹西方的宪政民主、新自由主义、普世价值、民主社会主义、历史虚无主义等思潮，以此来不断干扰社会主义的发展方向。也有一些人主张回到过去，用中国传统文化尤其是儒家文化甚至是建立儒教的信仰来指导中国发展，其实质是否定马克思主义指导地位。这些都是非常危险的、错误的观念和思潮。"历史和人民选择马克思主义是完全正确的，中国共产党把马克思主义写在自己的旗帜上是完全正确的，坚持马克思主义基本原理同中国具体实际相结合、不断推进马克思主义中国化时代化是完全正确的！"② 因而在意识形态领域，无论是基于凝聚思想力量的需要还是澄清思想污浊的需要，都必须坚持和巩固马克思主义在意识形态领域的根本制度。马克思主义理论

① 习近平：《在纪念马克思诞辰200周年大会上的讲话》，《人民日报》，2018年5月5日。
② 习近平：《在纪念马克思诞辰200周年大会上的讲话》，《人民日报》，2018年5月5日。

的科学性以及中国近代以来的历史命运和今天发展的现实需要，都充分说明了以马克思主义为指导的历史必然性和重要性。"巩固马克思主义在意识形态领域的指导地位，巩固全党全国各族人民团结奋斗的共同思想基础，是意识形态工作的根本任务。"① 当前，国内外各种思想文化交流交融交锋日益频繁，如何发挥正能量以增强对重大理论和现实问题的阐释力，是高校思想政治理论课亟待解决的问题，也是高校思想政治理论课体系创新的要义所在。

二、坚持中国化马克思主义理论指导

中国化马克思主义是马克思主义理论体系的重要组成部分，它是在马克思主义中国化的过程中形成的，是马克思主义基本原理在中国的应用和发展，具有鲜明的中国特色和时代特征。中国化马克思主义主要包括毛泽东思想、邓小平理论、"三个代表"重要思想、科学发展观和习近平新时代中国特色社会主义思想。其中，习近平新时代中国特色社会主义思想是中国化马克思主义最新理论成果。中国化马克思主义是马克思主义与中国具体实际相结合的科学理论。高校思想政治理论课体系创新，必须坚持中国化马克思主义理论指导。中国化马克思主义理论指导高校思想政治理论课体系创新，主要涉及高校思想政治理论课建设问题，德育问题，学校思想政治教育和思想政治工作等重要思想。这里，主要从思想政治教育的概念出发来进行充分的阐述。

毛泽东思想是马克思列宁主义与中国具体实际相结合的产物，是马克思主义中国化的第一大理论成果。毛泽东思想的基本原则和根本方法对中国特色社会主义各项事业的建设和发展具有重要的指导意义。毛泽东同志指出："政治工作是我们军队的生命线，无此则不是真正的革命军队"②，"政治工作是一切经济工作的生命线"③。并将是否重视人民群众的思想政治教育看作是一个人是否为好的革命工作人员的重要评判标准。在革命年代，毛泽东同志认为思想政治教育的目标是要唤醒人民群众的主体意识、民族意识和革命意识，宣传党的政治主张、根本宗旨、苏维埃政权和红军的性质与任务，动员一切力量参加革命事业。在和平年代，则提出了"又红又专"，把它作为思想政治教育的目标和人才评价标准。毛泽东同志将政治观教育作为思想政治教

---

① 中共中央宣传部编：《习近平新时代中国特色社会主义思想三十讲》，北京：学习出版社 2018 年版，第 213 页。

② 中共中央文献研究室编：《关于建国以来党的若干历史问题的决议（注释本）》，北京：人民出版社 1983 年版，第 531 页。

③ 中共中央文献研究室编：《毛泽东文集》（第六卷），北京：人民出版社 1999 年版，第 449 页。

育的核心内容，并认为"没有正确的政治观点就等于没有灵魂"①；与此同时还提出了思想政治理论的人生观教育、思想品德教育、革命纪律教育、形势与政策教育、党的宗旨教育、阶级觉悟教育、群众观教育、工农结合道路教育等教育内容。

毛泽东同志特别重视实事求是的宣传思想工作，而实事求是也是毛泽东思想的精髓。1949 年 10 月中华人民共和国成立后，毛泽东同志面对中国共产党角色转换后即从革命党转变为执政党后的新中国建设问题时，再次强调："对于中国共产党来说，就是要学会把马克思列宁主义的理论应用于中国的具体的环境。"思想政治教育更要强调这一点。否则，"离开中国特点来谈马克思主义，只是抽象的空洞的马克思主义。因此，使马克思主义在中国具体化，使之在其每一表现中带着必须有的中国的特性，即是说，按照中国的特点去应用它，成为全党亟待了解并亟须解决的问题"②。毛泽东同志在总结无产阶级专政的历史经验时指出："最重要的是要独立思考，把马列主义的基本原理同中国革命和建设的具体实际相结合。民主革命时期我们在吃了大亏之后才成功地实现了这种结合，取得了中国新民主主义革命的胜利。现在是社会主义革命和建设时期，我们要进行第二次结合，找出在中国怎样建设社会主义的道路……我们应从各方面考虑如何按照中国的情况办事，不要再像过去那样迷信了。"③ 至于"任何外国的经验，只能作参考，不能当作教条。一定要把马克思列宁主义的普遍真理和本国的具体情况这两个方面结合起来"④。毛泽东同志作为中国共产党的伟大领袖，以毛泽东同志为核心的中国共产党人在领导中国革命和建设过程中创立了毛泽东思想，并对 20 世纪的中国和世界历史进程产生了深刻影响。而在毛泽东思想以及毛泽东同志的系列经典著作中，蕴含着大量迄今仍具有重要的启发和指导意义的思想政治教育理论。在《改造我们的学习》中，毛泽东同志强调："要有目的的去研究马克思列宁主义理论，要使马克思列宁主义理论与中国革命的实际运动结合起来，是为着解决中国革命的理论问题和策略问题而去从它找立场，找观点，找方法的。"⑤ 在革命年代，毛泽东同志认为思想政治教育的目标是要唤醒人民群众的主体

① 中共中央文献研究室编：《毛泽东文集》（第七卷），北京：人民出版社 1999 年版，第 226 页。

② 毛泽东：《毛泽东选集》（第二卷），北京：人民出版社 1991 年版，第 534 页。

③ 吴冷西：《忆毛主席——我亲身经历的若干重大历史事件片段》，北京：新华出版社 1995 年版，第 9 - 10 页。

④ 中共中央文献研究室编：《毛泽东文集》（第七卷），北京：人民出版社 1999 年版，第 133 页。

⑤ 毛泽东：《毛泽东选集》（第三卷），北京：人民出版社 1991 年版，第 801 页。

意识、民族意识和革命意识，宣传党的政治主张、根本宗旨、苏维埃政权和红军性质与任务，动员一切力量参加革命事业。1958 年，毛泽东同志明确提出思想政治工作的主要任务是培养"又红又专"社会主义建设人才，并论证了红与专、政治与业务的辩证关系，强调思想和政治是"统帅、灵魂"的观点。据此，"又红又专"成为和平年代中国共产党人开展思想政治工作的目标与人才培养的评价标准。

邓小平是中国改革开放事业的总设计师，邓小平理论博大精深，包含着丰富的思想政治教育思想，是高校思想政治理论课体系创新的指导思想。邓小平认为，社会主义现代化建设是一项伟大而艰巨复杂的任务，物质文明建设和精神文明建设"两手抓""两手都要硬"的重要观点，其中社会主义精神文明建设包含思想道德建设和教育科学文化建设，思想政治教育是思想道德建设的核心。面对新时代的新情况、新问题，邓小平不仅十分注重思想政治教育的功能发挥，强调思想政治教育的重要性，而且还十分注重思想政治教育的改革创新和有效性。在改革开放过程中，邓小平富有创造地提出了许多政治、经济、文化工作的新思想和新观点，并不断自觉地将这些新观点和新方法与公民的思想政治教育相结合。同时，邓小平还提倡，在分析新问题、新情况尤其是新的思想状况时，要有针对性地讲问题，进行教育和再教育。①邓小平指出："现在我们已经看到存在不少问题，我们还会遇到许多现在预料不到的问题。为了完成这个任务，为了保证全党思想上行动上的一致，必须有效地加强和改善我们党的思想政治工作。"② 这也是高校思想政治理论课体系创新的指导思想。

江泽民同志在北京大学建校一百周年的庆典大会上提出培养青年大学生的"四个统一"的成才目标，即"坚持学习科学文化与加强思想道德修养的统一，坚持学习书本知识和投身社会实践的统一，坚持实现自身价值与服务祖国人民的统一，坚持树立远大理想与进行艰苦奋斗的统一"③。在庆祝清华大学建校九十周年的大会上，江泽民对大学生群体提出了"五点希望"，即希望大学生成为理想远大、热爱祖国的人，成为追求真理、勇于创新的人，成为德才兼备、全面发展的人，成为视野开阔、胸怀宽广的人，成为知行统一、脚踏实地的人。江泽民多次强调思想政治教育的"政治优势"地位，指出

① 中共中央文献研究室编：《邓小平思想年谱》，北京：中央文献出版社 1998 年版，第 131 页。

② 邓小平：《邓小平文选》（第二卷），北京：人民出版社 1994 年版，第 364 页。

③ 共青团中央、中共中央文献研究室编：《毛泽东邓小平江泽民论青少年和青少年工作》（增订本），北京：中国青年出版社 2003 年版，第 335－337 页。

"我们党历来把思想政治建设摆在党的建设的首位。这是我们党提高自身凝聚力、战斗力的一条十分重要的经验，也是我们党始终保持工人阶级先锋队性质、坚持拒腐防变的一项根本性措施"①。在学校教育中，江泽民要求各类各级学校都要把思想政治教育摆在重要地位，任何时候都不能放松和削弱，只有这样，才能真正增强青年学生对错误的社会思潮如享乐主义、拜金主义、极端个人主义等的辨别和抵制能力。

胡锦涛同志高度重视大学生思想政治教育工作，提出高校应树立和加强"育人为本，德智体美、德育为先的理念"②，而在大学生德智体美教育中，要充分发挥思想政治理论课在大学生思想政治教育中的主渠道、主阵地的作用，促进大学生的全面发展。胡锦涛同志十分重视高校思想政治理论课对大学生的成长成才作用，认为"要从赢得青年、赢得未来的高度，抓好大学生的理论学习，深入推进马克思主义中国化的最新成果进教材、进课堂、进头脑工作，让青年知识分子了解、认同和贯彻党的理论，在广大青年中培养一大批坚定的马克思主义者"③。青年的思想状况如何直接关系着一个国家和社会未来的发展方向。关于思想政治教育的内容方面，胡锦涛同志高度重视对大学生进行社会主义核心价值体系教育，这既是我国社会主义和谐文化建设的重要内容，也是高校思想政治理论课的基本内容和价值导向。大学生理想信念教育，主要是对大学生进行正确的世界观、人生观和价值观教育，使他们正确认识和处理个人理想与国家、民族振兴事业兴旺发达的关系。而爱国主义教育是高校思想政治理论课教学的重点，主要引导大学生了解我们的民族，增强民族凝聚意识，自觉维护国家利益。公民基本道德规范教育是思想政治理论课的基础内容，公民道德强调"爱国守法、明礼诚信、团结友善、勤俭自强、敬业奉献"等规范，是全体公民的道德评价标准。

三、坚持习近平新时代中国特色社会主义思想的指导

习近平总书记对宣传思想工作、学校思想政治工作、高校思想政治理论课高度重视，召开专题会议，研究布置。习近平新时代中国特色社会主义思

① 中共中央文献研究室编：《十四大以来重要文献选编》（中），北京：人民出版社1996年版，第188页。

② 《进一步加强和改进大学生思想政治教育工作 大力培养造就社会主义事业建设者和接班人》，《人民日报》，2005年1月19日。

③ 中共中央文献研究室编：《十六大以来重要文献选编》（下），北京：中央文献出版社2008年版，第685页。

想是中国化马克思主义的最新理论成果，是当代中国化马克思主义。习近平新时代中国特色社会主义思想为高校思想政治理论课体系创新指明方向，是新时代高校思想政治理论课体系创新的指导思想。

党的十八大以来，习近平总书记在党员领导干部思想道德建设、社会主义核心价值观培育等系列重要讲话中，创新了新时代思想政治教育的内容，增强了时代感和针对性。习近平总书记把理想信念教育提高到前所未有的高度。习近平总书记指出："要树立正确的世界观、人生观、价值观，掌握这把总钥匙。"[①] 而掌握"总钥匙""总开关"的有效方法就是"要用中国梦打牢广大青少年的共同思想基础"[②]。此外，理想信念作为人的精神支柱，所传达的是一种精神状态和价值追求。习近平总书记指出："坚定理想信念，坚守共产党人精神追求，始终是共产党人安身立命的根本。"[③] 而针对党内出现的一些党员干部理想信念迷茫的问题，习近平总书记重申了"革命理想高于天"的思想，形象地把理想信念比作是共产党人精神上的"钙"，认为没有理想信念，理想信念不坚定，精神上就会"缺钙"、得"软骨病"，明确要求加强党员领导干部的理想信念教育，切实解决好世界观、人生观、价值观这个"总开关"问题。习近平总书记把理想信念与"共产主义远大理想、中国特色社会主义共同理想与中华民族的历史命运结合起来，提出中华民族伟大复兴的中国梦，并强调要通过国家富强、民族复兴、人民幸福中国梦的教育，激励、引导全体人民凝心聚神、为祖国建设事业奉献力量"[④]。理想信念与"中国梦"教育是高校思想政治理论课内容的丰富和发展。习近平总书记非常重视社会主义核心价值观教育。习近平总书记指出："核心价值观是文化软实力的灵魂、文化软实力建设的重点。"[⑤] 当今世界各国综合国力的竞争主要就是文化软实力的竞争。习近平总书记还指出，"核心价值观，其实就是一种德，既是个人的德，也是一种大德，就是国家的德、社会的德"。"一个国家，一个民族，要同心同德迈向前进，必须有共同的理想信念作支撑。"[⑥] 因而，核心价值观承载着国家、社会和个人三个不同但又联系密切的道德价值追求与目标。习近平总书记在政治局第十三次学习时提出："培育和弘扬核心价值观，

① 习近平：《习近平谈治国理政》（第一卷），北京：外文出版社 2018 年版，第 173 页。
② 习近平：《习近平谈治国理政》（第一卷），北京：外文出版社 2018 年版，第 53 页。
③ 习近平：《习近平谈治国理政》（第一卷），北京：外文出版社 2018 年版，第 15 页。
④ 习近平：《习近平谈治国理政》（第一卷），北京：外文出版社 2018 年版，第 165 页。
⑤ 习近平：《习近平谈治国理政》（第一卷），北京：外文出版社 2018 年版，第 163 页。
⑥ 习近平：《青年要自觉践行社会主义核心价值观——在北京大学师生座谈会上的讲话》，《光明日报》，2014 年 5 月 5 日。

有效整合社会意识，是社会系统得以正常运转，社会秩序得以有效维护的重要途径，也是国家治理体系和治理能力的重要方面。"① 因此，要把培育和弘扬社会主义核心价值观作为凝魂聚气、强基固本的社会基础工程，培育和践行社会主义核心价值观是新时代高校思想政治理论课教学的重要内容。习近平总书记高度重视中华民族优秀传统文化教育，并将弘扬中华优秀传统文化提升至国家战略的高度。习近平总书记指出历史是最好的教科书、中国革命历史是最好的营养剂，"对中国人民和中华民族的优秀文化和光荣历史，要加大正面宣传力度，通过学校教育、理论研究、历史研究、影视作品、文学作品等多种方式，加强爱国主义、集体主义、社会主义教育，引导我国人民树立和坚持正确的历史观、民族观、国家观、文化观，增强做中国人的骨气和底气"②。习近平总书记多次强调中华民族优秀传统文化在培育和践行社会主义核心价值观中的作用，提出"要认真汲取中华优秀传统文化的思想精华和道德精髓，大力弘扬以爱国主义为核心的民族精神和以改革创新为核心的时代精神，深入挖掘和阐发中华优秀传统文化讲仁爱、重民本、守诚信、崇正义、尚和合、求大同的时代价值，使中华优秀传统文化成为涵养社会主义核心价值观的重要源泉"③。习近平总书记认为总结历史经验的目的是以史为鉴、更好前进，而中国近现代以来的历史警示更是不容忘记。2012 年 11 月 29 日，习近平总书记在参观"复兴之路"展览时说："我们这个民族，近代以后，遭受苦难之深重，付出牺牲之巨大，这在世界历史上都是罕见的，但是中国人民从不屈服。不断地奋起抗争，我们也终于掌握了自己的命运。我们开始安排自己国家的建设的伟大进程。这充分展示了以爱国主义为核心的伟大的民族。中华民族的今天正可谓，'人间正道是沧桑'，改革开放以来，总结历史经验，不断地艰辛探索，终于找到了一条实现中华民族伟大复兴的正确道路，这条道路就是中国特色社会主义，中华民族的明天可谓是'长风破浪会有时'。"④"回首过去，全党同志必须牢记，落后就要挨打，发展才能自强；审视现在，全党同志必须牢记，道路决定命运，找到一条正确的道路多么不容易，我们必须坚定不移走下去；展望未来，全党同志必须牢记，要把蓝图变

① 习近平：《习近平谈治国理政》（第一卷），北京：外文出版社 2018 年版，第 163 页。
② 习近平：《习近平谈治国理政》（第一卷），北京：外文出版社 2018 年版，第 162 页。
③ 习近平：《习近平谈治国理政》（第一卷），北京：外文出版社 2018 年版，第 164 页。
④ 中共中央文献研究室编：《十八大以来重要文献选编》（上），北京：中央文献出版社 2014 年版，第 83 页。

为现实，还有很长的路要走，需要我们付出长期艰苦的努力。"① 习近平总书记在中共中央政治局第七次集体学习时强调："学习党史、国史，是坚持和发展中国特色社会主义、把党和国家各项事业继续推向前进的必修课。这门功课不仅必修，而且必须修好。"② 2016 年 7 月 1 日，在庆祝中国共产党成立 95 周年大会上，习近平总书记指出："我们党已经走过了 95 年的历程，但我们要永远保持建党时中国共产党人的奋斗精神，永远保持对人民的赤子之心。一切向前走，都不能忘记走过的路；走得再远、走到再光辉的未来，也不能忘记走过的过去，也不能忘记为什么出发。"③ 高校思想政治理论课学习中，应特别注意党史、国史的学习。同时，习近平总书记非常注重法治宣传和廉政文化氛围的营造，以期从根本上解决腐败问题。习近平总书记高度重视法纪教育，要求"深入开展法制宣传教育，在全社会弘扬社会主义法治精神，引导全体人民遵守法律、有问题依靠法律来解决，形成守法光荣的良好氛围"④。习近平总书记要求，要"研究我国反腐倡廉历史，了解我国古代廉政文化，考察我国历史上反腐倡廉的成败得失，可以给人以深刻启迪，有利于我们运用历史智慧推进反腐倡廉建设"⑤。切实加强反腐倡廉和廉政文化教育，努力做到干部清正、政府清廉、政治清明，成为新时代思想政治教育的重要内容。

新时代高校思想政治理论课体系创新面临新形势、新问题、新要求、新任务、新挑战，习近平总书记明确提出新时代高校思想政治理论课体系创新所要遵循的基本原则。一是党性原则。坚持正确的政治方向不动摇，思想政治理论课教学只有渗透到具体工作中，才能及时发现并解决问题，满足教育对象的精神需要，增强课程教学的针对性、实效性。习近平总书记在全国宣传思想工作会议上指出："宣传思想工作就是要巩固马克思主义在意识形态领域的指导地位，巩固全党全国人民团结奋斗的共同思想基础。"⑥ "两个巩固"成为新时期加强宣传思想工作的一条红线，是必须坚持的政治原则。习近平总书记指出："所有宣传思想部门和单位，所有宣传思想战线上的党员、干部

---

① 中共中央文献研究室编：《十八大以来重要文献选编》（上），北京：中央文献出版社 2014 年版，第 84 页。

② 中共中央文献研究室编：《十八大以来重要文献选编》（上），北京：中央文献出版社 2014 年版，第 102 页。

③ 习近平：《习近平谈治国理政》（第二卷），北京：外文出版社 2017 年版，第 33 页。

④ 习近平：《习近平谈治国理政》（第一卷），北京：外文出版社 2018 年版，第 145 页。

⑤ 习近平：《习近平谈治国理政》（第一卷），北京：外文出版社 2018 年版，第 390 页。

⑥ 中共中央宣传部编：《习近平新时代中国特色社会主义思想三十讲》，北京：学习出版社 2018 年版，第 213 页。

都要旗帜鲜明坚持党性原则"①，因而，高校作为宣传思想工作的重要部门和单位，高校思想政治理论课要始终与我国社会主义发展要求相一致，坚持正确的政治方向不动摇。同时，在坚持"两个巩固"原则的基础上，还要"坚持正面宣传为主"，这是宣传思想工作必须遵循的重要方针，也为新时代高校思想政治理论课体系创新的方向。二是渗透性原则。随着国内外形势的日益复杂化，高校思想政治理论课在坚持理论教育教学的同时，也要注重理论与实际相结合，充分发挥日常生活和工作中对教育对象的渗透式教育。"只有渗透到具体工作中，才能满足教育对象的需要，及时发现并解决问题，增强教育课程的针对性、实效性。习近平论新时期思想政治教育要贯彻渗透原则，经济、政治、文化、社会、生态方面的政策都有利于社会主义核心价值观的培育。"② 因而，如何将高校思想政治理论课与具体的社会实践相结合，充分发挥思想政治理论课教学的作用具有重要意义。习近平总书记在谈到如何把社会主义核心价值观的要求融入各种精神文明创建活动中时提出："利用各种时机和场合，形成有利于培育和弘扬社会主义核心价值观的生活情景和社会氛围，使核心价值观的影响像空气一样无所不在、无时不有"③；因而，高校思想政治理论课教师应善于发现、挖掘、利用和创造各种资源、平台，拓展高校思想政治理论课的发展时空，将核心价值观传播到人们生活、学习和工作的方方面面，使其养成积极传播和践行这些思想观念的习惯，而达到自然而然的境界。三是人民性原则。人民性思想是习近平治国理政系列重要讲话的重要思想。从历史发展的维度来说，人民性思想是对马克思主义人民性思想的继承与发展。"从讲话本身的内在逻辑上说，其人民性思想主要体现在执政理念、目标蓝图、工作方法、意识形态等各个方面。"④ 以中国梦为例，习近平总书记强调指出：中国梦归根到底是人民的梦，必须紧紧依靠人民来实现。"把中国梦归结为'人民的梦''每一个中国人的梦'，充分体现了中国梦的人民性这一本质属性。"⑤ 人民性是马克思主义经典著作中的重要术语，唯物史观第一次正确评价了人民群众在社会历史发展中的创造主体地位，指出历史的发源地"在尘世的粗糙的物质生产中"而不是"在天上的云雾

---

① 习近平：《习近平论治国理政》（第一卷），北京：外文出版社 2018 年版，第 157 页。
② 陈桂花、王东维：《论习近平系列讲话中的思想政治教育元素》，《思想政治工作研究》2014年第 8 期。
③ 习近平：《习近平论治国理政》（第一卷），北京：外文出版社 2018 年版，第 165 页。
④ 周正艳：《试论习近平总书记的人民性思想》，《社会主义研究》2015 年第 4 期。
⑤ 韩振峰：《简论"中国梦"的十个鲜明特征》，《社会主义研究》2013 年第 5 期。

中"。① 习近平治国理政历史发展观的人民主体性实际上是对马克思主义人民性思想的继承和发展。习近平总书记指出："人民是历史的创造者，群众是真正的英雄。人民群众是我们力量的源泉"②，要"坚持人民主体地位，切实保障公民享有权利和履行义务"③。习近平总书记强调指出，"坚持人民性，就是要把实现好、维护好、发展好最广大人民根本利益作为出发点和落脚点，坚持以民为本、以人为本"④。因而，高校思想政治理论课体系创新必须站在人民的立场，坚定不移地为人民服务，坚决维护人民的根本利益。

习近平总书记在全国宣传思想工作会议讲话中指出："意识形态工作是党的一项极端重要的工作。"⑤ 而能否做好意识形态工作，不仅关系党和国家事业的向前推进，更是关系中华民族的生存发展问题。毋庸讳言，高校思想政治理论课的根本特性是意识形态性，如何发挥高校思想政治理论课对社会主义意识形态的巩固作用，不仅是一个政治、思想、文化教育的问题，也是一个方法论问题。习近平总书记非常重视高校思想政治理论课教学方法问题，提出"要通过教育引导、舆论宣传、文化熏陶、实践养成、制度保障等，使社会主义核心价值观内化为人们的精神追求，外化为人们的自觉行动"⑥。这为高校思想政治理论课教学方法提供了指南。习近平总书记指出，"同过去相比，我们今天学习的任务不是轻了，而是更重了"⑦。新时代要学习马克思主义著作，树立马克思主义的立场、观点和方法，即"认真学习马克思主义理论，这是我们做好一切工作的看家本领，也是领导干部必须掌握的工作制胜的看家本领。……领导干部学习，要正确把握学习的方向。忽视了马克思主义所指引的方向，学习就容易陷入盲目状态甚至误入歧途，就容易在错综复杂的形势中无所适从，就难以抵御各种错误思潮"⑧。高校思想政治理论课是培养合格建设者和可靠接班人的重要方面，高校学生的读书学习情况如何，关涉国家未来发展的方向。习近平总书记指出："一个人只有明大德、守公德、严私德，其才方能用得其所。修德，既要立意高远，又要立足平实。踏

① 《马克思恩格斯全集》（第二卷），北京：人民出版社 1957 年版，第 191 页。

② 中共中央文献研究室编：《十八大以来重要文献选编》（上），北京：中央文献出版社 2014 年版，第 70 页。

③ 中共中央文献研究室编：《十八大以来重要文献选编》（上），北京：中央文献出版社 2014 年版，第 90 页。

④ 习近平：《习近平谈治国理政》（第一卷），北京：外文出版社 2018 年版，第 154 页。

⑤ 习近平：《习近平谈治国理政》（第一卷），北京：外文出版社 2018 年版，第 153 页。

⑥ 习近平：《习近平谈治国理政》（第一卷），北京：外文出版社 2018 年版，第 164 页。

⑦ 习近平：《习近平谈治国理政》（第一卷），北京：外文出版社 2018 年版，第 401 页。

⑧ 习近平：《习近平谈治国理政》（第一卷），北京：外文出版社 2018 年版，第 404－406 页。

踏实实修好公德、私德，学会劳动、学会勤俭，学会感恩、学会助人，学会谦让、学会宽容，学会自省、学会自律。"① 习近平总书记多次强调，要积极引导人们讲道德、尊道德、守道德，追求高尚的道德理想，不断夯实中国特色社会主义的思想道德基础。习近平总书记要求："要坚持学以致用，深入基层、深入群众，在改革开放和社会主义现代化建设的大熔炉中，在社会的大学校里掌握真才实学，增益其所不能，努力成为可堪大用、能担重任的栋梁之材。"② 习近平总书记还提出要"于实处用力"，从知行合一上下功夫。习近平总书记提出："一种价值观要真正发挥作用，必须融入社会生活，让人们在实践中感知它、领悟它。要注意把我们所提倡的与人们日常生活紧密联系起来，在落细、落小、落实上下功夫。"③ 习近平总书记强调："贵在坚持知行合一、坚持行胜于言，在落细、落小、落实上下功夫。要注意把社会主义核心价值观日常化、具体化、形象化、生活化，使每个人都能感知它、领悟它，内化为精神追求，外化为实际行动，做到明大德、守公德、严私德。"④

习近平总书记强调要用中华民族创造的一切宝贵的精神财富来以文化人、以文育人，发挥文化工作对人的价值引领作用。习近平总书记在党的十七届三中全会上明确提出："要润物细无声，运用各类文化形式，生动具体地表现社会主义核心价值观，用高质量高水平的作品形象地告诉人们什么是真善美，什么是假恶丑，什么是值得肯定和赞扬的，什么是必须反对和否定的。"⑤ 这是新时代高校思想政治理论课教学的根本。同时，习近平总书记多次强调要充分发挥先进典型的示范引领作用，又要有效利用反面典型的警示震慑作用。习近平总书记指出："道德模范是社会道德建设的重要旗帜，要深入开展学习宣传道德模范活动，弘扬真善美，传播正能量。"⑥ 而关于少年儿童该如何进行社会主义核心价值观的养成与践行问题，习近平总书记明确提出：少年儿童要"学习英雄人物、先进人物、美好事物，在学习中养成好的思想品德追求"⑦。新时代榜样示范法为有效开展高校思想政治理论课教学提供重要的价值引领。

① 习近平：《青年要自觉践行社会主义核心价值观——在北京大学师生座谈会上的讲话》，《光明日报》，2014 年 5 月 5 日。
② 习近平：《青年要自觉践行社会主义核心价值观——在北京大学师生座谈会上的讲话》，《光明日报》，2014 年 5 月 5 日。
③ 习近平：《习近平谈治国理政》（第一卷），北京：外文出版社 2018 年版，第 178 页。
④ 习近平：《青年要自觉践行社会主义核心价值观——在北京大学师生座谈会上的讲话》，《光明日报》，2014 年 5 月 5 日。
⑤ 习近平：《在文艺工作座谈会上的讲话》，《光明日报》，2015 年 10 月 15 日。
⑥ 习近平：《习近平谈治国理政》（第一卷），北京：外文出版社 2018 年版，第 158 页。
⑦ 习近平：《习近平谈治国理政》（第一卷），北京：外文出版社 2018 年版，第 182 页。

第四章 新时代高校思想政治理论课体系创新的目标、原则与任务

中共中央宣传部和教育部颁布的《创新计划》明确提出了高校思想政治理论课体系创新的指导思想，同时也明确了高校思想政治理论课体系创新的目标、基本原则和主要任务。教育部等八部门印发的《关于加快构建高校思想政治工作体系的意见》中要求，健全立德树人体制机制，把立德树人融入思想道德、文化知识、社会实践教育各环节，贯通学科体系、教学体系、教材体系、管理体系，加快构建目标明确、内容完善、标准健全、运行科学、保障有力、成效显著的高校思想政治工作体系。对这些问题的深入研究，有助于进一步理解高校思想政治理论课体系创新的精神，并不折不扣地落实在思想政治理论课教学实践。

一、新时代高校思想政治理论课体系创新的目标

《关于加快构建高校思想政治工作体系的意见》中要求，健全立德树人体制机制，把立德树人融入思想道德、文化知识、社会实践教育各环节，贯通学科体系、教学体系、教材体系、管理体系，加快构建目标明确、内容完善、标准健全、运行科学、保障有力、成效显著的高校思想政治工作体系。这是新时代高校思想政治工作的目标，也是新时代高校思想政治理论课体系创新的目标、方向与目的。围绕这些目标，统筹安排协调思想政治理论课体系创新，一步一个脚印逐步实现思想政治理论课体系创新要实现的目的，具有重要的现实意义。

第一，整体推进教材、教师、教学等方面综合改革创新，编写充分反映马克思主义中国化最新成果、教师好用学生爱读的系列教材。高校思想政治理论课教材改革获得飞速发展，取得巨大成就。目前，博士阶段开设的"中国马克思主义与当代"，硕士阶段开设的"中国特色社会主义理论与实践研究"，本科生开设的"马克思主义基本原理概论""毛泽东思想和中国特色社

会主义理论体系概论""中国近现代史纲要""思想道德修养与法律基础"等课程均采用统编的马克思主义理论研究和建设工程教材，并且这些教材能及时修订，与时俱进，充分反映马克思主义中国化的最新成果，受到广大教师和学生的好评。在教师队伍建设，特别是教师职称评审、教师待遇、教师培训等方面获得改善，教师教学改革创新不断推进，思想政治理论课的良好教学局面正在形成。

大力推进统编教材的编写使用。根据中央精神和教学实际需要，及时修订和使用好本、专科4本教材和研究生5门课程教学大纲，组织制定《高校"形势与政策"课教育教学要点》。建立教材使用情况即时监测制度，跟踪分析师生对教材使用的意见建议，把师生评价作为教材修订重要标准，吸收一线师生参与教材修订工作。建立高校思想政治理论课教材研究中心，加强对教材内容和表述方式的研究，加强对思想政治理论课学术话语体系的研究，推动提高思想政治理论课教材编写质量和水平。编写马克思主义理论学科本科生和研究生核心课程教材。各地各高校要确保思想政治理论课教学使用统编教材。

编写完善教学系列用书。组织编写与本、专科思想政治理论课统编教材相配套的教师参考书、疑难问题解析、教学案例解析、学生辅学读本等教学用书，更好地促进统编教材的使用。制定专科2门必修课程教学建议。编写研究生5门课程教学讲义。组织编发高校思想政治理论课教学活页。编写思想政治理论课教学重要参考书。开展对教材重点难点研究，完善教学系列用书编写体例，创新编写模式。加强编写队伍建设，形成老中青年相结合、学科背景相补充的梯队。各地各高校，特别是民族地区可以组织编写符合实际需要的思想政治理论课教学参考用书。

切实推进优质教学资源共享。加强"高校思想政治理论课程网站"建设，完善网站建设机制，优化栏目设置，使之成为全国思想政治理论课教师共建共享共管的平台。成立全国思想政治理论课网站信息共享联盟，整合各地各高校优质网络教学资源。推动思想政治理论教育网络期刊建设，探索建立思想政治理论教育类优秀网络文章在科研成果统计、职务评聘方面的激励机制。建立文献共享资源库。建设一批教学资源研究实验室，系统总结凝练优质教学资源。建立大学生思想政治理论课主题学习网站和微信公众号学习平台，使之成为宣传展示学生理论学习成果的阵地。各地各高校要积极参与相关网站建设，采取切实措施推动本地本校教学资源共建共享。

第二，建设一支对马克思主义理论真学、真懂、真信、真用的教师队伍。所谓真学就是真心学习，就是要清楚学习马克思主义理论的初衷、学习的意义。真学就是要全面地学习，在全面中把握重点。是不是真心地学，体现政治态度；是不是真学，就看是否舍得拿出时间、拿出精力来学。真学是基础，是前提，是头道工序；只有真学才能学得深入，提高思想认识，激发学习动力。以真学筑牢政治上的忠诚，以真学确保方向上的正确，以真学巩固实践上的彻底。所谓真懂就是懂字面、懂文义、懂旨趣、懂根本、懂精髓、懂精神。真懂是理解得准确、全面、深刻。真懂是前提，只有真懂才能领会透彻。真懂要懂得准确，准确理解是第一要求。真懂要懂得全面，全面理解是第一前提。真懂要懂得深刻，深刻理解是第一境界。懂是学的结果，也是学的收获。真懂不是假懂，更不是装懂。真懂就是能够深刻领悟马克思主义理论蕴含的深厚情、科学思维、工作方法。所谓真信，就是学习马克思主义理论不仅要入眼入耳，更要入脑入心，就是要在灵魂深处敲响鼓，在思想深处起共鸣。真信是内化为心性、外化为言行的统一。真信，体现的是政治信仰。真信是关键，抓住真信这个核心，做到内化于心。学而不懂不是真学，懂而不信不是真懂。高校思想政治理论课教师要有"咬定青山不放松"的坚定意志，坚持敬仰真理、遵从真理、献身真理的不懈追求，做共产主义远大理想和中国特色社会主义共同理想的坚定信仰者和忠实实践者。所谓真用就是坚持知行合一、求真务实。学以致用，真用才能有真效，用是学的目的。马克思主义理论只有真用，才能变成活生生的实践，才能变成改造世界、推动历史的力量。真用是目的，只有真用才能落实。学习的目的全在于运用。学懂、弄通是前提，用好、做实是根本。伟大思想理论是一个不断丰富、不断发展的科学体系，真学、真懂、真信、真用是践行伟大思想的辩证统一的过程。"真学体现政治态度，真懂体现政治觉悟，真信体现政治信仰，真用体现政治担当。"[①] 高校思想政治理论课教师担负着重大使命任务，必须在真学、真懂、真信、真用上下功夫，走在前，作表率。

建立思想政治理论课专职教师任职资格制度。制定思想政治理论课教师任职资格标准，把政治立场作为教师聘用的首要标准，严把教师聘用政治关。建立新进教师宣誓和专任教师定期网络注册制度。严格教师管理，在事关政治原则、政治立场和政治方向上有问题的教师，或理论素质、教学水平达不到相应课程要求的，不得继续担任思想政治理论课教师。严格按照1：350的师生比配足、配强专职教师。各高校要结合思想政治理论课教师岗位实际合理确定选聘条件，加强后备人才储备，充分保障思想政治理论课教学和科研用人需求。

[①]　许宝健：《真学　真懂　真信　真用》，《学习时报》，2018年8月31日。

进一步完善教师培养培训制度。"教师是人类灵魂的工程师，承担着神圣使命。传道者自己首先要明道、信道。高校教师要坚持教育者先受教育，努力成为先进思想文化的传播者、党执政的坚定支持者，更好担起学生健康成长指导者和引路人的责任。"① 逐步健全完善国家示范培训、省级分批轮训、学校全员培训紧密衔接、相互补充的三级培训体系。统筹规划培训内容，系统设计培训形式，组织编写培训教材，凝练形成满足不同层面需要的菜单式培训方案。中宣部、教育部举办骨干教师、新进教师、新修订教材使用、社会实践研修等示范培训。强化教学科研骨干培养，推进择优资助及国内高级访学计划。在高校哲学社会科学教学科研骨干研修班中增加思想政治理论课教师培训名额。实施教学科研团队择优支持计划。加强教育部高校思想政治理论课教师社会实践研修基地建设。将思想政治理论课教学科研骨干培养与干部队伍建设结合起来，支持教学科研骨干、马克思主义学院负责人到相关部门挂职或实践锻炼。探索运用网络开展远程培训，运用微信公众号开展微培训，增强培训灵活性、时效性，扩大培训覆盖面。各地各高校要认真贯彻落实《普通高等学校思想政治理论课教师队伍培养规划（2019—2023 年）》，研究制订具体实施计划。各高校每年对全体教师至少培训一次。

建立高校思想政治理论课特聘教授制度。设立思想政治理论课兼职教师岗位，制定思想政治理论课特聘教授任职标准，聘请符合条件的专家学者、党政领导干部和先进人物等兼任思想政治理论课教师。教育部建立思想政治理论课特聘教授资源库，为各地各高校提供优质教师资源。规范思想政治理论课特聘教授管理，建立完善思想政治理论课特聘教授巡讲机制。各地各高校要根据实际制定相应政策，加大经费投入，实施好特聘教授制度。高校所有校领导要带头讲思想政治理论课。鼓励支持辅导员、班主任、骨干兼任思想政治理论课教师，鼓励支持思想政治理论课教师从事辅导员、班主任工作，推动两支队伍的有机融合。鼓励支持哲学社会科学教师参与思想政治理论课教学。

第三，培育推广理论联系实际、富有吸引力和感染力的多种教学方法。教学方法改革是高校思想政治理论课建设的重要环节和突破口。近几年高校思想政治理论课教学方法获得长足发展，已经形成了系统的思想政治理论课教学方法体系。特别是理论讲授法、启发式教学法、实践教学法、专题教学法、参与式教学法、互动式教学法、案例教学法、研究式教学法、网络教学法等成为思想政治理论课教学的主要方法。其中，网络教学法更是独树一帜，

① 习近平：《习近平谈治国理政》（第二卷），北京：外文出版社 2017 年版，第 379 页。

在武汉抗疫防疫期间获得广泛应用。全国思想政治理论课视频公开课面向全国高校学生讲授，各高校思想政治理论课教师利用网络视频上课，都收到满意的效果，受到学生和家长的好评。高校思想政治理论课教师运用生动的语言、鲜活的事例、新颖的形式，活跃课堂教学气氛，启发学生深入思考，理论联系实际，收到好的教学效果。教学方法是思想政治理论课的重要保障，高校思想政治理论课教师不仅在积极探索新的教学方法，而且在不断创新教学方法，努力提高思想政治理论课的教学效果。

培育推广优秀教学方法。选取若干所高校建立教学改革试验基地，统筹课堂教学、实践教学、网络教学建设，充分发挥课堂教学的主渠道作用和实践教学、网络教学的有效补充作用，积极开展高校思想政治理论课综合改革试点探索。依托教学指导委员会制定教学方法改革建议，鼓励创新教学模式。实施教学方法改革项目"择优推广计划"，五年内遴选和培育 100 项形式新颖、效果良好、受学生欢迎的优秀思想政治理论课教学方法改革项目，完善项目遴选、培育和推广机制。各地各高校要积极推进专题教学，凝练教学内容，强化问题意识，构建重点突出、贴近实际的教学体系。探索网络教学试点，开发思想政治理论课在线课程，组织大学生开展"同上一堂网络思想政治理论课"活动，建设一批名师名家网络示范课，推进优质网络教学资源建设。建立覆盖面广、代表性强的教学方法改革信息库，加强对教学方法改革的分析和研究，组织发布《高校思想政治理论课教学方法改革年度报告》。

不断深化教学研究与理论研究。实施教学攻关行动计划，统筹社会专家资源建立教学改革智库，开展教学重点问题研究，建立教学热点难点定期搜集解答制度，为深化教学改革、增强教学效果提供有力支撑。实施集体备课制度，深入开展多种形式的教学讨论和辩论，加强对各门课程教学设计的研究，加强对不同课程之间内容衔接的研究。加强对教案编写、课件制作、课堂教学组织的研究，努力形成一批精彩教案、精彩课件，打造一批精彩课堂。设立"高校马克思主义理论教学与研究文库"出版资助项目，推出优秀马克思主义理论学科和思想政治理论课教学学术专著。各地各高校要积极鼓励广大教师开展理论研究，推动马克思主义中国化理论创新，研究回答重大理论和现实问题。

切实加强教学管理。严格落实学分规定，不得以任何形式变相压减课时。合理设置教学规模，推行中班教学，班级规模原则上不超过 100 人。充分运用网络等现代技术手段，探索中班上课，小班研学讨论的教学模式。科学安排教学时间。实施教师听课互评互学制度，开展高校思想政治理论课教学观摩活动。坚持知行合一原则，创新考试考核办法，探索建立科学全面准确评价学生思想政治理论课学习效果的评价体系。各高校要健全学生评教制度，完善评教方式，合理运用评教结果。

第四，重点建设一批教学、科研皆强的马克思主义学院。自 2016 年 1 月，根据中央有关文件精神，中宣部、教育部组织了第一批全国重点马克思主义学院的评审工作。经过认真评审和实地考察，确定北京大学、清华大学、中国人民大学、南开大学、吉林大学、复旦大学、山东大学、武汉大学、兰州大学 9 所高校的马克思主义学院为第一批全国重点马克思主义学院。2017 年公布第二批全国重点马克思主义学院名单，包括北京师范大学、大连理工大学、东北师范大学、华东师范大学、南京大学、浙江大学、福建师范大学、郑州大学、中山大学、四川大学、西安交通大学、新疆师范大学在内的全国 12 所高校的马克思主义学院入选。2019 年第三批全国重点马克思主义学院包括首都师范大学、天津师范大学、河北师范大学、辽宁大学、哈尔滨师范大学、同济大学、南京师范大学、安徽师范大学、江西师范大学、山东师范大学、华中师范大学、湖南大学、华南师范大学、广西师范大学、西南大学、贵州师范大学 16 所大学的马克思主义学院为第三批全国重点马克思主义学院，山西大学、海南师范大学、云南大学、陕西师范大学 4 所大学的马克思主义学院列为全国重点马克思主义学院培育单位。在此基础上，各省市也相应地确立了重点马克思主义学院。实施重点马克思主义学院建设工程，建设一批集马克思主义理论学习教育、研究宣传、人才培养于一体的高水平马克思主义学院，使之成为办好高校思想政治理论课的坚强战斗堡垒。

第五，逐步构建重点突出、载体丰富、协同创新的思想政治理论课建设体系。思想政治理论课建设体系包括：以统编教材为基础，建设思想性、科学性和可读性统一的思想政治理论课立体化教材体系。要求大力推进统编教材编写使用，编写完善教学系列用书，切实推进优质教学资源共享。切实提高专职教师整体素质，建设专兼结合、结构合理的思想政治理论课教学人才体系。要求建立思想政治理论课专职教师任职资格制度，进一步完善教师培养培训制度，建立高校思想政治理论课特聘教授制度。积极培育和推广优秀教学方法，建设理念科学、形式多样、管理有效的思想政治理论课课堂教学体系。要求培育推广优秀教学方法，不断深化教学研究与理论研究，切实加强教学管理。努力强化实践教学，建设与课堂教学相互促进的思想政治理论课第二课堂教学体系。要求着力培育学生理论骨干和理论社团，着力提高校园文化建设的理论品质，整合资源强化实践教学。努力建强马克思主义理论学科，形成以马克思主义理论学科为引领、相关学科为补充的思想政治理论课学科支撑体系。要求切实把马克思主义理论学科建成优势学科，发挥哲学社会科学其他学科的支撑作用。坚持管理与激励并重，建设导向明确、系统完善的思想政治理论课综合评价体系。要求规范思想政治理论课宏观管理，健全教师考核评价制度，完善先进典型宣传表彰机制。切实加强统筹协调，建设有利于形成工作合力的思想政治理论课条件保障体系。要求加强机构建设，建好高校马克思主义学院；加大投入力度，完善体系创新的条件保障；加强组织领导，确保思想政治理论课优先发展。

第六，不断深化中国特色社会主义和中国梦教育，深入开展社会主义核心价值观教育，加强法治教育。高校思想政治理论课高举中国特色社会主义伟大旗帜，坚持以邓小平理论、"三个代表"重要思想、科学发展观为指导，紧密结合高校学生的思想实际，深入宣传学习中国特色社会主义和"中国梦"的真谛要义，不断增强广大学生道路自信、理论自信、制度自信，为做好学生思想政治工作提供强大精神力量。高校思想政治理论课要贯彻党的十八大、十八届三中全会精神、十九大、十九届四中全会精神和习近平总书记系列重要讲话精神，准确把握习近平新时代中国特色社会主义思想；深入宣传教育实现"中国梦"的重大意义、基本内涵和本质要求。深入开展社会主义核心价值观学习教育，用社会主义核心价值观引领社会思潮、凝聚社会共识；深入研究社会主义核心价值观的理论和实际问题，深刻解读社会主义核心价值观的丰富内涵和实践要求。加强法治教育，增强学生的法律意识、法制观念，养成自觉遵守法律的行为习惯。

第七，坚持不懈地推动中国特色社会主义理论体系"进教材、进课堂、进头脑"。中共中央办公厅、国务院办公厅在《关于进一步加强和改进新形势下高校宣传思想工作的意见》和《创新计划》中都提出了切实推动中国特色社会主义理论体系"进教材、进课堂、进头脑"的问题，为新时代高校思想政治理论课教学指明了方向。所谓"进教材"，就是把中国特色社会主义理论体系写进教材；所谓"进课堂"，就是要求教师要系统讲授中国特色社会主义理论，学生能够系统学习中国特色社会主义理论体系；所谓"进头脑"，就是教师和学生对中国特色社会主义理论体系有深刻理解，能够指导自己分析问题和解决问题。高校思想政治理论课要坚持不懈地推动中国特色社会主义理论体系"进教材、进课堂、进头脑"，必须提升自己的思想觉悟和政治责任，不断增强对其重要性紧迫性的深刻认识。2013 年 5 月 4 日，习近平总书记在同各界优秀青年代表座谈时的讲话时指出："青年人正处于学习的黄金时期，应该把学习作为首要任务，作为一种责任、一种精神追求、一种生活方式，树立梦想从学习开始、事业靠本领成就的观念，让勤奋学习成为青春远航的动力，让增长本领成为青春搏击的能量。"① 因此，高校思想政治理论课帮助青年学生学习领会中国特色社会主义理论体系，对于增强大学生坚定的政治信仰、正确的思维方法和行为准则，对于中国特色社会主义事业具有重要意义。

第八，不断改善思想政治理论课教学状况，努力把思想政治理论课建设成为学生真心喜爱、终身受益、毕生难忘的优秀课程。这些年，高校思想政治理论课教学水平和教学效果不断提升，思想政治理论课日益受到学生的欢迎。高校思想政治理论课涌现出不少的教学能手和大家，教学课堂场场爆满，一座难求。高校思想政治理论课教师也成为学生追求的偶像，成为学生学习的榜样。高校思想政治理论课一改过去被动的局面，已经成为学生真心喜欢的课程。新时代给高校思想政治理论课提出了新的要求，政治立场是高校思想政治理论课教师聘用的首要标准，高校思想政治理论课教师的理论素质、教学水平不断提升，高校思想政治理论课必将成为学生终身受益、毕生难忘的优秀课程。

二、新时代高校思想政治理论课体系创新的原则

高校思想政治理论课体系创新必须遵循其基本规律，同时也必须遵循基本的原则。离开这些要求，创新就会无所适从。高校思想政治理论课体系创新的原则，是思想政治理论课的内在规定性，在思想政治理论课体系创新中具有重要的地位。

第一，坚持理论与实际相结合，注重发挥实践环节的育人功能，创新推动学生实践教学和教师实践研修。高校思想政治理论课教学必须坚持理论与实际相结合，理论与实际相结合是我们党一贯以来的优良传统作风。高校思想政治理论课要坚持用习近平新时代中国特色社会主义思想来武装头脑，把理论学习应用于具体的实际活动之中，把理论学习日常化、具体化、生活化，使学生能够在具体的实际活动中增强处理复杂局面和问题的能力，从而更好地担负起党和人民赋予的重任。诚然，高校思想政治理论课仅仅是通过课堂的教学让学生被动接受思想政治理论，仍然走内容老套、照本宣科的老路子，那么思想政治理论课就会被当作枯燥、乏味的代名词。在高校思想政治理论课教学中，坚持理论与实际相结合，采用学生们喜闻乐见的教学方式、贴近

---

① 习近平：《习近平谈治国理政》（第一卷），北京：外文出版社 2018 年版，第51 页。

生活的教学内容，把"有意义"的课上成"有意思"，把"最难讲"的内容讲成"最精彩"。同时，高校思想政治理论课要与实践结合起来，在实践中经风雨、见世面、长才干。马克思指出："全部社会生活在本质上是实践的。"①马克思主义认为，实践是认识的来源，人类的一切认识都来自实践。同时强调，问题不在于获得了客观世界规律性的认识，因而能够解释世界，而在于用这种认识去能动地改造世界。列宁曾经做过这样的概括："从生动的直观到抽象的思维，并从抽象的思维到实践，这就是认识真理、认识客观实在的辩证途径。"②习近平总书记强调要"重视思政课的实践性"③。坚持理论与实践相统一，需要高校思想政治理论课教师善于学习，坚持真理，修正错误；坚决反对教条主义和实用主义；要全面贯彻党的教育方针，落实立德树人根本任务。因此，高校思想政治理论课要加强实践教学环节，给学生创造更多的实践机会，给教师提供更多的实践研修机会，充分发挥高校思想政治理论课实践育人的功能。

第二，坚持教学与科研相结合，努力探索攻克教学难关，强化马克思主义理论学科和科研对教学的支撑作用。教学和科研是高校思想政治理论课的基本职能。教学和科研是相辅相成、密切联系的两个方面。围绕高校思想政治理论课的教学进行科学研究，教学和科研相得益彰，彼此促进，教学有深度有新意，科研水平也会迅速提高。只搞教学而忽视科研，或者只搞科研而忽视教学的教师，不是全面发展的教师，到头来教学和科研都会受到限制，缺乏发展的后劲。高校思想政治理论课教学中碰见的教学问题或者难题，可以通过科学研究来解决，从而不断强化科研对教学的促进作用。高校思想政治理论课教学与科研相结合，也是培养社会主义合格建设者和可靠接班人的有效途径。因此，在高校思想政治理论课实际教学中，高校思想政治理论课教师要充分认识到科研的重要地位和作用，通过积极开展科研工作，来提高教师的教学水平和学生的实践能力，不断提高学校的办学质量和办学水平，促进学校综合实力的提高。

切实把马克思主义理论学科建成优势学科。习近平总书记在哲学社会科学工作座谈会上强调，在我国哲学社会科学领域必须坚持马克思主义的指导

---

① 中共中央马克思恩格斯列宁斯大林著作编译局编：《马克思恩格斯选集》（第一卷），北京：人民出版社1995年版，第56页。

② 中共中央马克思恩格斯列宁斯大林著作编译局编译：《列宁全集》（第五十五卷），北京：人民出版社1990年版，第142页。

③ 《习近平：用新时代中国特色社会主义思想铸魂育人　贯彻党的教育方针　落实立德树人根本任务》，人民网，2019年3月18日。

地位，"坚持以马克思主义为指导，是当代中国哲学社会科学区别于其他哲学社会科学的根本标志，必须旗帜鲜明加以坚持"①。制订马克思主义理论学科发展规划，以马克思主义理论学科优先发展、优势发展、优质发展带动高校哲学社会科学繁荣发展，更充分发挥高校哲学社会科学育人功能。推进马克思主义理论学科基础理论和重大问题年度主题研究，制订学科人才培养指导方案，编写《高校马克思主义理论学科年度报告》。规范马克思主义理论学科本科生、硕士生、博士生培养工作，探索建立本硕博相衔接的人才培养体系。大力培养马克思主义理论学科领军人才。推动建设马克思主义理论学科国家级协同创新中心，搭建高端马克思主义理论教育和研究平台。加强马克思主义理论研究类刊物建设，拓展马克思主义理论研究成果交流宣传阵地，办好一批重点刊物，并作为高校思想政治理论课教师评聘职务职称的核心期刊。高校文科学报应开设思想政治理论课研究栏目。

发挥哲学社会科学其他学科的支撑作用。深入推进哲学社会科学教学科研骨干研修工作，组织广大哲学社会科学教师系统学习马克思主义理论和党的路线方针政策。各高校要支持马克思主义理论学科与其他学科开展交叉研究，形成一批具有学科特色和广泛影响的理论创新成果。注重哲学社会科学研究成果在思想政治理论课教学中的运用，定期向思想政治理论课教师摘录和派发参考资料。推动马克思主义中国化最新成果的普及教育研究，组织哲学社会科学专家编写一批通俗理论读物，创作一批音像作品，为思想政治理论课提供鲜活、生动、接地气的教学素材。

第三，坚持教师讲授与学生参与相结合，注重师生教学互动，充分调动学生学习的主动性积极性。课堂教学是教师与学生的一个互动的过程。只有教师的教与学生的学相互默契，教学才能走进学生的内心。只有这样，才能营造一种民主的教学氛围，发生教与学的和谐"共振"，才能出现真正意义上的师生互动。高校思想政治理论课在教学中特别要调动学生学习的主动性和积极性，这样才能收到教学的效果。高校思想政治理论课的教学要符合学生的发展要求，要符合学生的实际，要调动学生的兴奋点，要增强学生的求知欲，这样学生才能全情投入，师生和谐，彼此主动协调，从而发生师生双向的良性互动。高校思想政治理论课师生之间要保持良好的教学互动，教师必须赢得学生的信任与热爱。教师要尊重学生，让学生在教学中尽情表达，充分发表自己的见解。教师因势利导，循循善诱，帮助学生释疑解惑。这里需要特别注意的是，要尊重学生的差异需求，把握学生的个体差异，尽量考虑

---

① 习近平：《在哲学社会科学工作座谈会上的讲话》，北京：人民出版社 2016 年版，第 8 页。

不同发展基础的学生的不同需求，保证教学面向全体学生的具体表现。因此，教师要重视每一个学生提出的每一个问题，充分调动学生的积极性和主动性，激发每一个学生的求知欲，创造愉快的乐学氛围，促进学生主动积极地探求思想政治理论课教学中的问题。

第四，坚持课堂教学与日常教育相结合，积极拓展思想理论教育渠道，创新发挥第二课堂的教育作用。高校思想政治理论课"要坚持不懈传播马克思主义科学理论，抓好马克思主义理论教育，为学生一生成长奠定科学的思想基础"①。这就要求高校思想政治理论课必须牢牢占领这个主阵地。习近平总书记在全国高校思想政治工作会议上指出：做好高校思想政治工作，"要用好课堂教学这个主渠道，思想政治理论课要坚持在改进中加强，提升思想政治教育亲和力和针对性，满足学生成长发展需求和期待"②，这里对高校思想政治理论课提出要求外，还对学生的日常教育也提出了要求。习近平总书记要求"把思政小课堂同社会大课堂结合起来，教育引导学生立鸿鹄志，做奋斗者"③。高校应当打造"思想政治理论课教学工作和日常思想政治教育工作、思想政治理论课和其他各门课程、思想政治教育内容和形式、校园内外思想政治教育工作相统一的四维一体、协同创新思想政治教育体系"④。高校要在发挥课堂"主渠道"的同时，发挥第二课堂的育人作用，实施全员全过程全方位的育人理念。高校党委应从战略高度出发，制定第二课堂的人才培养模式，积极推进网络思想政治理论课第二课堂布局，共同为"第二课堂"备好课、开好课；用好易班、抖音、快手、微信、微博、QQ等自媒体平台，引领高校学生传播正能量、弘扬主旋律。

第五，坚持思想政治理论课与专业课相结合，注重发挥所有课程的育人功能，所有教师的育人职责。这两年人们提出了一个新的理念，即思政课程与课程思政的问题，这就内在地把思想政治理论课与其他课程有机地联系起来了。高校思想政治理论课与其他课程有着共同的育人目的，坚持思想政治理论课与专业课程相结合，就是为了注重发挥所有课程的育人功能。这里首先要解决"结合问题""结合什么"和"怎样结合"的问题。结不结合是一

① 习近平：《把思想政治工作贯穿教育教学全过程　开创我国高等教育事业发展新局面》，《人民日报》，2016年12月19日。
② 习近平：《把思想政治工作贯穿教育教学全过程　开创我国高等教育事业发展新局面》，《人民日报》，2016年12月19日。
③ 《习近平：用新时代中国特色社会主义思想铸魂育人　贯彻党的教育方针　落实立德树人根本任务》，人民网，2019年3月18日。
④ 叶青：《用好课堂教学这个主渠道》，《文汇报》，2017年3月1日。

个态度问题，结合什么是一个内容问题，怎样结合是一个方法问题。只有把"结合"做好了，才能形成思想政治教育的合力。习近平总书记指出："其他各门课都要守好一段渠、种好责任田，使各类课程与思想政治理论课同向同行，形成协同效应。"① 因此，"教师要增强使命自觉和教学自信，着力提升课堂教学质量，引领、带动其他课程同向同行，形成协同效应，整体提升高校思想政治工作成效，增强师生获得感"②。推进高校思想政治理论课与专业课相结合，高校教师责任重大。高校要发挥所有教师的育人职责，心往一处想，劲往一处使，高校所有教师要不断提高自己的政治素质和专业素质，才能形成思想政治教育合力，才能达到教书育人的目的。

第六，坚持校内与校外相结合，注重资源整合，探索建立全社会关心支持思想政治理论课建设的长效机制。坚持校内与校外相结合就是要求校内教育与校外教育的有机结合。一个人的学习教育不可能仅仅局限于学校的学习，校外学习教育具有重要的作用，其中家庭教育又具有不可替代的作用。学习与教育是现代人的存在方式。校内学习教育是一个人接受教育非常重要的方面，系统的知识学习对于个人的成长发展举足轻重。但由于受到各种客观条件的限制，学校教育也不是十全十美，迫切需要校外学习教育来弥补，对于学生的全面发展来说应该是非常有利的。校外的学习教育能够通过多种形式的教学来补充学生在学校教学中所缺少的各方面的文化知识；培养学生认识社会，了解社会，全面发展。所以，校内外教育是相互补充、相互促进有机结合的教育整体。坚持校内与校外相结合，课内与课外相结合；坚持课堂教学的主阵地和主渠道，实现精准授课。适应学生特点，因材因人施教，让学生爱学、乐学、喜学。同时，充分利用班会、队会、团会、社区、家庭等平台载体，不断创新学习载体，紧紧围绕立德树人的根本任务，推动形成思想政治教育长效机制，实现良好的教育实效。

三、新时代高校思想政治理论课体系创新的主要任务

新时代党和国家高度重视高校思想政治理论课建设，把思想政治理论课建设提到前所未有的高度。同时，高校思想政治理论课体系创新面临许多新情况、新问题，需要突破和上台阶的问题很多，涉及高校思想政治理论课的

---

① 习近平：《把思想政治工作贯穿教育教学全过程　开创我国高等教育事业发展新局面》，《人民日报》，2016 年 12 月 19 日。
② 胡菊华：《用好主渠道　增强获得感》，《中国教育报》，2018 年 11 月 29 日。

方方面面，根据《创新计划》要求，新时代高校思想政治理论课体系创新的主要任务表现在如下六个方面，这是目前非常紧迫的任务，需要落到实处。

第一，推进统编教材编写使用，编写教师参考用书、学生辅学读本、教学指导资料和理论普及读物等教学系列用书，构建面向教师和学生不同对象，辐射本专科生、研究生各个层次，涵盖纸质和数字化等多种载体，体现思想性、科学性、可读性相统一的立体化教材体系。当前，高校思想政治理论课都在使用统编教材，这些教材在修订中不断完善。教师参考用书、学生辅学读本比较少，因为这些参考用书和辅导读本的编写有难度，既要不同于教材，还要读懂教材，还要结合教材而有利于教材的使用，其难度可想而知。而教学指导资料和理论普及读物等教学系列用书，目前这方面的用书出版不少，有的教师布置学生读一读，自己也读一读，并且能够把这些资料应用于教学之中，收到良好的教学效果。目前教学使用的资料仍然以纸质资料为主，数字化的资料在使用但仍然有限。现在很多学校开发了思想政治理论课数据库，但数据库建设刚刚起步，库存资料大众化，在网络上随处可见，迫切需要有针对性的数据库建设与共享。

第二，提高专职教师队伍整体素质，广泛争取知名专家学者和党政领导干部的支持，注重发挥辅导员队伍的联动作用，健全完善选聘配备、培养培训、特聘教授等制度，建设一支理想信念坚定、师德高尚、理论功底扎实、教学效果良好的高水平思想政治理论课教师队伍，形成专兼结合、结构合理的教学人才体系。新时代高校思想政治理论课教师的整体素质明显提高，特别是近几年高校思想政治理论课高度重视，高校思想政治理论课教师地位显著提高，新进思想政治理论课教师严格把关，这些新鲜"血液"从内心深处喜欢从事思想政治理论课教学，极大地提高了思想政治理论课教师队伍素质。各高校党委书记和校长敢于担当、亲力亲为、靠前指挥，抓调研、抓思路、抓推进、抓落地，确保高校思想政治理论课教学质量不断提升。各级党委把思想政治理论课建设作为党的建设和意识形态工作的标志性工程摆上重要议程；各级党委高度重视思想政治理论课建设，抓住制约思想政治理论课建设的突出问题，在工作格局、队伍建设、支持保障等方面采取有效措施。各级党政领导班子成员联系高校和讲思想政治理论课制度得到落实，民办学校、中外合作办学院校纳入思想政治理论课建设整体布局。高校思想政治理论课建设情况也纳入各级党委领导班子考核和政治巡视。高校思想政治理论课教师培训机制已经建立，重点马克思主义学院高校思想政治理论课教师和辅导员博士专项计划稳步推进，高校思想政治理论课教师专兼结合、结构合理的教学人才体系正在逐步形成。

第三，改革教学方法，创新教学艺术，倡导集体备课和名师引领，强化问题意识和团队攻关，注重发挥教与学两个积极性，形成第一课堂与第二课堂、理论教学与实践教学、课堂教学与网络教学相互支撑，理念手段先进、方式方法多样、组织管理高效的思想政治理论课教学体系。中共教育部党组印发的《"新时代高校思想政治理论课创优行动"工作方案》中要求，深入实施思政课教学方法改革项目择优推广计划。定期遴选教学方法新、教学效果好、受学生欢迎的优秀思政课教学方法改革项目予以资助，通过各种形式广泛推广，同时鼓励有条件的高校基于优质在线开放课程应用的线上线下混合式教学模式讲授思政课，激发思政课课堂活力。全面开展高校思政课教师"手拉手"集体备课。确定每门课的集体备课牵头人，建立思政课教师"手拉手"备课工作机制，通过遴选若干所思政课建设强校和若干名高水平思政课专家，以包课、包片、包校等方式建立相对固定的集体备课机制，推动高校深入开展集中研讨提问题、集中备课提质量、集中培训提素质活动，整体提升思政课教师的业务能力和育人水平；加强"全国高校思政课教师网络集体备课平台"建设，完善网络集体备课制度，建立健全高校思政课教指委专家、思政课教学名师在线答疑机制，为每位教师提供个性化、精细化、高水平、高效率的备课服务。新时代高校思想政治理论课教学方法改革一直是高校提高思想政治理论课教学水平的重要抓手，在高校思想政治理论课教学中仍然保留着理论教学法、专题教学法、讨论教学法等，在此基础上现在应用比较多的是多媒体教学法，特别是网络教学法。现在全国、全省同上一堂课采用的就是网络教学法，受到教师和学生的欢迎。传统思想政治理论课教学往往以语言、文字、图表、绘画、模型、幻灯、录音、电影等为传递信息的主要媒介。现代教学方法改革的一个明显特点，就是教学设备越来越先进，教学手段的现代化水平越来越高，程序教学机、电子计算机、电影、电视录像、卫星传播、激光视盘、立体电视以及其他多功能、多媒体的现代化科学技术设备在思想政治理论课教学中被越来越多地使用，这些现代化科技设备作为教学手段运用于教学方法改革过程，不仅使得思想政治理论课教学内容更加生动、形象、系统，更富有吸引力、直观性和科学性，从而获得良好的教学效果。高校思想政治理论课集体备课制度已经形成，教师之间的听课制度不断推广，全国以及省市级青年教师讲课比赛逐步走上规范化道路，高校思想政治理论课教学体系已经形成，高校思想政治理论课教学质量和水平大幅提升，高校思想政治理论课受到学生的好评。

第四，加强马克思主义理论学科规范化建设，凝练学科方向，汇聚学科队伍，扩大学科影响，把马克思主义理论学科建设成为哲学社会科学优势学科，构建以马克思主义理论学科为引领，相关学科为补充，有效支撑思想政治理论课建设的学科体系。新时代高校马克思主义理论学科建设取得长足发展。马克思主义理论一级学科下的二级学科发展迅速。马克思主义理论学科注重马克思主义理论的整体性，不断探索马克思主义理论学科的发展规律，强调理论与实践、逻辑与历史、继承与创新的辩证统一，坚持马克思主义优良学风、科学精神和科学方法，不断增强马克思主义理论学科的创造力，形成体现马克思主义立场、观点、方法的话语体系，促进马克思主义的当代发展，努力提升马克思主义理论学科的国际影响力。马克思主义理论学科适应时代和实践发展的需求，担负着马克思主义理论人才培养、科学研究、社会服务和文化传承创新的任务，同时为高校思想政治理论课建设提供学理支撑和学科引领。"马克思主义理论学科为思想政治理论课教育教学提供强有力的学理支撑。思想政治理论课承担着对大学生进行系统的马克思主义理论教育的任务，是巩固马克思主义在高校意识形态领域指导地位、坚持社会主义办学方向的重要阵地，是全面贯彻党的教育方针、落实立德树人根本任务的主干渠道和核心课程。"[①] 习近平新时代中国特色社会主义思想是马克思主义中国化的最新理论成果，开辟了马克思主义新境界。新时代马克思主义理论学科体系建设必须将习近平新时代中国特色社会主义思想贯穿始终，支撑好、服务好高校思想政治理论课教学是马克思主义理论学科建设的首要任务。在对"培养什么样的人、如何培养人以及为谁培养人"这一根本问题的回答上，马克思主义理论学科具有其他学科无法替代的意义。

第五，健全完善评价标准，明确评价导向，优化评价机制，坚持评建结合，管理与服务并重，紧密结合思想政治理论课教材、教师、教学等实际，构建有利于激发各方面积极性、全面系统、科学规范、运行有效的综合评价体系。高校思想政治理论课的评价体系是一个复杂的系统。高校思想政治理论课建立健全考核评价标准是充分发挥思想政治理论课的应有作用、切实实现思想政治理论课设置目标的重要保障。高校思想政治理论课的考核评价，要评定学生的学习成绩、考核教师的工作业绩、评价学校的管理绩效等。学生学习成绩评价标准，是调动学生学习积极性的重要环节，在思想政治理论课教学中具有重要意义。它也是检验教师教学效果，诊断教学问题，为学生提供反馈信息，引导学生的学习方向，调控教学进程的重要手段。目前我国高等院校思想政治理论课教学中，对于学生学习成绩的评价标准可以划分为传统型和创新型两种类型。但从实践上看，这两种类型都存在优缺点，对其

① 王易：《加强马克思主义理论学科建设》，《学习时报》，2019 年 4 月 24 日。

正确评价和认真判断，可以发现其缺陷和不足。教师教学的评价是针对教师教学状况的评价体系，目前针对教师的教学评价主要由学生评价、教师之间评价、学校领导评价和教学督导评价等方面构成，通过教师教学评价极大地促进了教学效果的提升。教师教学评价包括教学设计评价、课堂教学过程评价两个方面。学校管理评价是指对学校教学、科研、人事、后勤等方面的综合评价。在高校思想政治理论课教学质量评价中，思想政治理论课教学质量评价一直是困扰人们的一个难题。高校思想政治理论课只有真正科学开展思想政治理论课教学质量评价，不断促进高校思想政治理论课的教学建设，才能切实保障人才培育质量。高校思想政治理论课只有不断健全完善评价标准，才能逐步达到客观科学，这样的评价才能达到评价的目的，才能激发教师教学的积极性和学生学习的主动性。

规范思想政治理论课宏观管理。修订《高校思想政治理论课建设标准》，建立定期督查制度与跨省区市交叉检查制度，组织专家开展抽查，及时公示督查结果，完善督查结果反馈与整改约谈机制。健全马克思主义理论学科学位授权点建设评估制度，建立动态建设机制，达不到建设要求的限期整改或撤销学位授权点。构建思想政治理论课教学质量测评工作体系，建立若干个教学质量观测点，即时动态掌握思想政治理论课教学状况，完善教学质量测评机制。

健全教师考核评价制度。改革教学和科研评价方式，将课堂教学质量等作为重要评价标准，鼓励教师把主要精力放在研究教学内容、创新教学方法、提高教学实效上。要探索建立符合思想政治理论课教师职业特点的职务职称评聘标准，提高教学和教学研究占比，引导和鼓励思想政治理论课教师将更多时间和精力投入教学中。

完善先进典型宣传表彰机制。积极选树思想政治理论课教师、教学科研二级机构先进典型，推选年度影响力人物、教学名师、教学能手和优秀团队。探索建立思想政治理论课荣誉教师制度，宣传长期从事思想政治理论课教学的一线优秀教师先进事迹。各地各高校要完善思想政治理论课建设激励办法，逐步形成国家、地方和高校三级激励机制。

第六，建强独立二级机构，重点建设一批马克思主义学院，稳定经费投入渠道，强化高校党委责任，不断健全基本要求具体、责任分工明确、政策制度完善，有利于形成工作合力的思想政治理论课建设条件保障体系。

高校思想政治理论课教学单位一改过去五花八门的状况，现在基本上独立出来成为学校的一个二级单位，而且基本上都成立了马克思主义学院，全面负责学校的思想政治理论课教学与科研工作。截至目前，全国已经重点建设了三批马克思主义学院。重点马克思主义学院在全国引领思想政治理论课教学与科研方面发挥着重要作用。现在，高校思想政治理论课基本可以保证规定的生均费用，有的学校还有大幅度提升；而重点马克思主义学院的经费相对过去而论是比较充足的，这与学校党委的高度重视是分不开的。新时代高校思想政治理论课围绕教学工作的基本要求，从课程教学、教材管理、教师队伍建设等方面不断推进思想政治理论课建设，从而使高校思想政治理论课的内容更加丰满、方法更加适合大学生要求，高校思想政治理论课教学效果明显提高，不断增强大学生对思想政治理论课的获得感。高校思想政治理论课是落实立德树人根本任务的关键课程。办好高校思想政治理论课，必须加强党对高校思想政治理论课的领导。办好中国的事情，关键在党。高校思想政治理论课就是在党的领导下发展起来的。各级党委把高校思想政治理论课建设摆上重要议程，不断解决制约思想政治理论课建设的突出问题，在工作格局、队伍建设、支持保障等方面采取有效措施；逐步形成了党委统一领导、党政齐抓共管、有关部门各负其责、全社会协同配合的工作格局，推动形成全党全社会努力办好思想政治理论课，广大教师认真讲好思想政治理论课、全体学生积极努力学好思想政治理论课的良好氛围。可以说，新时代高校思想政治理论课建设迎来了前所未有的发展机遇。

第五章 高校思想政治理论课体系创新的历史演进

传承与创新相辅相成，没有传承就没有创新，对高校思想政治理论课体系建设经验的传承是创新思想政治理论课体系的首要前提。自中华人民共和国成立以来，我国高校思想政治理论课体系创新经验丰富，研究新时代高校思想政治理论课体系创新必须对已有思想政治理论课体系建设经验自觉传承。党的十八大以来，面对新的世界政治格局和新的经济发展形势，国内外的意识形态竞争和冲突的趋势越来越明显，各种社会思潮此起彼伏，给高校思想政治理论课带来严峻挑战。为此，高校思想政治理论课必须面对新的发展形势和要求，继承传统思想政治理论课优势，不断推进新时代高校思想政治理论课体系创新。

一、高校思想政治理论课体系创新的历史走向

中国共产党早在华北解放区成立了华北大学等一批以培养政治干部为目标的新型大学，并开设了一系列思想政治理论课程，目的是通过给青年学生讲授马列主义、毛泽东思想，使其了解中国共产党的建国方略和各项方针政策，为中华人民共和国的成立做好思想政治方面的准备。而在中华人民共和国成立前夕，全国各行政区均设立有人民革命大学，主要是对青年知识分子进行思想改造。毛泽东同志曾在新民主主义革命时期就指出："在现时，毫无疑义，应该扩大共产主义思想的宣传，加紧马克思列宁主义的学习，没有这种宣传和学习，不但不能引导中国革命到将来的社会主义阶段上去，而且也不能指导现时的民主革命达到胜利。"① 1949 年 10 月 8 日，华北人民政府高等教育委员会颁布了《华北专科以上学校一九四九年度公共必修课过渡时期实施暂行办法》，规定把"辩证唯物论与历史唯物论"（包括社会发展史）、"新民主主义论"（包括近代中国革命运动史）、"政治经济学"列为文、法、

---

① 毛泽东：《毛泽东选集》（第二卷），北京：人民出版社 1991 年版，第 706 页。

教育（或师范）学院的公共必修课，这些课程内容既包含了马克思主义的哲学内容，也包含了马克思主义中国化的最初的理论成果。"政治经济学"作为独立的课程开设，显然是要为即将开展的社会主义建设提供马克思主义政治经济学的知识和人才储备。1949 年 11 月，新成立的教育部决定将华北地区大专院校开设公共理论课程的经验向全国范围推广。不过，在华北地区各高校开设政治课两年后，一些院校就出现了忽视甚至轻视政治课、认为"政治课与业务课对立"等的错误认识。针对这些问题，1951 年 9 月，教育部发出指示要求各地在"新民主主义论"等课程教学中，要系统讲授马列主义以及毛泽东思想，同时还要积极主动地理论联系实际，密切联系中国革命实际、建设实际和学生思想实际，从而有效防止教师教学与学生学习的教条主义倾向，这一指示也成为后来一直沿用和提倡的重要的教学指导思想。

从 1952 年至 1956 年，这一阶段以思想政治理论课程建设为主，特点是积极建设以马克思主义理论教育为核心的思想政治理论课程体系。1952 年 10 月教育部《关于全国高等学校马克思列宁主义、毛泽东思想课程的指示》中规定"各类型高等学校及专修科（一年的专修科除外）准备自 1953 年度起开设'马列主义基础'，学习时数与'政治经济学'相同"。"马列主义基础"课以《苏共党史简明教程》为教本，主要内容是苏联共产党领导的苏联社会主义革命和建设历史，目的在于学习苏联社会主义革命和建设经验，这很好地配合了党和国家工作重心的转移，这意味我国高等学校开始加强对列宁主义和苏共发展历史的学习，借鉴苏联社会主义革命和建设的经验。1954 年开设的"社会主义经济建设"课，内容上更加突出强调了学习苏联社会主义建设的基本规律，这与我国社会主义实践中加强对苏联社会主义建设的学习是紧密相连的。随着社会主义建设和改造事业的发展，高等学校还开始对学生进行共产主义道德品质的教育，课程体系进一步完善。

从 1956 年到 1966 年，高校思想政治理论课程建设进入一个曲折发展阶段。1957 年开设的"社会主义教育"课结合中国社会主义建设中的实际问题，以毛泽东《关于正确处理人民内部矛盾的问题》为中心教材，汇编了大量阅读文件，其中有马克思、恩格斯、列宁、斯大林关于社会主义革命和建设的论述，也有党和国家领导人关于我国社会主义建设的报告和文件。这表明思想政治理论课的内容随着社会主义理论与实践的发展而得以不断充实和丰富。1958 年 9 月，中共中央、国务院在《关于教育工作的指示》中回顾成绩的同时指出："教育工作在一定的时期曾经犯过教育脱离生产劳动、脱离实际，并且在一定程度上忽视政治、忽视党的领导的错误。"文件系统地论述了思想政治理论课程同实践课程的关系，对高校思想政治理论课体系的改进发挥了一定的促进作用。1961 年教育部印发《改进高等学校共同政治理论课程教学意见》，在课程设置上明确把"马列主义基础""政治经济学""哲学"列为高校思想政治理论课程。这其实就是按照马克思主义三个组成部分，即马克思主义哲学、马克思主义政治经济学、科学社会主义的基本理论设置的课程。1964 年《中央宣传部、高教部党组、教育部临时党组关于改进高等学校、中等学校政治理论课的意见》提出改进课程和教材，必须坚决贯彻"少而精"原则，"今后高等学校的政治理论课，除继续开设《形势与任务》课外，设置《中共党史》《哲学》《政治经济学》等课"①。高校思想政治理论课程体系结构得以不断优化和完善。这一时期，在"教育革命"思想的指导下，高校思想政治理论课建设中突出政治和思想改造，思想政治理论课体系建设取得一定成绩。思想政治理论课体系除了以马克思主义中国化为主要的课程内容（如新民主主义、中共党史等）以外，还强调了马克思列宁主义的课程内容，较好地处理了理论继承与创新发展的关系，形成了比较科学的马克思主义理论教育内容体系。之后的十年，由于"文化大革命"的影响，学校正常的教学科研秩序受到影响，这一段时期思想政治理论课程的建设基本停止。

20 世纪 50 年代是中华人民共和国成立的最初十年，在这期间，我国经历了最初的国民经济的恢复和发展，经历了社会主义三大改造，为社会主义发展奠定了基本的经济基础和政治制度。尽管从 1957 年开始我国社会建设中出现"左倾"指导思想，但并没有对高校思想政治理论课程设置的指导原则和主要内容造成大的冲击。中华人民共和国成立不久，我国高校随即开设了有关宣传和教育马克思主义理论的课程。以四年制本科为例，1949—1952 年开设的马克思主义理论课程有"社会发展史""新民主主义论""政治经济学"。从 1953—1955 年开设的政治理论课程有"中国革命史""政治经济学""辩证唯物论与历史唯物论"。1956 年开设的政治理论课程有"马列主义基础""中国革命史""政治经济学""辩证唯物主义与历史唯物主义"。1957 年开设的政治课课程有"社会主义教育"。1958—1960 年开设的政治课课程有"马列主义基础""政治经济学""辩证唯物主义与历史唯物主义"。从这些课程名称和课程结构来看，这一时期注重对高校学生进行社会发展史、中国革命史等近现代历史的教育，同时也注重对高校学生进行新民主主义论、辩证唯物主义和历史唯物主义等马克思主义基本原理和马克思主义中国化的理论成

① 佘双好：《思想政治理论变化发展的晴雨表——新中国六十年来高校思想政治理论课程发展轨迹》，《学校党建与思想教育》2009 年第 10 期。

果的教育。课程设置基本上遵循了史论结合的原则，课程内容注重社会实践发展和理论发展相统一。

进入 20 世纪 60 年代，高校仍然开设思想政治理论课程。1961—1964 年开设的政治理论课程有"中共党史""马克思列宁主义概论""形势和任务""政治经济学""哲学"，并进行文理分设。20 世纪 60 年代在高校政治理论课的安排上把"形势和任务"课列为各年级的必修课程，经过几次的调整和改革最终形成了以"辩证唯物主义和历史唯物主义""政治经济学""中国共产党史"为核心的思想政治理论课程体系。从课程名称来看，这一时期的课程内容设置延续了 50 年代时期的课程内容，其中把 50 年代的"社会发展史"和"中国革命史"的课程改成了"中国共产党史"，使得党史教育主题更加突出和鲜明，突出体现了中国共产党在中国近现代历史中的伟大贡献，并新增了"形势和任务""马克思主义哲学"这些课程，在马克思主义基本原理方面新增了列宁主义的内容，对苏联社会主义革命和建设的理论和实践有所体现，但马克思主义中国化方面的理论成果反映不多。相对而言，这一时期的课程结构比较单一，课程内容仍然以历史和理论的结合为主，课程体系没有获得更多的补充和发展。

改革开放以来，党和国家十分重视思想政治理论课程的开设，注重加强对青年大学生的思想政治教育。邓小平指出，"作为灵魂工程师，应当高举马克思主义的、社会主义的旗帜，用自己的文章、作品、教学、讲演、表演，教育和引导人民正确地对待历史，认识现实，坚信社会主义和党的领导，鼓舞人民奋发努力，积极向上，真正做到有理想、有道德、有文化、守纪律，为伟大壮丽的社会主义现代化建设事业而英勇奋斗"[①]。随着改革开放进程的展开，思想政治理论课体系设置也在不断调整和完善。1978—1985 年高校开设了马列主义理论课程与共产主义思想品德课程，其中包括"中共党史""政治经济学""哲学""国际共产主义运动史""共产主义思想品德"。1986—1992 年开设马克思主义理论课程与思想教育课程，包括"中国革命史""中共社会主义建设""马克思主义原理""世界政治经济与国际关系""形势与政策""法律基础"。另有三门课由各所学校有选择地开设，它们是"大学生思想修养""人生哲理""职业道德"。

---

① 邓小平：《邓小平文选》（第三卷），北京：人民出版社 1993 年版，第 40 页。

二、高校思想政治理论课体系创新的三个典型方案

国家教育委员会在 1987 年 3 月和 10 月分别发布文件，就高校马克思主义理论课程和思想教育课的课程设置做出部署，正式提出 "85 方案" 的课程体系。这就是开设马克思主义理论课程："马克思主义原理"、"中国革命史"、"中国社会主义建设"、"世界政治经济与国际关系"（文科开设）；思想教育课程有："法律基础""大学生思想修养""人生哲理""职业道德"。1992—1998 年开设马克思主义理论与思想品德教育（即 "两课"）课程，包括 "马克思主义基本原理""有中国特色社会主义建设""中国革命史""世界政治经济与国际关系""思想道德修养""法律基础和形势与政策"。1998—2003 年开设马克思主义理论课与思想品德课（即 "98" 方案），包括 "马克思主义哲学原理""马克思主义政治经济学原理""毛泽东思想概论""邓小平理论概论""当代世界经济与政治""思想道德修养""法律基础"。2003 年 "三个代表" 重要思想进入 "两课"。江泽民强调："经济工作和其他业务工作中都有思想政治"[①]，提出 "我们必须坚持用马列主义、毛泽东思想、邓小平理论，用爱国主义、集体主义、社会主义思想作为凝聚和团结全党全国人民的坚强精神支柱，并确立建设有中国特色社会主义的共同理想"[②]。相对 "85 方案"，"98 方案" 在课程名称和课程内容及课程结构上都有着较大的调整，课程主题更加鲜明，更加注重理论对实践的指导意义。其课程体系特征主要表现在以下三个方面：第一，突出了邓小平理论在 "两课" 教学中的重要地位，把马克思主义中国化过程中的第二次历史性飞跃所取得的理论成果反映到课程教材和教学中。"98 方案" 把高校思想政治理论课的教学要求确定为 "以邓小平理论为中心内容"，教学过程中要 "进一步解决好邓小平理论'进教材，进课堂，进学生头脑'"。"98 方案" 中，"中国社会主义建设" 课程不再单独开设，该课程的主要内容有机地进入和融入 "邓小平理论概论" 和 "毛泽东思想概论" 中，突出了理论对实践的指导意义。第二，"85 方案" 中的 "马克思主义原理" 课程被分设为 "马克思主义哲学原理" 和 "马克思主义政治经济学原理" 两门课程。从实际情况看，"98 方案" 对这门课程做

---

① 中共中央宣传部编：《毛泽东邓小平江泽民论思想政治工作》，北京：学习出版社 2000 年版，第 16 页。

② 中共中央文献研究室编：《江泽民论 "三个代表"》，北京：中央文献出版社 2001 年版，第 133 页。

"分设"的调整，主要是因为在当时的教师队伍中缺乏能够独立承担"马克思主义原理"课程教学的师资，可以说仅是一个权宜之计。第三，"98方案"把"85方案"中的"中国革命史"课调整为"毛泽东思想概论"课，加强了课程的理论内容。这一系列课程设置、课程名称和内容调整的重要意义在于，形成了从"毛泽东思想概论"到"邓小平理论概论"的课程逻辑，突出了马克思主义中国化的两大理论成果以及它们之间的密切联系。由此看来，在"98方案"对"85方案"的调整中，体现和丰富了时代内容和最新理论成果，又考虑要现实的师资力量，同时兼顾课程之间的有机联系，注重体现课程体系的整体性，这实际也成为后来的课程调整和优化的重要指导原则。

以党的十一届三中全会召开为标志，我国社会主义建设进入了一个新的历史发展时期，伴随着党的指导思想和工作重点的转移，高校思想政治理论课建设重新得到了重视，这一时期整体上看思想政治理论课的理论建设得到加强，实践课程则相对受到忽视。不仅马克思主义理论课得以恢复，而且根据时代的发展变化，增添了新的课程——思想品德课，拓展了学校思想政治理论课的领域，形成了更为科学完善的课程体系。1980年，教育部印发了《改进和加强高等学校马列主义课的试行办法》，总结了中华人民共和国成立以来马列主义课程建设的历史经验，对马列主义课的教学方针，课程、学时、大纲和教材，教学制度、教学环节和教学方法，如何开展科学研究，提高教学质量，教研室和教师队伍的建设，领导体制等方面问题做了全面、系统的规定。

"85方案"是思想政治理论课体系创新的典型方案。"文革"结束后，随着我国工作重心的转移，中国的政治、经济、文化、教育等事业的恢复和建设亟待提上议事日程。历史表明，要重新恢复实事求是的思想路线，解放思想，团结一致向前看，需要加强思想政治教育。加强高校学生的思想政治教育，则是各项工作的重中之重，大学生的培育事关国家和社会未来的发展，要把大学生培养成社会主义建设事业的可靠建设者和接班人，这是一项必须长期坚持的重要的教育目标和任务。1978年4月形成的全国教育工作会议的征求意见稿，对马列主义理论教育在高等教育中的地位、马列主义理论课的目的和任务提出了新的要求。征求意见稿强调了开设思想政治理论课的重要意义，认为"开设马列主义理论课，是新中国大学区别于旧中国大学，社会主义高等学校区别于资本主义高等学校的一个重要标志"。这是对马列主义理论课程的重要性的充分肯定，这一认识也表明我们认识到了加强社会主义意识形态建设的重要性。在课程设置上，征求意见稿提出：高校开设的马列主义理论课程一般为四门，即"辩证唯物主义和历史唯物主义""政治经济学"

"中国共产党党史"和"国际共产主义运动史"等课程，从课程结构看，主要是根据马克思主义哲学、政治经济学和科学社会主义的历史进程几个方面来设置课程内容。同时，在教学方面，征求意见稿还提出了"三好"的教学要求，即"教师必须教好，学生必须学好，各级领导必须管好"；并明确了马列主义理论课的目的和任务，对教材、教学方法、教师队伍建设、领导体制等问题做了明确的指示。它标志着在新的改革开放的历史条件下，高校思想政治理论课的全面恢复。

1980 年 7 月 7 日，教育部制定并印发了《改进和加强高等学校马列主义课的试行办法》的文件，从高校马列主义课的地位和任务，马列主义课的教学方针，课程、学时、大纲和教材，教学制度、教学环节和教学方法，开展科学研究、提高教学质量，马列主义教研室的设置和任务，教师队伍的建设，加强领导、健全领导体制八个方面，对高校思想政治理论课的建设与发展做了较为全面的部署，提出了较为系统的任务和要求，对课程的教材、教学、科研、教师等方面都做了比较具体的规定和要求，使得课程建设有了比较详细的指导方针和依据。邓小平指出，"我们搞社会主义才几十年，还处在初级阶段 。……需要我们几代人、十几代人，甚至几十代人坚持不懈地努力奋斗，决不能掉以轻心"①。1982 年召开了党的十二大，此次会议对我国社会主义建设事业进行了初步的总结。同年 10 月 9 日，教育部根据党的十二大关于加强共产主义思想教育的精神，印发了《关于在高等学校逐步开设共产主义思想品德课的通知》，该《通知》指出："有计划地进行共产主义思想品德教育，是实现高等学校培养目标的需要。为了培养学生成为有革命理想、讲革命道德、守革命纪律、有文化的又红又专的人才，有必要把共产主义思想品德课作为一门必修课，纳入教学计划。"此后，教育部提出"逐步开设共产主义思想品德课程""举办中国近现代专题讲座"的要求，以此"对学生进行革命人生观教育、共产主义道德品质教育""对学生进行爱国主义教育"。表明这一时期开始注重对大学生的世界观、人生观和价值观的品德教育，以及对历史观和国家观的教育。1984 年 8 月，中共中央宣传部和教育部印发了《关于加强和改进高等院校马列主义理论教育的若干规定》。这一《规定》对高校马列主义理论课的建设提出了一系列明确要求。在课程设置上，为适应当时社会主义现代化建设的新要求，反映社会主义现代化建设的新成就，提出增设"中国社会主义建设基本问题"课程；同时，这一时期各种西方文化思想也开始被翻译介绍到国内，形成西方文化热潮，为回应改革开放中西方各种理论

---

① 邓小平：《邓小平文选》（第三卷），北京：人民出版社 1993 年版，第 380 页。

思潮的影响，统一大学生的思想认识，形成共识，我们逐步开设西方现代哲学思潮、经济思潮、政治思潮和文艺思潮评论的讲座，"以提高学生的思想素质，增强鉴别能力"。自此之后，高校思想政治理论课程形成了马克思主义理论教育和思想道德教育并举的基本课程体系，深化并丰富了高校思想政治理论课的内涵和外延。这是改革开放以来高校思想政治理论课体系创新发展的显著成效之一。高校思想政治理论课体系的调整完善与改革开放的历史发展同步进行，显示出其因事而化、因时而进、因势而新的特点。1985 年 8 月 1 日，中共中央正式发布《关于改革学校思想品德和政治理论课程教学的通知》的文件，在课程设置、教材编写以及教学内容、教学方法等方面对高校思想品德课和马克思主义政治理论课做了具体要求。与此同时，还提出各级学校应以面向现代化、面向世界、面向未来为指导思想，积极贯彻和执行理论联系实际的方针要求。这是改革开放之后，党中央发布的第一个全面部署学校思想品德和政治理论课建设的文件。为了积极稳妥地把教学工作推向前进，国家教委于 1986 年 3 月 20 日发出了《关于在高等学校进一步贯彻〈中共中央关于改革学校思想品德和政治理论课程教学的通知〉的意见》，计划从 1986 年开始，用三到五年的时间进行政治理论课教学改革工作，就高校马克思主义理论课和思想教育课的课程设置做出部署，这就是开设马克思主义理论课程："马克思主义原理"、"中国革命史"、"中国社会主义建设"、"世界政治经济与国际关系"（文科开设）。1987 年 3 月，国家教育委员会根据 "85 方案" 实施中存在的具体问题，发布了《关于进一步改革高等学校马克思主义理论课（公共课）教学的意见》的文件，对思想政治理论课建设中加强领导、推进课程设置和教学内容改革、保证教学课时、加强教师队伍建设、积极开展科学研究五个方面问题做了专门部署。文件对课程设置改革提出了 "既要坚定、积极，又要稳妥，要有计划、有步骤地进行" 的原则。特别是考虑到思想政治理论课程教材建设和师资队伍建设的现状，对 "马克思主义原理" 和 "中国社会主义建设" 课程设置提出了三种实验方案：一是试开 "中国社会主义建设" 课程和 "马克思主义原理" 课程，"边实验边改进，不断完善"；二是开设 "中国社会主义建设" 课程，同时以分解的方式开设 "马克思主义原理" 课程，如分解成 "马克思主义哲学" "当代资本主义" "科学社会主义的产生和发展" 等课程；三是继续开设哲学课程和政治经济学课程。在 "85 方案" 实施中，还提出要 "通过多种形式培养、培训马克思主义理论课师资" 的问题，高校思想政治理论课建设取得重要进展。1987 年 10 月 20 日，国家教育委员会颁发《关于高等学校思想教育课程建设的意见》中，提出："针对学生普遍关心的形势、政策、人生、理想、道德、民主、法制、纪律等方面的问题，有计划地开设一些思想教育课程，在时间上、制度上加以保证，是必要的"；提出开设"形势与政策"和"法律基础"两门必修课，"大学生思想修养""人生哲理"和"职业道德"三门课可因校制宜地有选择地开设，1992 年这三门课合并为"思想道德修养"课程。

"98 方案"是思想政治理论课体系创新的典型方案。20 世纪 80 年代，我国社会所有制结构开始发生变化，以公有制为主体的多种所有制经济结构获得发展，社会思想观念获得了一定的解放，但同时由于国内外政治经济因素和社会思潮的影响，社会出现了一定的价值观念的失序和混乱。由于 20 世纪末的东欧巨变，国际共产主义运动陷入低潮，这势必会影响中国社会主义事业的发展尤其是对我国高校思想政治教育带来了极大的冲击。20 世纪 80—90 年代在西方所谓"民主""自由"等带有政治意图的虚伪的意识形态扩张背景下，我国部分青年学生出现了偏离中国社会主义实际和马克思主义指导的思想混乱。列宁曾经多次强调："教育'脱离政治'，教育'不问政治'，都是资产阶级虚伪的说法。"[1] 经济基础决定上层建筑，教育作为社会上层建筑，由经济基础决定，体现一定的阶级属性。因而，列宁一语中的地说道：在苏维埃政权下，"学校应当成为无产阶级专政的工具"[2]。邓小平同志曾指出："十年最大的失误是教育，这里我主要讲政治思想教育。"因而，邓小平强调任何时候都要坚持不懈地用马克思主义理论来教育广大党员、干部、青年和群众，坚定共产主义的理想信念，指出："没有这样的信念，就没有一切。"[3] 江泽民同志在国庆 40 周年的讲话中，针对"淡化""取消"德育造成的"最大失误"，再次强调指出："各级各类学校，不仅要建立完备的文化知识体系，而且要把德育放在首位，确立正确的政治方向。"这些都从国家战略的高度为高校思想政治教育的发展进一步确立了主旋律基调，强化了高校思想政治理论课的重要地位和作用。此后，高校思想政治理论课在中央政策的支持下，进行了自身的调整和提高。1994 年 8 月，《中共中央关于进一步加强和改进学校德育工作的若干意见》下发后，国家教育委员会为贯彻落实这一文件精神，于 1995 年 10 月印发了《关于高校马克思主义理论课和思想品德课教学改革的若干意见》，该文件首次以"两课"称谓高校马克思主义理论课和思想品德课，把马克思主义理论课和思想品德课置于一体，明确"两课"教学及其改

---

[1] 中共中央马克思恩格斯列宁斯大林著作编译局编：《列宁选集》（第四卷），北京：人民出版社 1995 年版，第 363 页。

[2] 中共中央马克思恩格斯列宁斯大林著作编译局编：《列宁选集》（第三卷），北京：人民出版社 1995 年版，第 765 页。

[3] 邓小平：《邓小平文选》（第三卷），北京：人民出版社 1993 年版，第 190 页。

革的主要任务是进一步加强马克思主义、毛泽东思想，特别是邓小平同志建设有中国特色社会主义理论的教育，强调"两课"教学要以邓小平同志建设中国特色社会主义理论为中心内容。1995 年 11 月颁布了《中国普通高等学校德育大纲（试行）》。1996 年，以加强高校"两课"建设为主旨的马克思主义理论与思想政治教育二级学科正式设立。1998 年 6 月中央宣传部、教育部印发了《关于普通高等学校"两课"课程设置的规定及其实施工作的意见》，即继"85 方案"之后的"98 方案"的主要内容。"98 方案"将"马克思主义哲学""马克思主义政治经济学""毛泽东思想概论""邓小平理论概论""当代世界经济与政治""思想道德修养""法律基础"等设置为高校思想政治理论必修课。2000 年 2 月，江泽民同志在广东省考察工作时提出"三个代表"重要思想，从总结党的历史经验和适应新形势、新任务的要求出发，对"三个代表"重要思想进行了全面阐述。教育部于 2003 年 2 月发布了《关于进一步深化"三个代表"重要思想"三进"工作的通知》，对高校"两课"教学中进一步深化"三个代表"重要思想的"三进"教学工作提出了明确要求。上述这些文件从课程设置、课程内容等方面对高校"两课"教学工作进行了更大力度的调整、充实和提高，使课程设置更加规范化、内容更加科学化、理论研究向更高层次提升。此外，以上相关文件还进一步明确了"两课"的社会地位，指出："两课"是高校对大学生进行思想政治教育、培养社会主义事业合格建设者和接班人的主渠道、主阵地，应将其作为重点学科来建设。"98 方案"的调整和实施及时反映了马克思主义中国化的历史进程和理论成果，突出了理论对实践的指导意义，无疑取得了重要的课程体系建设成果。

　　"05 方案"是思想政治理论课体系创新的典型方案。21 世纪以来，中国特色社会主义事业稳步发展，马克思主义中国化研究不断推进，这与党和国家一直强调思想政治教育"生命线"的地位和作用有着密切联系。可以说，思想政治教育工作始终是我党在意识形态领域的一项基础性工作，必须深入细致地做好、做细、做实。实现党的领导，要靠强有力的思想政治工作。2005 年 1 月召开的全国加强和改进大学生思想政治教育工作会议上，胡锦涛强调指出："培养什么人、如何培养人，是我国社会主义教育事业发展中必须解决好的根本问题。正确认识和切实解决好这个问题，事关党和国家的长治久安，事关中华民族的前途命运"，"办好高校，首先要解决好培养什么人、如何培养人这个根本问题"①，高校思想政治理论课体系建设取得新进展。随

①　中共中央文献研究室编：《十六大以来重要文献选编》（中），北京：中央文献出版社 2006 年版，第 632、640 页。

着我国加入世界贸易组织，我国对外开放的力度进一步加大，中国与世界政治经济的交往进一步加深与拓展，对外贸易的拓展使得人们对外的经济交往、社会交往和文化交往进一步扩大，社会思想观念领域的内外交流、交融和冲突也在进一步深化。2004 年初，为促进我国哲学社会科学的发展，党中央发布了《关于进一步繁荣发展哲学社会科学的意见》，对新形势下繁荣和发展哲学社会科学的指导方针、总体目标和主要任务做了新的探索，并做出了实施马克思主义理论研究和建设工程的重大决策。2004 年，《中共中央国务院关于进一步加强和改进大学生思想政治教育的意见》（即"16 号文件"，下称"《意见》"）出台，《意见》对高校思想政治理论课的建设和改革做出重大决策和部署。在贯彻落实"16 号文件"精神中，高校把学校思想理论建设、思想政治教育和大学生思想政治理论课建设融为一体，形成了高校思想政治理论课综合改革的强大态势，从总体上对高校思想政治理论课进行了新的布局，通过各方力量整合促进形成新的合力。在这些重要的背景下，高校思想政治理论课的新一轮改革应运而生。2005 年 2 月，中共中央宣传部和教育部发布《关于进一步加强和改进高等学校思想政治理论课的意见》（教社政〔2005〕5 号），正式提出高校思想政治理论课程设置。这就是"05 方案"。"05 方案"提出的课程设置的具体内容如下："马克思主义基本原理""毛泽东思想、邓小平理论和'三个代表'重要思想概论""中国近现代史纲要""思想道德修养与法律基础"。为确保高校思想政治理论课教材的科学性、权威性和严肃性，2006 年 2 月，中宣部、教育部、新闻出版总署联合印发了《关于加强高校思想政治理论课教材出版管理的通知》（中宣发〔2006〕10 号），明确要求，未经中宣部、教育部、新闻出版总署批准，任何部门、单位和个人不得再自行组织编写、出版发行各种名义的高校思想政治理论课教材。同年 4 月，教育部办公厅下发了《关于进一步加强高等学校思想政治理论课教材编写管理、规范教材使用的通知》（教社科厅〔2006〕1 号），强调："高校思想政治理论课教材的编写和使用是一项政治性很强的工作。"并要求各省（自治区、直辖市）教育部门和高校要高度重视、严肃对待，要深刻认识到高校思想政治理论课的重要性和必要性，切实加强高校思想政治理论课教材编写、管理和使用工作，并将各高校的思想认识统一到中央的决策上来。这份《通知》表明，党和国家开始从教材编写、教材使用上加强管理，以加强高校思想政治理论课课建设。"05 方案"执行两年后，从 2008 年秋季开始，"毛泽东思想、邓小平理论和'三个代表'重要思想概论"这门课的名称更改为"毛泽东思想和中国特色社会主义理论体系概论"。2017 年，党的十九大召开之后，为及时有效地将十九大及相关会议精神融入、贯穿到高校思想政治理论课体系中，使青年学生在第一时间正确认识和理解中国化马克思主义的最新理论成果，2017 年年底至 2018 年 3 月期间，教育部组织专家学者对高校思想政治理论课 2018 年版教材进行了重新编写，并于 2018 年 5 月 14 至 19 日举行了全国范围内高校思想政治理论课教师线上线下、多次大规模的集体培训和教材使用指导学习活动。总体而言，2018 年新编教材形成了目前"结构合理、逻辑清晰、内容丰富、层次多样、功能互补"的课程教材体系。在继承和发扬了原有课程体系优点的基础上，新编教材还在课程章节名称和课程内容上反映并吸收了马克思主义中国化理论的最新成果，即习近平新时代中国特色社会主义思想，课程体系得到了进一步的完善与升华，课程教材的编写更加规范和统一，体现了新时代发展要求和教育教学改革的新理念。

　　高校思想政治理论课的教材、教学等方案设置、课程名称和课程内容虽然处于不断调整变化之中，但是高校思想政治理论课的实质内容却保持相对稳定。高校思想政治理论课体系是马克思主义理论体系向课程体系转化的成果，马克思主义理论体系的内涵和内容十分丰富，涉及对政治、经济、文化、社会、个体等领域的研究和探索。高校思想政治理论课课程设置无论如何调整和变化，其实质内容始终主要体现为三大板块：一是马克思主义基本原理。主要包括马克思主义哲学、政治经济学及科学社会主义的基本原理，集中体现马克思主义的世界观和方法论，体现马克思主义的革命性、科学性和实践性。二是马克思主义中国化的实践历程与理论创新成果。这些反映我国革命、建设和改革实践历程和理论成果的课程设置，实质上是要从实践和理论的角度探索和回答中国革命、建设和改革过程中遇到的挑战和问题。三是人的全面发展的理论。这是高校思想政治理论课的重要理论板块，这一方面的课程先后设置有"共产主义思想品德""人生哲理""思想道德修养""法律基础""思想道德修养与法律基础"等，主要是从作为个体存在的人的视角，阐明如何处理人与自然、人与社会、人的自我身心之间的关系，如何实现人的德智体全面发展，树立正确的世界观、人生观和价值观[①]，从而指明人的全面发展和健康成长的正确方向和道路。综观高校思想政治理论课不断调整和发展的演化史，可以看到，改革开放以来，高校思想政治理论课建设的重要特点是：以马克思主义为指导，始终贯穿着马克思主义中国化的历史进程和理论成果，全面贯彻党和国家的教育方针，树立育人为本、德育为先的教育理念，注重世界观、人生观和价值观的教育。新时代有新要求，高校思想政治理论课体系创新应在认识高校思想政治理论课建设重要性和必要性的基础上，全面深

---

① 骆郁廷：《高校思想政治理论课的"变"与"不变"》，《思想理论教育导刊》2013 年第 4 期。

化和正确认识思想政治理论课的改革发展的曲折上升态势，进一步提升思想政治理论课地位和作用，强化社会主义意识形态主渠道和主阵地的建设，积极推进高校思想政治理论课建设的全面发展。

三、高校思想政治理论课体系创新的基本经验

回顾我国高校思想政治理论课体系创新的发展历程，分析当前高校思想政治理论课体系创新的现状，有利于高校思想政治理论课的健康发展。高校思想政治理论课体系创新从来就没有停止，在思想政治理论课教学过程中不断发展与创新。总结高校思想政治理论课体系创新的基本经验，对于新时代高校思想政治理论课创新发展具有重要意义。

第一，党和国家的高度重视是把握思想政治理论课体系创新，坚持正确政治方向的重要保证。中华人民共和国成立以来，高校思想政治理论课设置和教学改革是在党中央的领导下，在中宣部和教育部的具体指导下开展的，这是高校思想政治理论课建设和改革取得成功的根本保证。中国共产党的主要领导人高度重视高校思想政治理论课建设问题。毛泽东同志指出："思想政治工作，各个部门都要负责任。共产党应该管，青年团应该管，政府主管部门应该管，学校的校长教师更应该管。我们的教育方针，应该使受教育者在德育、智育、体育几方面都得到发展，成为有社会主义觉悟的有文化的劳动者。"① 1978 年，邓小平同志在全国教育工作会议上的讲话中指出："学校应该永远把坚定正确的政治方向放在第一位。"② 在反思总结 1989 年政治风波的教训时，邓小平又深刻指出："十年最大的失误是教育，这里我主要是讲思想政治教育。"③ 并强调指出思想政治理论教育的内容、形式和方法要应时而变以适应新形势发展的要求。1989 年，江泽民在国庆 40 周年的讲话中也强调："各级各类学校不仅要建立完备的文化知识传授体系，而且要把德育放在首位，确立正确的政治方向。"④ 胡锦涛对高校思想政治理论课教育教学指导更为明确具体。2004 年 3 月，胡锦涛在《关于高校公共理论课教学情况的调研报告》上做了重要批示，要求中宣部、教育部深入研究高校公共理论课的教学问题，本着与时俱进、开拓创新的精神，从改进宏观指导、培养师资队伍、

---

① 毛泽东：《毛泽东著作选读》（下册），北京：人民出版社 1986 年版，第 780 页。
② 邓小平：《邓小平文选》（第二卷），北京：人民出版社 1993 年版，第 104 页。
③ 邓小平：《邓小平文选》（第三卷），北京：人民出版社 1993 年版，第 306 页。
④ 中共中央文献研究室编：《十三大以来重要文献选编》，北京：人民出版社 1991 年版，第 627 页。

加强教材建设、改革教学方法等方面下功夫，力争在几年内使公共理论课教学情况明显改善与提高。这是党的最高领导人首次直接对高校思想政治理论课教学做具体指示。胡锦涛同志的指示，直接促成了"05方案"的产生，将高校思想政治理论课教学发展推向新阶段。① 2013年，习近平总书记做出"必须办好"思想政治理论课的重要批示，2015年国家出台《创新计划》，说明中央对高校思想政治理论课高度重视。改革开放以来高校思想政治理论课体系设置共经历了"85方案""98方案""05方案"三次大的调整。三大方案的先后确定和实施过程足以说明党和国家对高校思想政治理论课体系创新的高度重视。据有关学者的不完全统计，从1978年到2015年的30多年间，以中共中央、中宣部、教育部等名义发布的关于思想政治理论课体系创新与改革的指导性文件就多达几十份，这是高校思想政治理论课体系创新与改革取得成功的重要保证。

第二，学科支撑是确保高校思想政治理论课体系创新的重要基础。高校思想政治理论课体系创新是一个复杂的系统工程，需要全面、总体的把握。过去高校思想政治理论课教学效果之所以不佳，与忽视思想政治理论课的整体性特性存在一定的关系。鉴于过去课程设置的经验教训，"05"方案的确立在很大程度上改变了过去思想政治理论课离散化的学科支撑状态，注重课程建设的整体性。因而，高校思想在理论课体系创新必须要有一个整体的视角，建立起立体化的学科建设体系，这是确保高校思想政治理论课体系创新取得成效的重要基础。事实上，马克思主义理论本身就是一个整体。"把马克思主义理论作为一个独立的学科来建设，一个重要的目的就是要加强对马克思主义理论的整体性研究。"② 因而，从整体上提升马克思主义理论支撑，是高校思想政治理论课体系创新的需要。马克思主义一级学科下设二级学科之间要形成合力，为高校思想政治理论课体系创新提供立体化的学科支撑；注重马克思主义整体性的同时，也应突出各二级学科之间的不同特性和功能；二级学科之间应相互联系、相互协调，共同形成支撑思想政治理论课建设的学科合力。二级学科无论从理论到实践、从历史到现实还是从外到内都始终贯穿着马克思主义基本理论、基本命题、基本立场、基本观点和基本方法的整体的有机统一。因而，高校思想政治理论课体系创新需要马克思主义理论从基本理论、基本命题、基本立场、基本观点和基本方法上的全面支撑，而并不

① 莫岳云、陈敏：《改革开放以来党对高校思想政治理论课指导的历史经验》，《思想理论教育导刊》2009年第3期。

② 顾钰民：《马克思主义理论学科建设研究》，上海：复旦大学出版社2009年版，第2页。

仅仅是内容和结构的简单支持。

第三，教师队伍是思想政治理论课体系创新的关键。党政领导、学科支撑、课程建设、教材教学、教师队伍等共同构成高校思想政治理论课体系创新的合力。其中，教师队伍是高校思想政治理论课体系创新的关键力量。教育大计，教师为本，提高高校思想政治理论课教学质量和水平，关键在教师。"教师是人类灵魂的工程师，是人类文明的传播者，承载着传播知识、传播思想、传播真理，塑造灵魂、塑造生命、塑造新人的时代重任。"① 因而，必须高度重视高校思想政治理论课教师队伍建设，大力提升教师队伍的教学水平，充分发挥和调动广大教师教学科研工作的积极性和创造性。党和国家十分重视高校思想政治理论课教师队伍的建设，专门出台文件，采取多渠道、多途径、多方面培养高校思想政治理论课教师，并积极妥善解决思想政治理论课教师的学历提升、职称评定以及相关待遇问题。如1984年公布的《关于加强高等学校思想政治工作队伍建设的意见》，2008年公布的《关于进一步加强高等学校思想政治理论课教师队伍建设的意见》等，中央宣传部、教育部、国务院学位委员会等下发了多部关于加强高校思想政治理论课教师队伍建设的文件或通知。除政策性文件的规定以外，也十分重视在实践中对高校思想政治理论课教师的能力培训和提升，不仅有非学历培训，也有学历培训；不仅有岗前培训，还有岗中培训；不仅有骨干培训，也有全员培训。以广东为例，广东高校非常注重思想政治理论课教师队伍的建设，"以'优质课程建设工程'为龙头，以'名教师、骨干教师培养工程'为重点，通过理论培训与教学研讨及社会实践考察和在职攻读博士学位、申报课题等措施，有计划地开发课程的思想资源、知识资源和人力资源，逐步构建以优质课程为主导的高校思想政治理论课程体系，在全面提高教师整体水平的基础上，培养一批高水平的思想政治理论课教师"②。广东省教育厅十分注重对高校思想政治理论课教师队伍建设的平台搭建工程，创设"名师工作室"等各种条件和机会，促进老校与新校、强校与弱校、本科院校与高职高专院校之间的教学与学术交流，实现真正意义上"传帮带"平台搭建服务。抓好高校思想政治理论课教师队伍建设，是形成和改革思想政治理论课体系创新的关键，也是加强和改进高校思想政治理论课的人才保证。

---

① 《习近平在全国教育大会上强调 坚持中国特色社会主义教育发展道路 培养德智体美劳全面发展的社会主义建设者和接班人》，《人民日报》，2018年9月11日。

② 曾学龙等：《扎实干事 锐意创新——广东高校思想政治理论课建设与改革的特点、经验及启示》，《思想理论教育导刊》2010年第10期。

第六章 新时代高校思想政治理论课体系创新的重点内容

根据《创新计划》的要求，高校思想政治理论课体系创新的重点建设内容涉及七个方面，即以统编教材为基础，建设思想性、科学性和可读性统一的思想政治理论课立体化教材体系；切实提高专职教师整体素质，建设专兼结合、结构合理的思想政治理论课教学人才体系；积极培育和推广优秀教学方法，建设理念科学、形式多样、管理有效的思想政治理论课课堂教学体系；努力强化实践教学，建设与课堂教学相互促进的思想政治理论课第二课堂教学体系；努力建强马克思主义理论学科，形成以马克思主义理论学科为引领、相关学科为补充的思想政治理论课学科支撑体系；坚持管理与激励并重，建设导向明确、系统完善的思想政治理论课综合评价体系；切实加强统筹协调，建设有利于形成工作合力的思想政治理论课条件保障体系。这里，有些内容在前面的研究中已经论述，还有些内容将在后面探讨，这里仅仅从三个方面讨论，从而加深对高校思想政治理论课建设问题的认识，把高校思想政治理论课体系创新落到实处。

一、新时代高校思想政治理论课体系创新的维度

教育部等八部门印发的《关于加快构建高校思想政治工作体系的意见》中要求，推动理想信念教育常态化、制度化，加强党史、新中国史、改革开放史、社会主义发展史教育，加强爱国主义、集体主义、社会主义教育，把制度自信的种子播撒进青少年心灵，引导师生不断增强"四个自信"。新时代高校思想政治理论课体系创新是一个系统的工程，它涉及思想政治理论课教学的全过程。而思想政治理论课体系创新的突破口，即思想政治理论课体系创新的维度问题，则是思想政治理论课体系创新的基础，有必要理清。从宏观上来看，新时代高校思想政治理论课体系创新主要存在三个维度，即国际视野、大局意识、中国特色等。

第一，高校思想政治理论课体系创新的国际视野。当前，世界各国普遍重视价值观的教育，注重意识形态的教育和宣传工作。随着西方多种价值观念的不断涌入，中国与境外高校沟通交流途径的不断拓展，了解当代西方意识形态教育的机会也增多。因而，借鉴国际意识形态教育的经验教训，增进价值观的国际理解和交流，不仅有利于开拓高校思想政治理论课建设的国际视野，而且有利于促进各国或地区对中国社会主义核心价值观的理解与认同。近年来，尽管世界各地不断涌现反全球化的浪潮，但经济全球化仍在以前所未有的速度不断推进，这势必对各国或地区的政治文化交流产生重要影响。在中国，随着对外开放的不断扩大，国际上各种社会思潮也相继涌入，并在经济、政治、文化、教育等各个领域传播。这些思潮主要有新自由主义、民族主义、新左派、民粹主义、普世价值论、生态主义、历史虚无主义、极端主义、新儒家、宪政思潮等。数量如此之多的社会思潮汇聚着社会各方面的思想意识、价值观念和话语模式，映射出中国社会存在的诸多问题。而要充分地认识和把握如此复杂多样的西方社会思潮，避免陷入西方意识形态传播陷阱，则需要培养具有国际视野的社会主义建设者和接班人。事实上，高校思想政治理论课建设的国际视野，其核心是对大学生国际视野的培养。《国家中长期教育改革和发展规划纲要（2010—2020年）》提出要"开展多层次、宽领域的教育交流与合作，提高我国教育国际化水平"，要"培养大批具有国际视野、通晓国际规则、能够参与国际事务和国际竞争的国际化人才"[1]。这为高校思想政治理论课教学目标提供了方向性的指导，即在国际化发展趋势下，在遵循国际化教育规律和人的成长发展规律的前提下，培养具有开阔视野、国际意识、创新能力，并具备较高素质和健康心理的开放型、创新型和复合型人才。这也对高校思想政治理论课教师提出了更高的目标要求。

第二，高校思想政治理论课体系创新的大局意识。2016年1月29日，中共中央政治局召开会议，会议公开提出"增强政治意识、大局意识、核心意识、看齐意识"[2]。"四个意识"的提出，标志着中国政治、中国治理进入一个新阶段。关于大局意识，习近平总书记强调指出："必须牢固树立高度自觉的大局意识，自觉从大局看问题，把工作放到大局中去思考、定位、摆布，

① 《国家中长期教育改革和发展规划纲要（2010—2020年）》，北京：人民出版社2010年版，第49页。
② 《中央政治局常委会听取和研究全国人大常委会、国务院、全国政协、最高人民法院、最高人民检察院党组工作汇报和中央书记处工作报告的综合情况报告》，《人民日报》，2016年1月30日。

做到正确认识大局、自觉服从大局、坚决维护大局。"① 着眼大局、把握大局、服从大局、服务大局、维护大局的大局意识，为新时代做好高校思想政治理论课体系创新提出了明确要求的同时，也指明了思想政治理论课体系创新发展的方向。高校思想政治理论课体系创新，从广义上来讲，它不只是高校的学科建设行为或是一种单纯的教育行为，同时也是一种政治行为、文化行为。因而，要始终把思想政治理论课体系创新发展融入中国特色社会主义事业发展的总体布局之中，树立高校思想政治理论课体系创新的大局意识，这也是高校思想政治理论课育人的重要目标。那么，什么是大局？大局就是整个形势结构以及由此带来的长远利益的发展走势。大局意识，就是善于从全局高度、用长远眼光观察形势，分析和解决问题，围绕党和国家的大事认识和把握大局，在顾全大局的前提下做好本职工作。高校思想政治理论课体系创新要树立大局意识，首先应做到正确认识大局，这是确立和增强大局意识的前提；其次应做到真正意义上的服从大局的要求，这是确立和增强大局意识的重点；最后还应做到对大局的坚决维护，这是确立和增强大局意识的关键所在。总之，大局里有政治、大局里有品格、大局里有担当，不断增强大局意识，以党和国家事业全局为念、大局为重，是高校思想政治理论课体系创新的应有之意。

高校思想政治理论课体系创新的中国特色。创新高校思想政治理论课体系是高校意识形态建设中一项意义重大的"战略工程、固本工程、铸魂工程"，而高校思想政治理论课本身是一门最具中国特色的课程，是事关中国道路拓展延伸、中国力量积聚勃发、中国气派凝结彰显的立德树人的"主渠道"。

一是思想政治理论课建设与中国道路的拓展延伸。改革开放以来，中国特色社会主义是以马克思主义为指导，以邓小平理论、"三个代表"重要思想和科学发展观、习近平新时代中国特色社会主义思想为指导的社会主义发展模式，也有称之为中国模式、中国道路等。中国特色社会主义也是高校思想政治理论课教学的重要内容。在高校思想政治理论课体系创新过程中加强对中国道路的分析研究和教育宣传，树立走中国道路的自信心，不仅是高校思想政治理论课所肩负的重要任务，也对提升大学生的政治认同具有重要意义。从一定意义上来讲，加强高校思想政治理论课对中国道路的教学，实质上就是对大学生政治认同的教育。政治认同"不仅是民族国家不可或缺的群体特

---

① 《中央政治局常委会听取和研究全国人大常委会、国务院、全国政协、最高人民法院、最高人民检察院党组工作汇报和中央书记处工作报告的综合情况报告》，《人民日报》，2016 年 1 月 30 日。

征，而且是民族国家得以形成的心理指标"①，具有强大的精神力量，这种力量对于一个国家及其执政党而言极为重要。政治认同是人们在社会生活中产生的一种情感和意识上的归属感。它与人们的心理活动有密切的关系。大学生作为青年中的佼佼者，代表着社会发展的方向，是中国未来社会的实践者和见证人，大学生的政治认同状况直接影响着党和国家发展的前途命运，影响社会的安定团结。加强思想政治理论课对大学生政治认同教育，是思想政治理论课体系创新的必然要求。

二是思想政治理论课建设与中国力量的积聚勃发。坚定中国道路，不断发展促进中国道路的拓展延伸，需要中国力量的支撑，需要中国力量的积聚勃发。高校思想政治理论课体系创新在提升大学生中国道路认同的基础上，更为重要的是要凝聚力量共同建设好有中国特色的社会主义道路。而要真正发挥好思想政治理论课凝聚中国力量的作用，必须坚持理论创新，做到以理服人。马克思、恩格斯十分重视对理论的探讨和研究，提出了许多独到而精湛的见解。在《黑格尔法哲学批判》的导言中，马克思提出了理论彻底性问题，指出："理论只要说服人，就能掌握群众；而理论只要彻底，就能说服人。所谓彻底就是抓住事物的根本。"② 以理服人，关键是理论的彻底性，而要实现彻底的理论说服，则要以理论的批判、发展和创新作为前提，这也是通过理论的魅力来凝聚发展力量的前提和基础。因而，高校思想政治理论课体系创新必须重视对马克思主义理论研究，不断挖掘马克思主义理论的科学性和发展性；同时，还应不断提高教师队伍的理论水平，坚定理论自信，明确理论使命，推进理论传播和发展，把高校思想政治理论课的道理讲透，使学生信服，增强教师和学生对马克思主义理论的自豪感和使命感。此外，还应不断丰富和拓展思想政治理论课话语体系，让大学生听得懂、愿意听。同时，坚持实践创新做到以行导人，实现知行统一。思想政治理论课教学必须以"行"为归宿，实现知行统一，二者缺一不可。习近平总书记在开展"两学一做"学习教育中指出："'两学一做'学习教育，基础在学，关键在做"③，这对于高校思想政治理论课体系创新同样适用。高校思想政治理论课教学要正确地"行"，就要正确地"知"，要注重"知中行"和"行中知"的统一。因此，思想政治理论课体系创新需要重视实践教学的创新，即思想政

① 詹小美、王仕民：《文化认同视域下的政治认同》，《中国社会科学》2013 年第 9 期。

② 中共中央马克思恩格斯列宁斯大林著作编译局编：《马克思恩格斯选集》（第一卷），北京：人民出版社 1995 年版，第 9 页。

③ 习近平：《习近平谈治国理政》（第二卷），北京：外文出版社 2017 年版，第 173 页。

治理论课除了注重"说"的力量外，还要注重"行"的力量，使更多的思想政治教育内容隐藏于实践活动之中，渗透于教师行为之中，以实现思想政治理论课教学的隐性育人功能，实现以行导人。因而，思想政治理论课体系创新既要坚持做到以理服人，更要做到以行导人。所谓导之以行，持之以恒，这不仅是检验思想政治理论课教学效果的根本标准和尺度，也是克服以往高校思想政治理论课教学与实践脱轨的问题，促进大学生的知行转化和知行统一。

三是思想政治理论课建设与中国气派的凝结彰显。思想政治理论课体系创新除了注重对中国道路的政治认同培育、中国道路的建设力量凝聚以外，还应注重运用中国思维、中国话语体系，彰显中国气派，说得通俗一点，就是高校思想政治理论课应体现中国性格。高校思想政治理论课体系创新应注重中国深厚的优秀历史文化传统的感染力。高校思想政治理论课教学要注重民族性，把中华优秀传统文化渗透在思想政治理论课教学之中。没有宏大深远的优秀传统历史文化的支撑，就不可能有思想政治理论课中国气派的凝结彰显。同时，高校思想政治理论课体系创新应注重中国近代史教育，特别是党史、国情教育。正是中国近代历史的惨痛教训和坎坷经历，才显示出今天中国发展的不易、中国共产党领导中国革命和建设的不易、改革开放的不易。

二、新时代高校思想政治理论课体系创新的课程体系

思想政治理论课教学过程主要分为两个方面，即"教"的过程和"学"的过程，二者相互统一于整个思想政治理论课的教学活动之中，离开其中任何一个方面，思想政治理论课教学活动都不可能实现。但需要注意的是，教师的"教"是为学生的"学"服务的；因而，高校思想政治理论课体系创新中关于教学内容的规定、设计和教育，关于教材体系的构建、课程体系的设置等都应围绕学生及其学习效果来开展。高校思想政治理论课体系创新中的课程体系问题既要考虑大学生的认知水平和学习态度，也要考虑大学生参与学习和思想交流的意愿，积极培养大学生"学"的自觉性和主动性。高校思想政治理论课体系创新应实现教学统一，突出以学生"学"为主的课程体系。

高校思想政治理论课是大学生思想政治教育的主渠道和主阵地。为此，高校思想政治理论课要根据变化中的世界新格局、党中央的新要求和新思路不断创新自身的课程体系，创新教学目标和教学内容，在坚持马克思主义基本原理的前提下，体现马克思主义中国化的最新成果。从中华人民共和国的

历史来看，高校思想政治理论课一直受到党中央和政府的高度重视，出台了很多具有重要指导意义的文件和意见，梳理中华人民共和国成立以来高校思想政治理论课程体系的历史沿革为新时代高校思想政治理论课程体系发展和创新提供宝贵的指导意义和借鉴价值。党的十八大以来，习近平总书记在思想文化建设领域发表了系列重要讲话，同时系统而深刻地阐述了新时代大学生思想政治教育的内容和要求，对高校思想政治理论课教学的顺利开展具有重要的现实指导意义。2013 年 8 月，习近平总书记在全国宣传思想工作会议上提出了"两个巩固"的思想，即"宣传思想工作就是要巩固马克思主义在意识形态领域的指导地位，巩固全党全国人民团结奋斗的共同思想基础"①。"两个巩固"思想指明了新时代我国宣传思想工作尤其是思想政治教育学科建设的本质要求与目标定位，具有很强的现实针对性。习近平总书记指出，"青年的价值取向决定了未来整个社会的价值取向"②。青年时期是价值观养成的关键时期，要"把培育和弘扬社会主义核心价值观作为凝魂聚气强基固本的基础工程③。习近平总书记指出：社会主义核心价值观"体现了社会主义本质要求，继承了中华优秀传统文化，也吸收了世界文明有益成果，体现了时代精神"④。高校思想政治教育应采用多种方式如"教育引导、舆论宣传、文化熏陶、行为实践、制度保障"等，努力实现社会主义核心价值观内化于心、外化于行的效果。2014 年五四青年节，习近平总书记在北京大学师生座谈会上的讲话《青年要自觉践行社会主义核心价值观》中指出："中华文明绵延数千年，有其独特的价值体系。中华优秀传统文化已经成为中华民族的基因，植根在中国人内心，潜移默化影响着中国人的思想方式和行为方式。今天，我们提倡和弘扬社会主义核心价值观，必须从中汲取丰富营养，否则就不会有生命力和影响力。"⑤ 习近平总书记的系列重要讲话为高校思想政治理论课体系创新提供了重要的理论指导、丰富的理论内涵和坚实的理论依据。

站在专业学科发展的角度，课程体系主要是指同一专业不同课程门类按照合理关系和恰当比例进行组织搭配所构成的有机的、完整的统一体，是教学内容和进程的总和。高校思想政治理论课的课程体系则依托马克思主义理论一级学科及其下设二级学科，主要是对"马克思主义基本原理""毛泽东思想和中国特色社会主义理论体系概论""中国近现代史纲要""思想道德修养

① 习近平：《习近平谈治国理政》（第一卷），北京：外文出版社 2018 年版，第 153 页。
② 习近平：《习近平谈治国理政》（第一卷），北京：外文出版社 2018 年版，第 172 页。
③ 习近平：《习近平谈治国理政》（第一卷），北京：外文出版社 2018 年版，第 163 页。
④ 习近平：《习近平谈治国理政》（第一卷），北京：外文出版社 2018 年版，第 169 页。
⑤ 习近平：《习近平谈治国理政》（第一卷），北京：外文出版社 2018 年版，第 170 页。

与法律基础"四门本科课程的合理设置和安排，是马克思主义理论教学内容和进程的总和。改革开放以来，我国高校思想政治理论课体系的建设从恢复、发展到创新历经了异常艰难的曲折过程，从"85 方案"到"05 方案"，随着马克思主义理论体系和马克思主义中国化研究的不断深化发展，思想政治理论课的课程体系和教材体系也日趋完善和科学化。马克思主义理论一级学科的确立和发展，也使构建一个结构合理、功能互补、内容相对稳定的思想政治理论课的课程体系成为必然的趋势，这也是加强和改进思想政治理论课教学的重要环节。高校思想政治理论课的课程体系的不断完善必须注意以下几点：

第一，正确处理必修课程与选修课程之间的关系。高校思想政治理论课的四门课程——"马克思主义基本原理""毛泽东思想和中国特色社会主义理论体系概论""中国近现代史纲要""思想道德修养与法律基础"是纳入教学计划中，以课堂教学为主要形式的必修课程，是教学大纲规定的必修课程。这是由中共中央宣传部、教育部于 2005 年联合下发的《中共中央宣传部教育部关于进一步加强和改进高校思想政治理论课的意见》中确定的，"旨在增进大学生的马克思主义理论修养，促使其养成良好的思想品德，树立科学的世界观、人生观、价值观，坚定中国特色社会主义的理想信念"[①]。另外还开设了"当代世界经济与政治""形势与政策"等课程以及各高校自主设立的其他选修课程。四门必修课是高校思想政治理论课课程体系的主体，是各专业或部分同类专业学生都必须学习的公共课，自然也是课程创新发展的重点。选修课则是对高校思想政治理论课课程体系主体的辅助和补充，主要目的在于拓展思想政治理论课的学科视野，深化对四门必修课程的学习。因此，从教学目标上来看，思想政治理论课的四门必修课程与选修课程两者教学目标各有侧重，循序渐进；而从内容上来看，二者又是差异互补、相辅相成。

第二，正确处理四门必修课程之间的关系。"马克思主义基本原理""毛泽东思想和中国特色社会主义理论体系概论""中国近现代史纲要""思想道德修养与法律基础"四门课程既相互联系，又存在特征的差异，在高校思想政治理论课程体系创新过程中应根据四门课程的不同特性进行科学定位。从学科性质看，"马克思主义基本原理"（以下简称"原理"）是基础，"毛泽东思想和中国特色社会主义理论体系概论"（以下简称"概论"）是重点，"中国近现代史纲要"（以下简称"纲要"）是主线，"思想道德修养与法律基础"（以下简称"基础"）是落脚点。作为基础的"原理"课，主要是开展马克思

[①]　施杰、王强：《高校思想政治理论课的创新》，《江苏社会科学》2011 年第 6 期。

主义基本立场、基本观点和基本方法的教育，为其他三门课程的学习提供坚实的理论基础和方法论指导。作为重点的"概论"课，则是体现马克思主义基本原理在中国的具体实践而产生的中国化的马克思主义理论和马克思主义中国化的实现过程。作为主线的"纲要"课，主要是以历史为线索，勾画出近现代中国的历史命运以及中国和中国人民选择、接受、运用马克思主义理论的历史必然。作为落脚点的"基础"课，主要任务是用马克思主义基本理论观点和方法帮助大学生树立正确的人生观、世界观和价值观，培养德智体美全面发展的社会主义建设者。所以，四门课程的定位不同决定了在课程体系建设中必须通盘考虑四门课程的特性，在尊重差异的同时，也要注重它们之间的密切的逻辑关系，实现四门课程的有机统一。

第三，合理安排各门课程的授课时序。授课时序是课程安排的重要方面，高校思想政治理论课程因授课时序不同而产生不同效果。对于这点，很多高校都未能给予足够的重视。建立科学合理的授课时序，必须遵循一定的客观规律，比如学科发展特点、教育对象的认知规律等。以高校思想政治理论课四门课程为例，"基础"课作为大学生初入学的适应课程，主要讲述的是大学新生入学后该如何认识大学、在大学学什么、怎么学以及做什么、怎么做等的问题，因而不宜放在大学二年级去学习。"原理"课和"概论"课是理论性极强的两门课程，如果一年级一开始就上这两门课程不但不能取得好的效果，反而因其浓郁的理论和学术色彩而使学生学习困难。按照人对事物的一般的认识规律，都是从问题到理论、从实践经历再到理论总结的逻辑，"纲要"课和"基础"课是对大学生关于历史和当下现实生活问题的回应，是实践层面或者是经验层面的课程，相反，"原理"课和"概论"课则是对现实问题和实践问题的理论和方法的总结、回答，是理论解惑和理论升华的层面。所以，在大学一年级时开设"基础"与"纲要"，二年级开设"原理"与"概论"更符合大学生的认知规律，是较为科学合理的授课时序。

三、新时代高校思想政治理论课体系创新的教材体系

在整个高校思想政治理论课体系创新过程中，教材体系的重要性不言而喻。"教材是实现思想政治理论课课程体系与教学体连接的纽带。"[1] 一方面，教材是课程体系的文本展现，体现课程体系的教学思想、培养目标、教学内

[1] 张耀灿等：《高校思想政治理论课教育教学质量监测体系研究》，北京：经济科学出版社 2014 年版，第 26 页。

容等，是课程得以实施的具体保证。另一方面，教材也是教学之本，是推进思想政治理论课建设的重要方面。按照 2015 年 7 月中央宣传部、教育部印发的《创新计划》的要求，高校思想政治理论课须加强立体化的教材体系建设，实现高校思想政治理论课教材体系的科学化发展。

第一，大力推进教材编写和修订，维护统编教材的权威性。"教材体系是对一门学科进行系统阐述的科学的理论体系。"① 高校是我国马克思主义意识形态教育的主阵地，思想政治理论课则是高校马克思主义意识形态教育的主渠道，是帮助大学生树立正确世界观、人生观、价值观的重要途径。因此，为了保证高校思想政治理论课教学的政治方向、高校人才培养符合中国特色社会主义的发展需要，国家教育部门适时组织马克思主义理论建设工程专家编写、修订专用教材和教学用书，并且把使用统编教材作为保证思想政治理论课教学质量的重要措施来检查、落实，体现出统编教材的权威性。与此同时，建立教材使用情况监测制度，跟进分析师生对教材使用的意见、建议，把师生评价作为教材修订重要标准，吸收广大师生参与教材修订工作。《创新计划》指出：建立高校思想政治理论课教材研究中心，加强对教材内容和表述方式的研究，加强对思想政治理论课学术话语体系的研究，推动提高思想政治理论课教材编写质量和水平。

第二，编写完善教学系列用书，体现教材体系的时代性。高校思想政治理论课教材体系建设应善于挖掘教材的时代性，促进教材体系建设的与时俱进。思想政治理论课教材的内容不仅要紧密结合国内改革开放和社会主义现代化建设的实际，还要紧密结合国际社会变化发展的局势及其对中国的影响；不仅要紧密结合学生发展的实际，而且也要紧密结合发展背后的现实条件和环境。思想政治理论课教材体系的建设当然还要密切关注世情、国情、党情的深刻变化。结合这些变化，组织专家编写与高校思想政治理论课统编教材相配套的教师参考书、疑难问题解析、教学案例解析、学生辅学读本等教学辅助用书，一方面可以更好地促进统编教材的使用；另一方面可以更好地针对一些社会热点问题、重难点问题为学生答疑解惑，并使马克思主义理论及其中国化最新理论成果以学生能够读得懂、记得住、用得上的方式及时收编，增强马克思主义理论的生命力，体现出教材的思想性、时代性、科学性和灵活性。如组织编发高校思想政治理论课教学活页；把《习近平新时代中国特色社会主义思想三十讲》《习近平总书记系列重要讲话读本》《中国特色社会

---

① 杨建义：《思想政治理论课教材体系向教学体系转化的四个要点》，《思想理论教育导刊》2013 年第 7 期。

主义学习读本》等作为思想政治理论课教学重要参考书。此外，注重教材话语的现代性，以贴近学生的学习、生活和工作实际，增强教材的亲和力。

第三，切实推进优质教学资源共享，实现教材体系的开放性。切实推进优质教学资源共享主要是指积极推进各地各高校网络教学资源的整合力度，开展网络教材建设，并与统编教材、教学指导用书等共同构成开放的立体的思想政治理论课教材体系。对此，《创新计划》做了具体说明：一是加强"高校思想政治理论课程网站"建设，完善网站建设机制，优化栏目设置，使之成为全国思想政治理论课教师共建共享共管的平台。二是成立全国思想政治理论课网站信息共享联盟，整合各地各高校优质网络教学资源。三是推动思想政治理论教育网络期刊建设，探索建立思想政治理论教育类优秀网络文章在科研成果统计、职务评聘方面的激励机制。四是建立文献共享资源库。五是建设一批教学资源研究实验室，系统总结凝练优质教学资源。六是建立大学生思想政治理论课主题学习网站和微信公众号学习平台，使之成为宣传展示学生理论学习成果的阵地。七是各地各高校要积极参与相关网站建设，采取切实措施推动本地本校教学资源共建共享。所有这些，将极大地促进高校思想政治理论课教学资源的共享，不断提升高校思想政治理论课教学效果。

第七章 新时代高校思想政治理论课体系创新的特征

新时代高校思想政治理论课体系创新，不同于传统思想政治理论课的体系创新与建设，呈现新的时代特征。新时代高校思想政治理论课体系创新遵循着理论性与实践性、现实性与有效性、继承性与发展性的特征。对这些特征的分析，有利于进一步理解思想政治理论课体系创新的深刻内涵，有利于高校思想政治理论课的建设和发展。

一、高校思想政治理论课体系创新的理论性与实践性

所谓理论性就是指思想政治理论课必须坚持马克思主义理论指导，特别是习近平新时代中国特色社会主义思想指导，坚守用科学理论培养人、武装人。理论性是高校思想政治理论课的基本属性，坚守理论性是思想政治理论课体系创新的内在要求。习近平总书记在主持召开学校思想政治理论课教师座谈会时强调："要坚持理论性和实践性相统一，用科学理论培养人，重视思想政治理论课的实践性，把思政小课堂同社会大课堂结合起来，教育引导学生立鸿鹄志，做奋斗者。"① 习近平总书记这一重要论述，既是马克思主义认识论在高校思想政治理论课体系创新中的具体运用，也是对高校思想政治理论课教学规律的科学把握，为推动高校思想政治理论课体系创新提供了根本遵循。对思想政治理论课教师而言，必须深入学习和认真研究马克思主义经典作家文献，学习贯彻习近平新时代中国特色社会主义思想，自觉将其贯穿研究和教学全过程，转化为清醒的理论自觉、坚定的政治信念、科学的思维方法。习近平总书记在十九大报告中指出，坚持社会主义核心价值体系，"必须坚持马克思主义，牢固树立共产主义远大理想和中国特色社会主义共同理想，培育和践行社会主义核心价值观，不断增强意识形态领域主导权和话语权，推动中华优秀传统文化创造性转化、创新性发展，继承革命文化，发展

① 《习近平：用新时代中国特色社会主义思想铸魂育人　贯彻党的教育方针　落实立德树人根本任务》，人民网，2019 年 3 月 18 日。

社会主义先进文化，不忘本来、吸收外来、面向未来，更好构筑中国精神、中国价值、中国力量，为人民提供精神指引"①。高校思想政治理论课体系创新始终坚持以马克思主义基本原理为主题，坚持马克思主义立场、观点和方法。高校思想政治理论课课程体系设置，都体现了马克思主义中国化的理论成果，回答了什么是中国特色社会主义，如何坚持和发展中国特色社会主义，进而有助于青年大学生树立中国特色社会主义理论自信、道路自信、制度自信和文化自信。这些课程有助于青年大学生培育和践行社会主义核心价值观，构筑中国精神和中国价值，形成中国力量。"只有充满高度的思想和理论深度的内容，才能让课程本身充满温度和热度，才能让课堂动起来、活起来，才能让学生感受亲和与增加获得感，思政课的教育教学效果才算体现了针对性和实效性，才能够让教与学亮起来。"② 不断增强思想政治理论课的思想性和理论性，不断增加思想政治理论课教学的思想性和理论性内容的供给力度，扩展思想性内涵的容量，盘活理论性内容的存量，对于思想政治理论课教学具有重要意义。高校思想政治理论课的课程体系综合在一起，构成对大学生进行马克思主义基本原理教育、中国特色社会主义理论体系教育和社会主义核心价值观教育的整体教学要求，构成了高校思想政治理论课的完整课程体系和教学体系。高校思想政治理论课教学的根本任务，就是用马克思主义理论指导，对青年大学生进行马克思主义理论教育，全面贯彻党的教育方针、坚持社会主义办学方向。马克思主义始终是我们立党、立国的根本指导思想，是社会主义意识形态的旗帜。十八大以来，从历史、现实和未来的结合上，习近平总书记提出，"能否做好意识形态工作，事关党的前途命运，事关国家长治久安，事关民族凝聚力和向心力"③。这"三个事关"，阐明了以马克思主义为指导的意识形态工作的根本性质和战略地位，彰显了意识形态工作在引领社会、凝聚人心、推动发展中的强大推进作用。在意识形态领域巩固马克思主义的指导地位，是马克思主义理论学科的基本性质，也是思想政治教育学科的根本定位。在新时期，马克思主义理论的主导性还体现为加强社会主义核心价值观的教育。社会主义核心价值观融国家、社会、公民的价值要求为一体，深刻体现了社会主义本质要求，传承了中华优秀传统文化，体现了民族精神和时代精神，彰显了中国精神。思想政治教育在社会主义核心价

① 习近平：《决胜全面建成小康社会　夺取新时代中国特色社会主义伟大胜利——在中国共产党第十九次全国代表大会上的报告》，北京：人民出版社 2017 年版，第 23 页。

② 吴满意：《增强思政课的思想性理论性亲和力针对性》，《四川日报》，2019 年 9 月 11 日。

③ 中共中央宣传部编：《习近平新时代中国特色社会主义思想三十讲》，北京：学习出版社 2018 年版，第 213 页。

值观建设中的理论引导和实践指向作用，就体现于"明大德、守公德、严私德"① 的培育、践行和遵循。每个时代都有其时代精神，都有作为时代精神的共同思想基础的价值观念。社会主义核心价值观，反映了全国各族人民共同认同的价值观的"最大公约数"。社会主义核心价值观三个层面的概括，"实际上回答了我们要建设什么样的国家、建设什么样的社会、培育什么样的公民的重大问题"②。所有这些问题，都需要从理论上明确回答。

所谓实践性就是指高校思想政治理论课与现实的结合，在实践中不断发展。高校思想政治理论课并不是单纯讲理论，它还具有突出的实践精神，始终强调理论与实践的统一，始终坚持与社会现实紧密结合，倡导理论从实践中来，到实践中去，在实践中接受检验，并随实践而不断发展。高校思想政治理论课体系创新既要坚守理论性，又要注重实践性，把思想政治理论课这个小课堂同社会大课堂结合起来。实践是思想政治理论课的大课堂。实践性是马克思主义理论最重要的特点和理论品质，在马克思主义理论体系中，实践是贯穿于其始终的一条中心线索。通过实践，人类认识了之前并不知道的东西，认知了世界，也认识了人自身。高校思想政治理论课教学必须走向实践，在实践中检验思想政治理论课教学理论的正确性。没有实践，理论的发展就失去了动力，就不会有创造性的思维。

高校思想政治理论课要体现理论性与实践性的统一，这是由课程的性质与目标任务决定的。高校思想政治理论课作为对大学生进行思想政治教育的主渠道、前沿阵地，要以马克思主义的立场观点和方法去武装大学生的思想，使其树立正确的世界观、人生观、价值观、道德观和法治观等。因此，检验课程目标是否实现的途径是开展课程实践。从高校思想政治理论课体系创新的历史演变来看，中华人民共和国成立以后很长一段时期以来的课程设置里面较少体现课程的实践性，出现这种状况的原因是一些高校对思想政治理论课的实践性认识不足，对开展课程教学实践的必要性没有充分的认识，对于课程实践如何组织开展也缺乏探索，加上资金、安全等方面因素的考虑，一些高校的教辅部门对思想政治理论课的课程实践开展也缺乏支持和保障。当前，高校思想政治理论课实践教学的课时比例不到1/3，实践教学的课时量明显偏小，而且在一些高校，学生参加思想政治理论课实践教学的数量比例过小，这些都是高校思想政治理论课教学普遍存在的问题。有的学校甚至都没有实践教学环节，这是思想政治理论课有待破解的难题，也是高校思想政治

---

① 习近平：《习近平谈治国理政》（第一卷），北京：外文出版社2018年版，第173页。
② 习近平：《习近平谈治国理政》（第一卷），北京：外文出版社2018年版，第169页。

理论课体系创新的一个瓶颈。实践教学是提升思想政治理论课教学实效性，发挥高校思想政治理论课立德树人的关键环节，必须大力加强实践教学研究和实施，让学生在实践体验中加深对理论知识和价值观念的理解，将社会主义核心价值观内化于心、外化于行，真正达到知行合一。习近平总书记强调指出："要更加注重以文化人以文育人，广泛开展文明校园创建，开展形式多样、健康向上、格调高雅的校园文化活动，广泛开展各类社会实践。要运用新媒体新技术使工作活起来，推动思想政治工作传统优势同信息技术高度融合，增强时代感和吸引力。"① 遵循思想政治理论课体系创新的发展规律，高校思想政治理论课实践教学创新要拓展课程的知识深度；开发隐性课程资源；开辟实践课程的时空场域；不断开发课程活动类型，实现实践课程的多重体验等。需要注意的是，提高高校思想政治理论课教学实效性并不是一件一蹴而就的事情；相反，是一个漫长而复杂的过程，需要多方协同、资源整合、优化教学环境、发挥综合效应等。以教学空间拓展为例，实践证明，充分发挥社会实践即第二课堂活动的作用，是提高思想政治理论课教学实效性、提升课程魅力的有效途径。高校思想政治理论课实践教学的目的是培养学生正确运用马克思主义基本原理、原则、方法等分析和解决问题的能力。与此同时，高校思想政治理论课社会实践活动的开展，必须遵循的一条原则是坚持正确的政治立场，不能脱离课程教学的基本要求，其本质是对课堂教学内容的延伸、补充和完善。思想政治理论课的社会实践活动可采用集中与分散相结合、课间与课内相结合等模式，激发学生热情，调动学生活动积极性，实现青年学生能够自主运用思想政治理论课所学知识开展社会实践活动的意识和行为习惯。而丰富多彩的实践教学活动对于学生扩展知识、增长才干、提高自我锻炼能力，也有着不可替代的作用。因此，学校应配合思想政治理论课教学，组织教师指导学生建立各种学生社团，开展各种活动。这样，就可以大大拓展学生学习和发展的空间，从而巩固和深化课堂教学的内容，提高思想政治理论课教学的实效性。"理论性与实践性相统一，源于马克思主义内在的解释世界与改造世界的根本特质，也是思想政治理论课的根本要求，体现在思想政治理论课教育教学的全过程。"② 思想政治理论课坚持理论与实践的有机统一，是中华人民共和国成立以来思想政治理论课建设的光荣传统，是马克思主义认识论的根本要求。高校思想政治理论课坚持理论性和实践性

---

① 习近平：《习近平谈治国理政》（第二卷），北京：外文出版社 2017 年版，第 378 页。

② 孙寿涛：《高校思想政治理论课须坚持理论性与实践性相统一》，《中国社会科学报》，2019 年 11 月 1 日。

相统一，是马克思主义认识论的根本要求。马克思主义本身就是理论性与实践性相统一的学问，思想政治理论课不能只强调理论性而忽视实践性。理论是不能用简单的体验感受来代替的。思想政治理论课教学需要学理性，需要从不同角度和层面，给学生以全面的理论感受和认知。为此，高校思想政治理论课要通过系统的课程体系和优秀的教师队伍，给学生讲授完整的马克思主义理论。高校思想政治理论课体系创新要坚持理论性与实践性相统一。重视理论性，才能把马克思主义的基本原理和基本方法讲清、讲深、讲透，帮助学生深刻认识和把握人类社会发展规律，使学生乐于学、学得进、学得好。重视实践性，理论联系实际，才能让科学的理论在实践中绽放智慧的光芒，实现思想政治理论课立德树人的根本目标。高校思想政治理论课坚持用科学的理论来培养人，重视思想政治理论课的实践性，把思想政治理论课小课堂同社会大课堂结合起来，不断推动思想政治理论课体系创新改革，努力培养好德智体美劳全面发展的社会主义建设者和接班人。

二、高校思想政治理论课体系创新的现实性与有效性

所谓现实性就是指当下社会存在的客观事实，具有内在根据的、合乎必然性的存在，是客观事物和现象种种联系的综合。现实性与必然性有其内在联系，在事物发展中只有表现为必然性的东西才具有现实性。一个事物在未出现时还不是现实的，但只要它合乎发展的客观必然性，就或早或迟一定会变成为现实。现实性总是处于不断发展的过程之中，它是过去的"现实"变化发展的结果。现实性从客观现实出发，以客观事实为依据。高校思想政治理论课体系创新从现实出发，重在解决现实问题，特别是解决现实人的问题。"人的本质不是单个人所固有的抽象物，在其现实性上，它是一切社会关系的总和。"①这就要求从现实的角度、现实的关系来解决现实人的现实问题。马克思主义理论具有开放性，是在现实社会中不断发展的理论。高校思想政治理论课重在解决现实的问题，解决学生存在的疑惑。马克思主义基本原理是马克思主义理论的重要内容，中国特色社会主义理论体系是马克思主义基本原理在当代中国的发展，是中国化的马克思主义。高校思想政治理论课就是要用马克思主义理论为指导，引导大学生科学地认识和把握客观世界和主观世界。思想政治理论课三个典型方案，都强调了思想政治理论课的现实性问题，

① 中共中央马克思恩格斯列宁斯大林著作编译局编：《马克思恩格斯选集》（第一卷），北京：人民出版社1995年版，第56页。

要求思想政治理论课为国家、为人民、为学生服务，这一教育理念以不断创新的方式得到深化，在"05 方案"中得到最为具体的体现。"05 方案"在马克思主义基本原理教育的基础上，强调了高校思想政治理论课的理论逻辑、历史逻辑与现实逻辑的统一。在三次课程体系及其实施方案中，都设计了系列的课堂理论教育和社会实践体验相结合的教育环节和教学内容。当前，中国的改革进入了关键时期，进入了深水区，矛盾的多发期，国际形势风云变幻，文化交流交融交锋，极大地影响了人们的思维方式和行为方式。高校思想政治理论课必须回答新时期面临的系列的新问题；用中国的话语体系解释中国的成功经验，增强大学生对中国的道路自信、制度自信、理论自信和文化自信；使中国方案具有世界性的意义。2013 年 3 月，习近平总书记以实现中华民族伟大复兴的"中国梦"为主题，深刻阐释了与中国道路、中国力量结合为一体的中国精神的深刻寓意。中国精神就是以爱国主义为核心的民族精神和以改革创新为核心的时代精神，就是"不断增强团结一心的精神纽带、自强不息的精神动力"。2013 年 8 月，习近平总书记提出了"增强国家精神力量"的新观点，阐释了"丰富人民精神世界，增强人民精神力量，满足人民精神需求"的新思想。从"中国精神"到"精神纽带"和"精神动力"，到"国家精神力量"，再到人民的"精神世界""精神力量""精神需求"的阐释，丰富了社会主义精神文明建设理论。博大精深的中国优秀传统文化中蕴含的思想精华和育德哲理，是涵养和丰富高校思想政治理论课体系创新的重要文化源泉。中华优秀传统文化"积淀着中华民族最深层的精神追求，代表着中华民族独特的精神标识，为中华民族生生不息、发展壮大提供了丰厚滋养"[1]，也是高校思想政治理论课体系创新的文化资源。高校思想政治理论课体系创新要能讲清楚中华传统文化和美德的历史渊源、本质内涵、演变脉络和基本走向，讲清楚中华传统文化和美德的民族气质、思维方式、价值理念和鲜明特色，要以自觉、自信、自强精神增强实现中华传统文化和美德的创造性转化。高校思想政治理论课体系创新的现实性，既体现在学习和借鉴人类优秀思想文化成果上，也体现在继承和弘扬中华传统美德上，更体现在以创新精神，用中国的文化形式和话语体系解读中国道路、中国精神、中国形象，不断概括出理论联系实际的、科学的、融通的新概念、新范畴、新表述，形成具有中国特色、中国风格、中国气派的思想政治理论课体系创新的新样式。要努力做到"中国立场、国际表达"，讲真、讲实、讲好、讲活、讲深中国故事和中国情怀，进一步增强中国道路、制度及其理论的亲和力、感

---

① 习近平：《习近平谈治国理政》（第一卷），北京：外文出版社 2018 年版，第 164 页。

染力和认同力，不断提升国家文化软实力和国际影响力。

所谓有效性是指通过思想政治理论课学习而获得思想觉悟的进步与一定程度的提高。高校思想政治理论课教师在教学中要因材施教、因人施教。要考虑学生的知识水平，要了解学生的内在需求，要听取学生对教学内容存在的疑问，并及时予以释疑解惑；使学生真正理解和掌握教师讲授的知识体系，达到思想政治理论课教学的目的，不断提高思想政治理论课教学的有效性。思想政治理论课作为知识传承和育人功能的载体，立德树人是其首要的实现目标。高校思想政治理论课一方面要面对变化着的社会发展情况，回应重大的现实问题和理论问题，用马克思主义的立场观点和方法去分析问题和解决问题；另一方面要根据青年大学生的身心发展状况和需求，回答青年大学生的思想困惑，培养青年大学生正确的思维方式和价值观念。胡锦涛同志在加强和改进大学生思想政治教育工作会议上的讲话中曾经明确指出：培养什么人、如何培养人，是我国社会主义教育事业发展中必须解决好的根本问题。要解决好这个根本问题，思想政治理论课教学的作用不能忽视。习近平总书记在全国高校思想政治工作会议上指出："要用好课堂教学这个主渠道，思想政治理论课要坚持在改进中加强，提升思想政治教育亲和力和针对性，满足学生成长发展需求和期待。"① 这一重要论述，为思想政治理论课体系创新指明了方向。从教育学角度讲，课程体系只有长期保持相对稳定的教育主旨和教育内容，才能使各个时期的教育对象易于相信和接受教育内容，达到良好的教育目标。当然，教学内容的稳定性和连续性，是相对而言的，随着社会的发展和科学技术的进步，中国特色社会主义建设事业的发展，特别是马克思主义理论的创新和马克思主义中国化不断取得新的理论成果，课程体系中不断充实新的理论和观点也是必要的。关键在于用好教材，发挥教师的主观能动性，在教学过程中创造性地把教材体系转化成教学体系。教材体系不等于教学体系，所谓创造性，其基本要求就是教学话语不能完全照搬教材，要运用灵活的教学方法在抓住教材核心观点和基本内容的基础上进行创造性的话语转换。恩格斯在《反杜林论》中指出，个体的接受特性决定了有效的教育方法应该是非强制性的。"我们不知道有任何一种力量能够强制处在健康清醒状态的每一个人接受某种思想。"② 马克思指出："如果你想感化别人，那

---

① 习近平：《习近平谈治国理政》（第二卷），北京：外文出版社 2017 年版，第 378 页。
② 中共中央马克思恩格斯列宁斯大林著作编译局编：《马克思恩格斯选集》（第三卷），北京：人民出版社 1995 年版，第 426 - 427 页。

你就必须是一个实际上能鼓舞和推动别人前进的人。"① 如果教师只是照本宣科，不对教材进行创造性的转换，就不可能在学生的心中获得较高的威望，教学也不可能收到良好的效果，因而也就难以体现思想政治理论教育的感染力和说服力。高校思想政治理论课是一个既着眼于解释世界和社会现象，又同时关注制订行动方案、进而改造世界的理论体系，理论体系转化为教材体系，教材体系转化为教学体系，这是高校思想政治理论课教学取得有效性的重要前提。在这个前提下，思想政治理论课教学的目的不仅仅是要学生掌握知识，懂得什么是正确的价值选择，使学生形成正确的价值观念和良好的人生态度。换言之，高校思想政治理论课教学不仅要"授之以鱼"，更要"授之以渔"。高校思想政治理论课不是对学生进行一般的知识传授、学术讲解，而是通过课程教材体系与章节内容的安排体现课程的价值观念、政治态度和阶级立场，由此实现高校思想政治理论课的目标。高校思想政治理论课教学在进行基本理论知识传授的同时应将重点放在阐述"为什么"的理论阐释层面，同时努力使课程教学在实现知识传授、能力培养的前提下，帮助学生树立正确的世界观、人生观和价值观。这些都表明了高校思想政治理论课体系、结构、内容的科学性、思想性是取得良好的教学效果的重要前提，而教学体系是对理论体系和教材体系的生动注解和灵活运用，从而在教学中不断提高思想政治理论课的时效性。

三、高校思想政治理论课体系创新的继承性与发展性

所谓继承性就是对传统思想政治理论课体系中合理的知识内容的保留。思想政治理论课的继承性特点使得思想政治理论课体系不断完善，其知识内容不断积累、扩充与发展。思想政治理论课体系创新的继承性是思想政治理论课的基本属性。每一阶段的思想政治理论课都与上一阶段的思想政治理论课有着传承接续关系。思想政治理论课体系创新都是在传统基础上的创新，没有前人留下的结构体系就谈不上新的体系创新。优良传统是前人长期从事教育实践和智慧的结晶，反映教育的某些客观规律，具有时代意义。继承历史经验，是丰富繁荣新时代思想政治理论课体系不可缺少的资源。多年来，高校思想政治理论课体系创新取得了丰硕的成果，这些成果在新的体系结构中需要继承；对于传统体系中过时的内容，就需要撤掉。例如，现有的高校

---

① 中共中央马克思恩格斯列宁斯大林著作编译局编译：《马克思恩格斯文集》（第一卷），北京：人民出版社 2009 年版，第 247 页。

思想政治理论课程注重课程的价值目标的实现，课程内容注重阐述"应然性"的状况，而忽视了对课程内容的社会现实"实然性"的关注和阐释，在某种程度上忽视了重大的社会现实问题，难以对社会现实问题做出回答，对现实社会矛盾缺乏应有的分析和应对。① 现有的高校思想政治理论课程注重体现马克思主义中国化的最新研究成果，这是必要的。同时，可以通过编写立体化的教辅材料加以补充，更加细化，分析更加深入。不少学者认为现有课程体系缺乏问题意识，比如现有教材体系不够灵活，条条框框太多；一些内容显得陈旧，其理论仍然停留在过去的时代，难以体现当今时代的快速变化的社会发展状况。② 此外，根据大学生的反馈来看，教材的生动性和可读性也有待加强。相较于"05 方案"教材，2018 年新版教材的编写大量吸纳高校思想政治理论课一线教师在教学过程中的经验教训和学生们的意见与建议，更新教材的编写方式和方法，结合教学的实际需要与学生的现实需求，增强了教材内容的适用性和可读性。高校思想政治理论课体系设置的历史演进过程表明，思想政治理论课教学必须在马克思主义理论指导下，遵循理论联系实际原则，做到贴近实际、贴近生活、贴近学生，这是增强高校思想政治理论课针对性、实效性和吸引力、感染力的关键之所在。习近平总书记指出："做好高校思想政治工作，要因事而化、因时而进、因势而新。要遵循思想政治工作规律，遵循教书育人规律，遵循学生成长规律，不断提高工作能力和水平。要用好课堂教学这个主渠道，思想政治理论课要坚持在改进中加强，提升思想政治教育亲和力和针对性，满足学生成长发展需求和期待，其他各门课都要守好一段渠、种好责任田，使各类课程与思想政治理论课同向同行，形成协同效应。要加快构建中国特色哲学社会科学学科体系和教材体系，推出更多高水平教材，创新学术话语体系，建立科学权威、公开透明的哲学社会科学成果评价体系，努力构建全方位、全领域、全要素的哲学社会科学体系。"③ 继承和发扬理论联系实际传统，是提高思想政治理论课教学效果必须坚持的原则。这就要求高校思想政治理论课要结合我国改革开放和现代化建设的实际问题、以学生思想关注的现实问题为切入点，有效运用马克思主义世界观和方法论，并在对现实问题的探索分析和理论思考以及新的实践和新的发展基础上，不断完善高校思想政治理论课体系。从"85 方案"到"98 方案"，再到"05 方

① 宇文利：《思想政治教育课程论：现状、问题与发展》，《思想理论教育》2014 年第 4 期。
② 陈锡喜：《深化高校思想政治理论课改革和建设的新空间》，《湖北社会科学》2015 年第 12 期。
③ 习近平：《习近平谈治国理政》（第二卷），北京：外文出版社 2017 年版，第 378 页。

案"，三次课程体系的变化具有内在统一性和不断创新性。在总体上，"05 方案"实现了思想政治理论课体系的继承性与创新性的高度统一。"05 方案"既继承了之前思想政治理论课体系的特点和内容，同时也面对当今世界和当代中国发展变化的实际，面对当代大学生成长成才的实际，做出了多方面的创新。不能把"05 方案"与"85 方案""98 方案"分离开来看待，必须高度关注和充分理解"05 方案"与"85 方案""98 方案"之间继承性与创新性相统一的辩证关系。这种继承性与创新性也集中体现在高校思想政治理论课作为大学生思想政治教育的"主渠道"和"主阵地"上，也是社会主义意识形态建设的"主渠道"和"主阵地"。从"98 方案"正式提出这一观点，在教材体系中都能很好地保留这些内容，并不断完善体系结构。教材体系能够紧密结合各个历史时期国际政治经济发展形势的新变化，结合我国社会主义现代化建设的新进程和新成果，加强对中国特色社会主义理论体系的教育，以利于学生树立中国特色社会主义的理论自信、道路自信、制度自信和文化自信；教材体系能够紧密结合各个历史时期高校大学生在思想意识、价值观念、行为方式和学习生活中产生的新问题，突出理想信念教育。习近平总书记指出，"只有理想信念坚定，用坚定理想信念炼就了'金刚不坏之身'，干部才能在大是大非面前旗帜鲜明"①。青年大学生思维敏捷、活跃，喜欢接受新鲜事物，具有较强的创新意识；同时在人生观和价值观方面还处于不定型时期，高校思想政治理论课对大学生进行社会主义核心价值观教育具有重要作用。

所谓发展性是指思想政治理论课结合现实，完善理论体系、教材体系、教学体系的一种动态的过程。在一定程度上，发展性往往伴随着创新性，在发展中创新，在创新中发展。高校思想政治理论课具有政治性和意识形态性，同时也具有人文性。从高校思想政治理论课体系变化来看，课程内容一般都把课程的政治性和意识形态置于优先的地位，而把课程的人文性置于次要的地位。这种情况对大学生来说，很多人认为课程内容缺乏可读性和生动性。此外，课程内容的重复程度偏高。一些课程内容与中学的政治品德课的内容重复较多；不同教材之间在内容上也有一定程度的重复。这就需要对不同教材之间进行科学的内容划分和边界设置。改革开放以后，世界格局发生重大变化，和平与发展成为时代主题，国内在改革进程中经济、政治、思想文化领域也出现了新的情况和特点。时代特征里包含着对高校思想政治理论教育的新要求和新课题，要求高校思想政治理论课及时反映我们所处的时代特征，既要理清经济社会的发展现状，也要关注思想领域的新问题。在"以经济建

① 习近平：《习近平谈治国理政》（第一卷），北京：外文出版社 2018 年版，第 413 页。

设为中心"，全面推进社会主义现代化建设新的历史阶段，在改革开放的新征程中，党和国家领导人逐渐形成了关于什么是社会主义、怎样建设社会主义的科学理论。从党的十二大开始，马克思主义中国化的最新理论成果"中国特色社会主义理论"成为我国社会主义现代化建设的指导思想。马克思主义中国化这一最新理论成果被及时纳入思想政治理论课程，并随着中国特色社会主义理论和实践的发展而不断丰富和发展。这体现了思想政治理论教育内容的时代性和发展性，凸显了马克思主义理论和学科体系的实践性和发展性。1993 年中共中央组织部、中共中央宣传部、国家教育委员会印发的《关于新形势下加强和改进高等学校党的建设和思想政治工作的若干意见》明确提出，"学习马列主义、毛泽东思想，要以学习建设有中国特色社会主义的理论为中心内容"，要"注重吸收和反映建设有中国特色社会主义伟大实践中产生的新的科学理论成果"。1994 年《中共中央关于进一步加强和改进学校德育工作的若干意见》中再次提出"以邓小平同志建设有中国特色社会主义理论作为学校马克思主义理论教育的中心内容"。此后高校思想政治理论课体系改革文件中一直都强调这一点。从课程设置的情况看，20 世纪 80 年代起我国开设了思想品德教育和中国社会主义建设方面的课程，同时为了适应对外开放的需要开设了当代世界政治经济与国际关系方面的课程。同时，随着社会的进步，如何实现人的全面发展日益成为高校思想政治理论教育教学改革的目标。人的全面发展要求实现德智体美各方面的协调发展，思想道德素质和科学文化素质的全面提高，知识水平和实践能力的进步。高校思想政治理论课在帮助青年学生塑造全面发展的高素质人才方面担负着重要的责任。经过近些年的课程改革，高校思想政治理论课基本形成了以思想教育、道德教育、政治教育为主要内容，既具有综合性，又有层次性，既体现理论教育的系统性，又注意以培养学生的实践能力为目的的课程体系。改革开放以来，根据时代的变化发展和大学生的实际思想状况，思想政治理论课内容体系较以前有了极大的提升和丰富，呈现出鲜明的时代特征。新的历史时期，随着改革的深化和开放的扩大，全球化的深入发展，我国社会思想文化领域出现了多样化的发展趋势。大学生作为社会主义建设的接班人，他们的思想认识必须统一到正确的轨道上来。1995 年国家教育委员会印发《关于高校马克思主义理论课和思想品德课教学改革的若干意见》，根据两年里"两课"改革的经验，提出"通过教学改革，逐步形成结构合理、功能互补的'两课'课程体系"。同年颁布的《中国普通高等学校德育大纲》中德育内容和德育途径的提出也促进了思想、政治、品德教育作为一个整体在课程体系建设中不断加强。"两课"提法一直沿用到"05 方案"。"85 方案"的最大贡献就是对课程结构体系的不断整合和规范，为新时期高校思想政治理论课体系的进一步改革奠定了基础。"98 方案"延续了"85 方案"的课程分类模式，但同时又更注重课程体系的整体性建设。"05 方案"贯彻课程改革中提倡的"少而精"的原则，同时增加了历史教育方面的内容，使课程体系结构更加合理，功能更加完善。总体来看，"05 方案"课程体系更加突出了从理论的阐述、发展和运用的逻辑发展思路，体现理论逻辑、历史逻辑和实践逻辑三者之间的密切联系。它综合了马克思主义基本理论、马克思主义中国化的理论、道德和法治教育，实现了课程体系的科学整合。这一体系同时为自身发展留出了空间，结合现实同时又为学生提高实践能力创造了条件。习近平总书记强调："我们的高校是党领导下的高校，是中国特色社会主义高校。办好我们的高校，必须坚持以马克思主义为指导，全面贯彻党的教育方针。"① 改革开放以前，我国按马克思主义三个组成部分的基本理论分别设立课程。马克思主义哲学对应"辩证唯物主义和历史唯物主义"、马克思主义政治经济学对应"政治经济学"，科学社会主义对应"马列主义基础""社会主义教育"等课程。改革开放以后的"85 方案"把"哲学""政治经济学"等课程合并为一门"马克思主义原理"课。这从马克思主义理论本身来看，体现出马克思主义理论的整体性、系统性和综合性。在现实中，社会政治、经济、文化等各领域之间是有机联系的，社会实践中反映出来的问题往往带有综合性，需要从不同角度进行观察和思考；因此，教学也要从单一走向综合。因此，"05 方案"又设立"马克思主义基本原理"课，该课程着重讲授马克思主义世界观和方法论，帮助学生从整体上把握马克思主义，正确认识人类社会发展的基本规律。中国化马克思主义理论是把马克思主义理论与中国具体实践相结合而产生的，是马克思主义理论在中国的运用和发展。它对中国特色社会主义建设事业具有理论指导意义，因此是高校思想政治理论课的核心内容。党的十五大把邓小平理论确立为党的指导思想后，"98 方案"中开设了"毛泽东思想概论"和"邓小平理论概论"课程。党的十六大把"三个代表"重要思想确立为党的指导思想后，"邓小平理论概论"课程改为"邓小平理论和'三个代表'重要思想概论"课程。"05 方案"把这几门课程经过整合后改为"毛泽东思想、邓小平理论和'三个代表'重要思想概论"。党的十七大把科学发展观作为发展中国特色社会主义事业的战略指导思想。党的十八大以来，在深化改革的过程中，形成了习近平新时代中国特色社会主义思想。2017 年，党的十九大指出，随着社会主要矛盾的变化，我们已经进入了中国特色社会主义新时代，

---

① 习近平：《习近平谈治国理政》（第二卷），北京：外文出版社 2017 年版，第 377 页。

形成了习近平新时代中国特色社会主义思想。习近平总书记强调："要教育引导学生正确认识世界和中国发展大势，从我们党探索中国特色社会主义历史发展和伟大实践中，认识和把握人类社会发展的历史必然性，认识和把握中国特色社会主义的历史必然性，不断树立为共产主义远大理想和中国特色社会主义共同理想而奋斗的信念和信心；正确认识中国特色和国际比较，全面客观认识当代中国、看待外部世界；正确认识时代责任和历史使命。"① 高校思想政治理论课体系变化为未来课程体系的创新与发展提供了丰富的经验和有益的启示，需要我们加以认真总结和提炼，推进高校思想政治理论课不断向前发展。

---

① 习近平：《习近平谈治国理政》（第二卷），北京：外文出版社 2017 年版，第 377－388 页。

第八章 新时代"思想道德修养与法律基础"体系创新

　　党的十九大立足新时代中国特色社会主义历史方位，以习近平新时代中国特色社会主义思想为指导，提出了社会主义现代化强国建设的新思想、新战略、新目标、新要求。新时代高校思想政治理论课体系必须与时俱进，深入贯彻落实党的十九大精神，推动习近平新时代中国特色社会主义思想"进教材、进课堂、进头脑"，培养德智体美全面发展的社会主义建设者和接班人。"思想道德修养与法律基础"（以下简称"基础"）是一门融思想性、政治性、知识性、综合性和实践性为一体的思想政治理论课，对提高青年学生思想素养、道德品质与法律素质以及形成正确的价值观念具有非常重要的意义。高等教育出版社 2018 年版《思想道德修养与法律基础》教材，是为了全面贯彻落实党的十九大精神，充分反映习近平新时代中国特色社会主义思想的相关内容而进行修订的最新版本。新时代将十九大精神融入"基础"课，是"基础"课体系创新的重要标志，对于高校思想政治理论课体系创新具有重要的理论意义和现实意义。

一、十九大精神融入"思想道德修养与法律基础"的时代价值

　　从理论与时代的关系看，一切理论都是时代的产物，时代是理论创新之本。"实践没有止境，理论创新也没有止境……理论必须跟上时代。"① 习近平总书记指出："为实现中华民族伟大复兴的中国梦而奋斗，是中国青年运动的时代主题。""要用中国梦打牢广大青少年的共同思想基础，教育和帮助青少年树立正确的世界观、人生观、价值观"②，在"基础"课中融入十九大精神，把习近平新时代中国特色社会主义思想贯彻"基础"课始终，用马克思

---

① 习近平：《决胜全面建成小康社会　夺取新时代中国特色社会主义伟大胜利——在中国共产党第十九次全国代表大会上的报告》，北京：人民出版社 2017 年版，第 26 页。
② 习近平：《习近平谈治国理政》（第一卷），北京：外文出版社 2018 年版，第 53 页。

主义最新理论成果指导"基础"课教学和研究，具有非常重要的时代价值。

　　十九大精神融入高校"基础"课，是应对新时代背景下意识形态领域的现实境遇与多重挑战的主要举措。"十八大以来，我们党在创造性地系统回答新时代坚持和发展什么样的中国特色社会主义、怎样坚持和发展中国特色社会主义这一重大时代课题的过程中，形成了习近平新时代中国特色社会主义思想。这一思想，是马克思主义中国化的最新理论成果，是鲜活的 21 世纪的中国马克思主义，我们应当自觉地将这一思想全面融入贯穿到新的《思想道德修养与法律基础》教材之中。"① 当前，各种非主流意识形态和思想观点诸源汇流，对社会主义意识形态影响不可忽视。特别是新自由主义、民主社会主义、历史虚无主义、文化保守主义、普世价值论等错误思潮在理论和现实层面对社会各个阶层的群体特别是青年学生的影响比较大，在一定程度上造成一些学生思想的混乱，甚至不同程度的思想困惑、迷茫与忧虑。更甚的是，"各种意识形态观点并不是单独发生作用，也不仅仅局限于某一个发展领域，而是呈现出各种消极意识形态相互杂糅相互呼应的特点"②，以更大的范围冲击着社会主义意识形态的主导地位。在新的历史条件下，以十九大精神融入高校"基础"课为抓手，以社会主义核心价值观引领时代风范和社会思潮，防止错误思潮和观点蔓延，是当前筑牢社会主义意识形态话语权的迫切要求；社会主义意识形态应当牢固占领意识形态领域主阵地，高举中国特色社会主义伟大旗帜。正如邓小平同志所说："我坚信，世界上赞成马克思主义的人会多起来，因为马克思主义是科学。它运用历史唯物主义揭示了人类社会发展的规律。封建社会代替奴隶社会，资本主义代替封建主义，社会主义经历一个长过程发展后必然代替资本主义。这是社会历史发展过程不可逆转的总趋势。"③ 因此，将十九大精神融入高校"基础"课，是坚定中国特色社会主义的道路自信、理论自信、制度自信、文化自信的重要体现，也是用中国特色话语体系深刻解读中国梦，在广大青年学生群体中树立广泛的价值共识和价值追求，以巩固社会主义意识形态话语权的现实需要。

　　思想政治工作，是经济工作和其他一切工作的生命线。列宁指出，"一个阶级如果不从政治上正确地看问题，就不能维持它的统治，因而也不能完成

---

① 沈壮海：《〈思想道德修养与法律基础（2018 年版）〉修订说明》，《思想理论教育导刊》2018 年第 5 期。

② 佘双好等：《当代社会思潮对高校师生的影响及对策研究》，北京：中央编译出版社 2012 年版，第 58 页。

③ 邓小平：《邓小平文选》（第三卷），北京：人民出版社 1993 年版，第 382–383 页。

它的生产任务"①。特别在新形势下，加强和改进高校思想政治工作具有极端重要性和紧迫性。"基础"课作为落实高校思想政治工作的重要抓手，它的教学方向是否正确关涉到高校思想政治工作是否能够引导青年学生成为德才兼备、全面发展的人才。从两者内在关系而言，将十九大精神融入"基础"课，以最新的马克思主义中国化理论成果占领课堂培养阵地，对改进高校思想政治工作具有重要意义。近年来，为了开创新时代高校思想政治工作新局面，党和国家出台了一系列重要文件，特别是 2017 年教育部印发的《高校思想政治工作质量提升工程实施纲要》明确提出统筹推进课程育人以提升高校思想政治工作质量，并开展以"课程思政"为目标的课堂教学改革。经过各个方面的持续发力，"基础"课的教学质量明显提升。但也必须清醒地看到，当前"基础"课吸引力不强、说服力不够、引导力不彰的问题依然存在，课堂教学效果与党和国家对高校思想政治教育的重视程度和殷切期望还不匹配、与其高校公共基础课的课程定位还不符合、与青年学生思想成长发展的受教需求还不合拍。② 如何解决现存的问题，直接关系到高校是否能够把思想政治工作贯穿教育教学的过程，以保证自身始终成为培养社会主义事业建设者和接班人的坚强阵地，从而完成立德树人的任务。毛泽东同志指出："如果有了正确的理论只是把它空谈一阵，束之高阁，并不实行，那么，这种理论再好也是没有意义的。"③ 因此，将十九大精神融入"基础"课，深入推动习近平新时代中国特色社会主义思想"进教材、进课堂、进头脑"，促使"基础"课的教学理念、教学内容、教学形式、教学方法更加贴近青年学生成长发展的需求和期待，提升思想政治教育的针对性和亲和力，引导青年学生坚定信仰、积极传播、努力践行社会主义核心价值观，是新时代背景下推动高校思想政治工作做到因事而化、因时而进、因势而新的关键一环。

马克思说过："理论一经掌握群众，也会变成物质力量。理论只要说服人，就能掌握群众；而理论只要彻底，就能说服人。"④党的十九大报告对青年提出殷切的希望，指出"青年一代有理想、有本领、有担当，国家就有前途，民族就有希望"⑤，并强调要重视、关怀、信任青年，为他们实现人生出

① 中共中央马克思恩格斯列宁斯大林著作编译局编：《列宁选集》（第四卷），北京：人民出版社 1995 年版，第 408 页。

② 汤玲：《改进高校思想政治理论课教学的三个着力点》，《红旗文稿》2017 年第 9 期。

③ 毛泽东：《毛泽东选集》（第一卷），北京：人民出版社 1991 年版，第 281 页。

④ 中共中央马克思恩格斯列宁斯大林著作编译局编：《马克思恩格斯选集》（第一卷），北京：人民出版社 2012 年版，第 9 页。

⑤ 习近平：《决胜全面建成小康社会　夺取新时代中国特色社会主义伟大胜利——在中国共产党第十九次全国代表大会上的报告》，北京：人民出版社 2017 年版，第 10 页。

彩搭建舞台。从个体的成长成才角度出发，将十九大精神融入"基础"课，更好地帮助青年明确自身肩负的历史使命，对坚定青年理想信念具有意义。进入新时代，习近平总书记围绕理想信念发表了一系列重要讲话，尤其是着眼于青年如何坚定理想信念提出了一系列基本原则和具体要求。广大青年一定要坚定理想信念。理想指引人生方向，信念决定事业成败。没有理想信念，就会导致精神上"缺钙"。"坚定理想信念，就要深入学习马克思列宁主义、毛泽东思想、邓小平理论、'三个代表'重要思想、科学发展观，深入学习党的十八大以来党中央治国理政新理念、新思想、新战略，让真理武装我们的头脑，让真理指引我们的理想，让真理坚定我们的信仰。"① 理想信念不会自发产生，坚定的理想信念必须要有理论的支撑。何谓理论的支撑？"就是规范人们的思想内容和思想方式、行为内容和行为方式。"② 特别是在决胜全面建成小康社会，进而全面建设社会主义现代化强国的关键阶段，将十九大精神融入高校"基础"课，有助于在开展理想信念教育的过程中鼓励广大青年紧跟时代，砥砺前行，担当责任，奋发有为，引导他们把自己的个人理想、社会共同理想和共产主义最高理想结合起来，在追求"中国梦"的历史进程中实现青年的个人梦想。

二、十九大精神融入"思想道德修养与法律基础"的内在逻辑

十九大精神融入高校"基础"课是响应新时代发展的一项教育工程，不仅具有体现客观必然性的时代价值，同时也蕴含着指向现实可能性的内在逻辑。"新的《思想道德修养与法律基础》教材应当充分体现党和国家对教育、对青年大学生的明确要求，也应当自觉回应青年大学生成长成才在思想道德发展、法治素质提升等方面表达的需要、提出的要求。"③ 具体而言，十九大精神融入"基础"课是理论逻辑、历史逻辑与实践逻辑的高度统一。在新时代背景下，以理论基础、具体规律、实践诉求的逻辑联系为条件，十九大精神融入"基础"课具有合理性。

习近平新时代中国特色社会主义思想是"基础"课的重要指导思想，十九大精神融入"基础"课具有理论基础。一方面，作为中国特色社会主义的

① 习近平：《习近平谈治国理政》（第二卷），北京：外文出版社 2017 年版，第 50 页。
② 孙正聿：《理想信念的理论支撑》，长春：吉林人民出版社 2014 年版，第 1 页。
③ 沈壮海：《〈思想道德修养与法律基础（2018 年版）〉修订说明》，《思想理论教育导刊》2018 年第 5 期。

主流意识形态，习近平新时代中国特色社会主义思想是目标引领、实践指导、凝心聚力重要思想。"要以培养担当民族复兴大任的时代新人为着眼点，强化教育引导、实践养成、制度保障，发挥社会主义核心价值观对国民教育、精神文明创建、精神文化产品创作生产传播的引领作用。"① "基础"课是高校开展理想信念教育和社会主义核心价值观教育的主渠道，通过强化思想理论教育和价值引领，向广大青年学生宣传、灌输社会主义主流意识形态。在某种意义上，"基础"课具有双重属性，既是一个知识体系，本身又是一种价值观念，代表鲜明的价值立场；既是一门学科，内在具备思想方法论，同时也具有意识形态性。十九大报告中提出："建设教育强国是中华民族伟大复兴的基础工程，必须把教育事业放在优先位置，加快教育现代化，办好人民满意的教育。要全面贯彻党的教育方针，落实立德树人根本任务，发展素质教育，推进教育公平，培养德智体美全面发展的社会主义建设者和接班人。"② 因此，"基础"课必须深入贯彻落实习近平新时代中国特色社会主义思想和党的十九大精神，贯彻落实习近平总书记关于教育的重要论述，特别是在学校思想政治理论课教师座谈会上的重要讲话精神，全面贯彻党的教育方针，解决好培养什么人、怎样培养人、为谁培养人这个根本问题，坚持不懈用习近平新时代中国特色社会主义思想铸魂育人；坚持社会主义办学方向，落实立德树人根本任务，坚持教育为人民服务、为中国共产党治国理政服务、为巩固和发展中国特色社会主义制度服务、为改革开放和社会主义现代化建设服务，扎根中国大地办教育，同生产劳动和社会实践相结合，加快推进教育现代化、建设教育强国、办好人民满意的教育，努力培养担当民族复兴大任的时代新人，培养德智体美劳全面发展的社会主义建设者和接班人。

十九大精神融入"基础"课的历史逻辑，就是在历史回溯中，理解和总结马列主义、毛泽东思想、邓小平理论、"三个代表"重要思想、科学发展观是如何融入高校思想政治理论课的教材和课堂的历史经验与规律。习近平总书记指出："不忘历史才能开辟，善于继承才能善于创新。"③ 习近平总书记在全国高校思想政治工作会议上提出："做好高校思想政治工作，要因事而化、因时而进、因势而新。要遵循思想政治工作规律，遵循教书育人规律，

① 习近平：《决胜全面建成小康社会　夺取新时代中国特色社会主义伟大胜利——在中国共产党第十九次全国代表大会上的报告》，北京：人民出版社 2017 年版，第 42 页。
② 习近平：《决胜全面建成小康社会　夺取新时代中国特色社会主义伟大胜利——在中国共产党第十九次全国代表大会上的报告》，北京：人民出版社 2017 年版，第 45 页。
③ 习近平：《习近平谈治国理政》（第二卷），北京：外文出版社 2017 年版，第 313 页。

遵循学生成长规律，不断提高工作能力和水平。"①换而言之，正确把握"三大规律"体现了十九大精神融入"基础"课的基本遵循。自改革开放以来，无论是邓小平理论还是科学发展观，每一个马克思主义中国化重大理论成果，都必须融入高校思想政治理论课，高校在这方面积累了丰富的经验与方法。

遵循思想政治工作规律，要始终牢牢把握立德树人根本任务，坚持把社会主义核心价值观融入高校思想政治理论课教学的全过程，让大学生在改革开放的伟大实践中不断提高自身的思想道德水平；要始终坚持强化科学理论武装，发挥科学理论的指导引领价值，用习近平新时代中国特色社会主义思想引导大学生树立正确的国家观、历史观、民族观、文化观；要始终坚持社会主义办学方向，旗帜鲜明地坚持党的领导，使高校始终成为培养又红又专、德智体美全面发展的社会主义事业建设者和接班人的坚强阵地。遵循教书育人规律，要求教师要"教书和育人相统一，坚持言传和身教相统一，坚持潜心问道和关注社会相统一，坚持学术自由和学术规范相统一"②，做到以德施教、以德立身、以德立学，将正确的思想观念和道德规范融入教育教学之中，让大学生对马克思主义真学、真懂、真信和真用。遵循学生成长规律，要坚持提升高校思想政治理论课的感染力、亲和力和针对性，围绕大学生的个人成长的心理特点和现实需求展开教学工作，促进大学生完成知识体系的搭建、价值观念的塑造以及情感心理的成熟。马克思指出："人们自己创造自己的历史，但是他们并不是随心所欲地创造，并不是在他们自己选定的条件下，而是在直接碰到的、既定的、从过去继承下来的条件下创造。"③ 因此，在现实生活中"要按照已经认识到的规律来办，在实践中再加深对规律的认识，而不是脚踩西瓜皮，滑到哪里算哪里"④。立足于新时代背景，十九大精神融入"基础"课只有遵循教育教学等一系列规律，才能真正更好地深化理想信念教育与社会主义核心价值观教育，引导青年学生提高思想道德素质与法律素质，使他们成为德智体美全面发展的社会主义事业的合格建设者和可靠接班人。

十九大精神融入"基础"课既是一个理论问题，更是一个实践问题。在2016 年 5 月召开的哲学社会科学工作座谈会上，习近平总书记提出了学科体系、学术体系、话语体系和教材体系整体建设、统筹推进的明确要求。正如

① 习近平：《习近平谈治国理政》（第二卷），北京：外文出版社 2017 年版，第 378 页。
② 习近平：《习近平谈治国理政》（第二卷），北京：外文出版社 2017 年版，第 378 页。
③ 中共中央马克思恩格斯列宁斯大林著作编译局编：《马克思恩格斯选集》（第一卷），北京：人民出版社 2012 年版，第 669 页。
④ 中共中央文献研究室编：《习近平关于协调推进"四个全面"战略布局论述摘编》，北京：中央文献出版社 2015 年版，第 71 页。

列宁指出："实践高于（理论的）认识，因为它不但有普遍性的品格，而且还有直接现实性的品格。"[①] 把十九大精神融入"基础"课，无不是伴随着实践的深入而形成、发展、完善和成熟。高校思想政治理论课教学的实践性，为十九大精神融入"基础"课提供实践基础。思想政治理论课教材内容是马克思主义中国化的最新理论成果，体现了理论性与实践性的有机结合。在教学过程中，思想政治理论课教师不仅需要通过理论的逻辑魅力促进学生对主流意识形态的认同，还要实现更高的教育教学目标，即培养学生运用马克思主义立场观点和方法去分析解决现实问题的能力，这就决定了高校思想政治理论课的内容与形式都必然具有实践性。具体而言，即学生是教学实践活动的主体，教材的理论内容要与现实的实践生活相结合，以及教学形式与方法的实践性等。可以说，高校思想政治理论课的应然实践性，为十九大精神融入"基础"课奠定实践基础。同时，高校思想政治理论课的教学改革，为十九大精神融入"基础"课提出了实践诉求。思想政治理论课进行教学改革的目的，是做好新时代高校思想政治工作，切实发挥主渠道主阵地作用，更好地为党和国家培养能够担当民族复兴大任的时代新人。"基础"课作为思想政治理论课的重要组成部分，是一门具有意识形态属性的课程；因此，它更倾向于价值观的引领，而非简单的知识传授。为了更好地深化教学改革，就必须把握"基础"课的特点，结合课程的教学内容，把十九大精神特别是习近平新时代中国特色社会主义思想融入各个教学专题之中，从而提升思想政治理论课教学的理论支撑，增强对现实问题的阐释力，最终使青年学生在面对各种思想和复杂的社会现象时能够保持对中国特色社会主义的道路自信、理论自信、制度自信、文化自信。实际上，将十九大精神融入"基础"课并不是一个停留在学术层面的理论问题，而是一个从理论走向实践层面的现实问题。

三、十九大精神融入"思想道德修养与法律基础"的实践向度

2018 年新版"基础"课教材体系进行了系统创新，以人生选择—理想信念—中国精神—核心价值观—道德修养—法治素养为基本线索逐次展开，为一线思想政治理论课教师推动新时代中国特色社会主义思想"三进"创造了良好的条件。而要把教材体系转化为教学体系，高校"基础"课要把十九大精神真正做到"进教材、进课堂、进头脑"，就必须与"基础"课进行系统、

---

① 中共中央马克思恩格斯列宁斯大林著作编译局编译：《列宁全集》（第五十五卷），北京：人民出版社 1990 年版，第 183 页。

深度、精准、立体、创新融入。

　　把习近平新时代中国特色社会主义思想系统融入"基础"课。习近平新时代中国特色社会主义思想是党的十九大最重要的理论贡献。"新时代中国特色社会主义思想，是对马克思列宁主义、毛泽东思想、邓小平理论、'三个代表'重要思想、科学发展观的继承和发展，是马克思主义中国化的最新理论成果，是党和人民实践经验和集体智慧的结晶，是中国特色社会主义理论体系的重要组成部分，是全党全国人民为实现中华民族伟大复兴而奋斗的行动指南，必须长期坚持并不断发展。"① 可以说，"基础"课贯彻落实党的十九大精神，最重要的就是牢牢把握"习近平新时代中国特色社会主义思想"这一主线，结合青年学生的思想实际和成长成才发展需要，讲清楚自觉以科学理论武装头脑的价值意义。党和国家事业要发展，青年首先要发展，其中，青年学生是新时代的见证者、开创者、建设者，是推动国家经济社会发展的生力军和突击队。"现在 20 岁左右的大学生，到 2035 年社会主义现代化基本实现时，还不到 40 岁；到本世纪中叶全面建成社会主义现代化强国时，刚过50 岁。可以说，当代大学生是中华民族伟大复兴进程的见证者和参与者，也是新时代中国特色社会主义建设事业的生力军。"② 面对中国特色社会主义现代化强国建设新时代新使命、中国经济社会发展新形势、新任务、广大青年发展的新要求、新期待，我国青年发展事业还存在一些亟待解决的突出问题。为更好地促进我国青年身心全面发展，中共中央、国务院印发《中长期青年发展规划（2016—2025 年)》提出了 10 个方面的政策举措，第一次完整地描绘了在党的领导下动员各方力量共同促进青年发展的蓝图。十八大以来，面对国内外的复杂形势，中国共产党以巨大的政治勇气和强烈的责任担当，"解决了许多长期想解决而没有解决的难题，办成了许多过去想办而没有办成的大事，推动党和国家事业发生历史性变革"③。在理论探索方面，中国共产党也进行了不断探索，尤其是以习近平同志为核心的领导集体，提出了一系列治国理政的新理念、新思想、新战略，形成了习近平新时代中国特色社会主义思想。习近平总书记在十九大报告中提出"两个阶段"的战略安排，为中国发展勾勒了美好的前景和发展目标。"第一个阶段，从二○二○年到二○三

---

　　① 习近平：《决胜全面建成小康社会　夺取新时代中国特色社会主义伟大胜利——在中国共产党第十九次全国代表大会上的报告》，北京：人民出版社 2017 年版，第 20 页。
　　② 沈壮海：《〈思想道德修养与法律基础（2018 年版)〉修订说明》，《思想理论教育导刊》2018年第 5 期。
　　③ 习近平：《决胜全面建成小康社会　夺取新时代中国特色社会主义伟大胜利——在中国共产党第十九次全国代表大会上的报告》，北京：人民出版社 2017 年版，第 8 页。

五年，在全面建成小康社会的基础上，再奋斗十五年，基本实现社会主义现代化。……第二个阶段，从二〇三五年到本世纪中叶，在基本实现现代化的基础上，再奋斗十五年，把我国建成富强民主文明和谐美丽的社会主义现代化强国。"① 可见，十九大报告已经为中国未来 30 年中华民族伟大复兴的强国发展提供了路线图，到 21 世纪中叶中国将努力把自己打造成为科技创新、富有魅力和影响力的世界潮流的开拓者和引领者。众所周知，中国共产党从革命到建设再到改革，一路走来，其实现中华民族伟大复兴的历史使命是恒定的，但不同历史时期的具体奋斗目标又有所区别，实现路径呈现出不同的时代特点。但值得注意的是，"青年兴则国家兴，青年强则国家强。青年一代有理想、有本领、有担当，国家就有前途，民族就有希望"②。伟大事业的创造和实现需要依靠青年，也能成就青年。我们党历来十分重视青年思想政治教育工作，也非常清楚实现伟大梦想必须进行伟大实践，必须依靠一代代青年继往开来、接续奋斗的道理。中国共产党始终把青年视为推动社会变革的生力军和最活跃、最具创造性的因素，我们的青年也应当努力使自己成为"有理想、有本领、有担当"的优秀青年。

把道德观与法治观教育等内容深度融入"基础"课。"公民道德建设，对于提高人民思想觉悟、道德水准、文明素养，提高全社会文明程度，具有至关重要的作用。弘扬社会主义道德，必须坚持以为人民服务为核心、以集体主义为原则，推进社会公德、职业道德、家庭美德、个人品德建设。"③ 党的十九大站在新时代的高度，明确指出实现中华民族伟大复兴的中国梦，关键在人，关键在于培养有理想、有本领、有担当的时代新人；而"基础"课的主要任务也同样是引导大学生提高思想道德素质与法律素质，使大学生成为德智体美全面发展的中国特色社会主义事业的建设者和接班人。因此，党的十九大精神融入"基础"课，既要从道德的角度，阐明社会主义核心价值体系、社会主义核心价值观的科学内涵，又要从法治的角度，阐明把党的领导贯彻落实到全面依法治国全过程和各方面，从而有助于青年学生正确认识德与才的辩证关系，深刻理解党提出的"立德树人"要求，不断加强自身的思想道德和法律修养，做到德才兼备、全面发展。"党的十八大以来，我国的精

① 习近平：《决胜全面建成小康社会　夺取新时代中国特色社会主义伟大胜利——在中国共产党第十九次全国代表大会上的报告》，北京：人民出版社 2017 年版，第 28－29 页。

② 习近平：《决胜全面建成小康社会　夺取新时代中国特色社会主义伟大胜利——在中国共产党第十九次全国代表大会上的报告》，北京：人民出版社 2017 年版，第 70 页。

③ 王易：《〈思想道德修养与法律基础〉教材道德教育部分的修订与重难点解析》，《思想教育研究》2018 年第 8 期。

神文明建设工作深入贯彻落实习近平总书记系列重要讲话精神和治国理政新理念、新思想、新战略，以培育和践行社会主义核心价值观为根本，引导推动全社会树立文明观念、争当文明公民、展示文明形象。主流价值更加坚定、道德旗帜更加高扬、社会风气更加清朗。这些理论和实践层面的建设成就都需要充分反映和体现在教材内容之中。"① 从道德教育的角度，实现党的十九大精神深度融入"基础"课，则要求"基础"课要从以下三个方面作为抓手：第一，牢牢把握坚持社会主义核心价值体系、坚持马克思主义、牢固树立共产主义远大理想和中国特色社会主义共同理想、培育和践行社会主义核心价值观等核心内容和基本要求，并广泛开展理想信念教育，深化中国特色社会主义和中国梦宣传教育，弘扬民族精神和时代精神，加强爱国主义、集体主义、社会主义教育，引导人们树立正确的历史观、民族观、国家观、文化观；第二，加强思想道德建设，系统讲授坚持社会主义核心价值体系、培育和践行社会主义核心价值观的具体内涵，引导青年学生增强中国特色社会主义文化自信，努力成为勇于担当民族复兴大任的时代新人；第三，要结合党的十九大报告关于加强思想道德建设的具体内容，深入讲授思想道德素质对个人未来发展的重要意义，引导青年学生把学习十九大精神落实到提升思想道德素质的成长成才的实践之中。② 从法治教育的角度，实现党的十九大精神深度融入"基础"课，则要求"基础"课贯彻落实全面依法治国思想，培养青年学生明辨是非、站稳立场、增强定力。全面推进依法治国有利于加强和改善党的领导，有利于巩固党的执政地位、完成党的执政使命，绝不是要削弱党的领导。全面推进依法治国，是一个系统工程，把党的领导贯彻到依法治国全过程和各方面，则是我国社会主义法治建设的一条基本经验。具体而言，即坚持党的领导、人民当家作主、依法治国有机统一，坚定不移走中国特色社会主义法治道路。坚持党领导立法、党保证执法、党支持司法、党带头守法，就是在完善以宪法为核心的中国特色社会主义法律体系基础上，不断深入推进依法行政、保证司法公正，使我们的党带头弘扬社会主义法治精神。"这一章的落脚点在于引导大学生增进尊法学法守法用法的自觉性，养成良好的法治思维和行为方式，将对法治的尊崇内化于心，将模范遵守法律

① 王易：《〈思想道德修养与法律基础〉教材道德教育部分的修订与重难点解析》，《思想教育研究》2018 年第 8 期。

② 王树荫：《党的十九大精神融入"基础"课教学的基本思路》，《北京教育（德育）》2017 年第 11 期。

外化于行，提高法治素养，成为法治中国建设的中坚力量。"① 因此，要引导青年学生正确理解坚持党的领导与依法治国的辩证关系，使学生树立社会主义法治观念、形成社会主义法治思维以及学会尊重社会主义法律权威。

把习近平新时代中国特色社会主义思想精准融入"基础"课的具体章节目。围绕各个章节的教学目的和教学要求，以十九大精神审视"基础"课的具体教学内容，将党的十九大报告提出的新思想、新问题、新使命、新征程、新方略等方面的内容与相关的专题教学相结合，从而有机地将党的十九大精神精准融入"基础"课。将十九大精神融入"基础"课教学，必须坚持整体性、科学性和针对性，要坚持在全面体现党的十九大精神的基础上，结合"基础"课的课程性质、课程定位与教学目的来进行系统融入。党的十九大报告指出："经过长期努力，中国特色社会主义进入了新时代，这是我国发展新的历史方位。"② 教材在绪论中融入"中国特色社会主义进入了新时代"的内容。党的十九大报告指出，"中国特色社会主义进入新时代，我国社会主要矛盾已经转化为人民日益增长的美好生活需要和不平衡不充分的发展之间的矛盾"③，相关内容融入第一章"人生的青春之问"的"辩证对待人生矛盾"之中。"坚持全面依法治国。全面依法治国是中国特色社会主义的本质要求和重要保障。"④ 这部分融入第六章"尊法学法守法用法"等。值得注意的是，"基础"课教师是青年学生建立正确世界观、价值观和人生观的主要引领者，在具体教学过程中要"坚持以马克思主义为指导，自觉把中国特色社会主义理论体系贯彻研究和教学过程，转化为清醒的理论自觉、坚定的政治信念、科学的思维方法"⑤，准确把握教材承载的时代问题及思想导向，"把教材的理论内容转化为课堂的生动表达，切实增强课堂教学内容的吸引力与感染力"⑥，真正做到有重点、有深度、有温度、有针对性地将十九大精神融入教材。

把理想信念融入"基础"课，贯穿大学生成长成才的全过程。党的十九

---

① 沈壮海：《〈思想道德修养与法律基础（2018 年版）〉修订说明》，《思想理论教育导刊》2018 年第 5 期。
② 习近平：《决胜全面建成小康社会　夺取新时代中国特色社会主义伟大胜利——在中国共产党第十九次全国代表大会上的报告》，北京：人民出版社 2017 年版，第 10 页。
③ 习近平：《决胜全面建成小康社会　夺取新时代中国特色社会主义伟大胜利——在中国共产党第十九次全国代表大会上的报告》，北京：人民出版社 2017 年版，第 11 页。
④ 习近平：《决胜全面建成小康社会　夺取新时代中国特色社会主义伟大胜利——在中国共产党第十九次全国代表大会上的报告》，北京：人民出版社 2017 年版，第 22 页。
⑤ 习近平：《习近平谈治国理政》（第一卷），北京：外文出版社 2018 年版，第 329 页。
⑥ 李艳：《高校思想政治理论课应狠抓课堂建设》，《红旗文稿》2016 年第 11 期。

大报告中 6 次提到"理想信念"的概念并进行理论阐述，把理想信念提到前所未有的高度。要"以坚定理想信念宗旨为根基"，"广泛开展理想信念教育，深化中国特色社会主义和中国梦宣传教育，弘扬民族精神和时代精神，加强爱国主义、集体主义、社会主义教育，引导人们树立正确的历史观、民族观、国家观、文化观"①。"革命理想高于天。共产主义远大理想和中国特色社会主义共同理想，是中国共产党人的精神支柱和政治灵魂，也是保持党的团结统一的思想基础。要把坚定理想信念作为党的思想建设的首要任务，教育引导全党牢记党的宗旨，挺起共产党人的精神脊梁，解决好世界观、人生观、价值观这个'总开关'问题，自觉做共产主义远大理想和中国特色社会主义共同理想的坚定信仰者和忠实实践者。"② "广大青年要坚定理想信念，志存高远，脚踏实地，勇做时代的弄潮儿，在实现中国梦的生动实践中放飞青春梦想，在为人民利益的不懈奋斗中书写人生华章!"③ 这些相关论述为"基础"课教材第一章"追求远大理想　坚定崇高信念"开展理想信念教育和马克思主义科学信仰教育提供了思想指导和基本维度。与此同时，要充分将习近平总书记的青年观融入教材，尤其是对中华民族伟大复兴的中国梦与当代青年的关系的阐述。"青年兴则国家兴，青年强则国家强。青年一代有理想、有本领、有担当，国家就有前途，民族就有希望。中国梦是历史的、现实的，也是未来的；是我们这一代的，更是青年一代的。中华民族伟大复兴的中国梦终将在一代代青年的接力奋斗中变为现实。"④ 习近平总书记阐释了以"中国梦"教育为内核的理想信念教育的时代内涵。"中国梦"概念开启了大学生理想信念教育新的话语体系。"中国梦"以一种新的言说理想信念、奋斗目标的方式表达了当今中国的重要社会理想。社会理想的实现需要坚定的信念作为精神支撑，理想信念只有建立在科学认知基础之上才能稳定持久。"基础"课要帮助指导大学生树立科学的理想信念。"要教育引导学生把自身的理想同祖国的前途、把自己的命运同民族的命运紧密联系在一起，引导学生树立和坚持正确的历史观、民族观、国家观、文化观，增强爱国意识和爱国情感，增强民族自豪感和自信心，让爱国主义精神在学生中牢牢扎根，时刻不忘自

① 习近平：《决胜全面建成小康社会　夺取新时代中国特色社会主义伟大胜利——在中国共产党第十九次全国代表大会上的报告》，北京：人民出版社 2017 年版，第 42 – 43 页。
② 习近平：《决胜全面建成小康社会　夺取新时代中国特色社会主义伟大胜利——在中国共产党第十九次全国代表大会上的报告》，北京：人民出版社 2017 年版，第 63 页。
③ 习近平：《决胜全面建成小康社会　夺取新时代中国特色社会主义伟大胜利——在中国共产党第十九次全国代表大会上的报告》，北京：人民出版社 2017 年版，第 70 页。
④ 习近平：《决胜全面建成小康社会　夺取新时代中国特色社会主义伟大胜利——在中国共产党第十九次全国代表大会上的报告》，北京：人民出版社 2017 年版，第 70 页。

己是中国人。"① 新时代关键要以"中国梦"为内核，引导学生把个人和国家、民族联系起来，把"个人梦"和"中国梦"结合起来，让"中国梦"成为当代大学生的崇高理想和坚定信念，以"个人梦""青春梦"托起"中国梦"。高校思想政治理论课肩负着立德树人的使命，在开展"中国梦"教育的过程中，要以培养"四有"新人为目标，以"中国梦"教育为内核，把理想信念教育摆在突出位置，坚定当代青年大学生的社会主义理想信念，作为实现"中国梦"的精神支撑。"作为当代青年大学生，我们要深刻认识共产主义实现的历史必然性，不断树立为共产主义远大理想奋斗的信念和信心，从为共产主义事业奋斗的先辈手中接过共产主义事业的接力棒，立足中国特色社会主义新时代，奋勇向前，推进中国特色社会主义事业。"② 总而言之，既要让青年学生意识到树立理想信念的重要性，又要让青年学生理解"中国梦"应当成为理想信念的必要性，从而引导青年学生坚持个人理想与社会理想相统一，在实现"中国梦"的实践中的放飞青春梦想。

把中国精神融入"基础"课，弘扬爱国主义传统。党的十九大报告全篇贯穿着新时代国家和人民应当具有什么样的精神状态这一问题，既从宏观上强调了弘扬中国精神的基本要求，也从微观上指出了弘扬中国精神的重点任务，这为"基础"课教材第二章"弘扬中国精神　共筑精神家园"提供新理念和新思路。"不忘本来、吸收外来、面向未来，更好构筑中国精神、中国价值、中国力量，为人民提供精神指引。"③ "社会主义核心价值观是当代中国精神的集中体现，凝结着全体人民共同的价值追求。"④ 党的十九大报告把中国精神、中国价值、中国力量联系起来了，把中国精神与社会主义核心价值观联系起来了，把中国精神与爱国主义联系起来了，使中国精神成为一个整体，成为一个系统，成为一个堡垒，支撑着中国人民勇往直前，激励着青年学生不懈奋斗。爱国主义是中华民族宝贵的精神财富，是深厚的民族感情和责任担当意识的集中体现。"中国梦"融入高校思想政治理论课，要对大学生进行以"中国梦"为使命的爱国主义教育，帮助学生搞清楚什么是爱国主义，为什么要爱国，以及如何爱国。因此，"要在厚植爱国主义情怀上下功夫，让

---

① 中共中央党史和文献研究院编：《十九大以来重要文献选编》（上），北京：中央文献出版社2019年版，第649页。

② 魏强、李苗：《〈思想道德修养与法律基础〉新教材理想信念篇章重难点探析》，《思想教育研究》2018年第8期。

③ 习近平：《决胜全面建成小康社会　夺取新时代中国特色社会主义伟大胜利——在中国共产党第十九次全国代表大会上的报告》，北京：人民出版社2017年版，第23页。

④ 习近平：《决胜全面建成小康社会　夺取新时代中国特色社会主义伟大胜利——在中国共产党第十九次全国代表大会上的报告》，北京：人民出版社2017年版，第42页。

爱国主义精神在学生心中牢牢扎根，教育引导学生热爱和拥护中国共产党，立志听党话、跟党走，立志扎根人民、奉献国家"①。历史和现实一再证明，个人的发展不能脱离国家、民族和时代，个人的前途命运和国家、民族的前途命运密不可分。大学生的个人发展梦与国家富强梦、民族复兴梦紧密相连，融为一体，当代青年大学生要勇敢承担起实现"中国梦"的历史责任。在新的历史时期，承载着中华民族美好愿望的"中国梦"赋予了爱国主义新的时代内涵和历史使命。国家梦想的实现，需要充满爱国主义热情的广大人民群众群策群力，共同奋斗。广大青年大学生要高举爱国主义旗帜，深刻认识到"个人梦"与"中国梦"的内在关系，自觉把"个人梦"融入"中国梦"，使个人发展与国家发展相向而行，在实现"中国梦"的进程中放飞自己的青春梦想。为此，高校思想政治理论课应该大力弘扬以"中国梦"为使命的爱国主义教育，在"中国梦"的统领下，不断增强大学生的国家意识、民族意识、使命意识和爱国热情，引导大学生理性爱国，凝聚爱国情，共筑"中国梦"。在具体的教学中，要向青年学生讲清楚何谓"中国精神"，中国精神实质上是以爱国主义为核心的民族精神和以改革创新为核心的时代精神，以及中国精神在新时代的具体表现和重要价值；要引导青年学生深刻认识几千年来世世代代中华儿女所培育和发展出的独特的、博大的中华优秀文化，它们有益于滋养中国人民的心灵，构造中国人民精神世界的脊梁，形成中华民族独特的思维方式、民族秉性、价值信仰，这是我们能够自信的精神根源；② 要鼓励青年学生担当起民族复兴的历史重担，让青年学生意识到要自觉做忠诚的爱国者和勇于创新的实践者，从而用实际行动展现出弘扬中国精神的青春风采。

把中国共产党人的初心和使命融入"基础"课，引导大学生在实践中创造有价值的人生。党的十九大报告提出"中国共产党人的初心和使命，就是为中国人民谋幸福"，并在不断为人民服务的实践中实现自我价值和社会价值。"不忘初心，方得始终。中国共产党人的初心和使命，就是为中国人民谋幸福，为中华民族谋复兴。这个初心和使命是激励中国共产党人不断前进的根本动力。"③ 九十六年来，为了实现中华民族伟大复兴的历史使命，无论是弱小还是强大，无论是顺境还是逆境，我们党都初心不改、矢志不渝，团结

① 习近平：《坚持中国特色社会主义教育发展道路 培养德智体美劳全面发展的社会主义建设者和接班人》，《人民日报》，2018 年 9 月 11 日。

② 刘波：《习近平新时代文化自信思想的时代意涵与价值意蕴》，《当代世界与社会主义》2018年第 1 期。

③ 习近平：《决胜全面建成小康社会 夺取新时代中国特色社会主义伟大胜利——在中国共产党第十九次全国代表大会上的报告》，北京：人民出版社 2017 年版，第 1 页。

带领人民历经千难万险，付出巨大牺牲，敢于面对曲折，勇于修正错误，攻克了一个又一个看似不可攻克的难关，创造了一个又一个彪炳史册的人间奇迹。① 实际上，在十九大报告中有许多重要论述与"基础"课教材第三章"领悟人生真谛 创造人生价值"相对接，包括以人民为中心思想和"高尚人生观"、新时代的社会主义矛盾论断和"促进个人与社会的和谐"、生态文明建设和"促进人与自然的和谐"等。这些重要的思想，为深刻阐述新时代青年学生如何在实践中创造有价值的人生提供基本遵循。高校思想政治理论课必须以"中国梦"教育引领学生树立正确的人生观。"中国梦"是亿万中国人的人生梦想和价值追求的综合、凝练和升华，是各族人民共同的价值理想，也是当代大学生人生价值的共同支点。人生价值观教育就是要明确实现"中国梦"是当下青年大学生最大和最重要的人生价值理想和价值追求，把"中国梦"作为人生目标和方向，以"中国梦"为动力实现人生价值。"中国梦"为高校大学生价值观教育提供了重要切入点。"中国梦"从梦想变成现实，需要一代又一代大学生接续奋斗，青年大学生要不负重托、不辱使命，志存高远、脚踏实地、崇德尚学、求是致用，在实现"中国梦"的接续奋斗中彰显自己的人生价值。"中国梦"就是大学生的成长梦、成才梦，每一个大学生都要自觉地把个人梦想和"中国梦"、个人价值和社会价值、个人命运和国家命运紧密结合起来，把认同"中国梦"、践行"中国梦"、实现"中国梦"作为坚定的人生价值取向和行动指南，以只争朝夕的紧迫感刻苦学习，在社会实践的熔炉中增长见识、砥砺品质、强化本领，努力成为对国家、对社会、对人民有用的人才。在具体的教学中，高校思想政治理论课应当结合新时代的实际，"将正确而透彻的说理转化为契合青年学生需求的情感共鸣和价值共识，避免教学内容构建与话语表达脱离他们的生活场域"②，积极引导青年学生深入思考人的本质是什么、人生为了什么、怎样的人生更有意义等问题，从而有助于大学生在不断地反思与实践中领悟人生真谛，创造人生价值。

以现实的中国故事为支撑，把十九大精神立体融入"基础"课。习近平总书记在党的十九大报告中指出，"推进国际传播能力建设，讲好中国故事，展现真实、立体、全面的中国，提高国家文化软实力"③。同样，把党的十九

---

① 习近平：《决胜全面建成小康社会 夺取新时代中国特色社会主义伟大胜利——在中国共产党第十九次全国代表大会上的报告》，北京：人民出版社2017年版，第14-15页。

② 陈涛：《着力打造合格的高校思想政治理论课教师队伍——学习习近平总书记在全国高校思想政治工作会议上的讲话精神》，《思想教育研究》2017年第7期。

③ 习近平：《决胜全面建成小康社会 夺取新时代中国特色社会主义伟大胜利——在中国共产党第十九次全国代表大会上的报告》，北京：人民出版社2017年版，第44页。

大精神融入"基础"课，同样需要在讲好基本理论的同时，讲好中国故事，用生动故事阐释基本理论。所谓讲真实的中国故事，是用真情、说真话、述真理的过程。中国如此之大，历史如此悠久，人口众多，各种故事层出不穷，内涵十分丰富，异彩纷呈。特别是改革开放以来，我们的国家发生了翻天覆地的变化，我们的人民创造了可歌可泣的故事。"讲好"中国故事，讲中国的"好故事"，有取之不尽、用之不竭的源泉。在具体的教学过程中，要在阐释相关理论的基础上，辅之以真实的典型案例和经典人物事迹，提高亲和力和实效性。具体而言，"基础"课的教师既要充分认识时代精神在经典案例中的昭示和映现及其对典型人物的感召和吸引，也要充分认识经典案例和典型人物对时代精神的汇聚、刻画、凸显，把伟大的精神落实到经典案例和典型人物事迹中，"用感染力强的话语激发青年学生的进步渴求，鞭策其健康成长，让理想思索在情感锻造中升华，达到情理交融、以情明理之目的"①，最终为青年学生自觉将正确的价值观念、道德规范、行为规范外化为自己的具体行动奠定一定的基础。所谓讲立体的中国故事，是从多方位、多侧面、多角度去讲这个故事。要用具有穿透力和吸引力的实例和材料，充分展示党的十八大以来我们党和国家取得的伟大历史性成就，增强大学生中国特色社会主义的"四个自信"。在具体的教学中，可以适当以"他者"视角讲述中国故事，丰富中国故事的立体感，从而增强十九大精神融入"基础"课的效果。比如，在向广大青年学生讲授如何继承与发扬中国革命道德时，可以运用具体案例来加以说明，使学生认识到在协调推进"四个全面"战略布局、实现"两个一百年"奋斗目标、实现中华民族伟大复兴的中国梦的过程中，大力弘扬中国革命道德具有极其重要的现实意义，从而促使青年学生自觉同各种歪曲历史、诋毁英雄的历史虚无主义思潮作斗争，以自己的实际行动传承和发扬中国革命道德。所谓讲全面的故事，是强调要注重讲正面的、有积极意义的好故事。在将十九大精神融入"基础"课的过程中，要唱响主旋律和传递正能量。美国学者马克斯韦尔·麦库姆斯从传播学角度提出很有影响的"议程设置"概念，并指出新闻媒体能够设置一个国家的议程，能够把公众的注意力吸引到一些关键的公共问题上，这种能力是一种强大的、有大量文献证明的影响力。② 我们讲中国故事，选择讲什么，不讲什么，多讲什么，少讲什么，其实也就是一种"议程设置"，本身无可厚非。在具体的教学过程中，"议程

① 郝连儒：《习近平讲话的语言风格对高校思想政治理论课话语体系建设的启示》，《思想教育研究》2017 年第 9 期，第 88 页。

② 范军：《讲好新时代的中国故事——从〈西行漫记〉谈起》，《光明日报》，2018 年 1 月 14 日。

设置"的使用应该适度、恰当。如同习近平总书记所说："要根据事实来描述事实，既准确报道个别事实，又从宏观上把握和反映事件或事物的全貌"①。否则，就容易给广大青年学生留下片面、虚假的印象。唯有讲真话、讲事实、讲真理，讲真实可信、全面丰富的中国故事，才能够真正引起青年学生的情感认同，坚定对中国特色社会主义文化的自信心。

以多种教学形式和载体为依托，把十九大精神通过创新融入"基础"课。"《思想道德修养与法律基础》课，内容涵盖面广，涉及的理论问题多，要真正讲好这门课程，对任课教师理论素养、学术功底的要求是很高的。如果没有比较宽广的知识储备、比较厚实的理论素养和学术功底，这门课的教学便容易流于泛泛之论，流为一般的'心灵鸡汤'。思想政治理论课的教学要有效实现'往心里走'，不排斥在知识、理论等方面'往深里走'，要把握好'深'与'浅'的辩证法，在教学中同时用好知识的力量、真理的力量、逻辑的力量、情感的力量。"② 创新传播载体，整合网上网下资源，运用多种教学形式，有助于促进十九大精神有效融入"基础"课。在具体的教学过程中应充分发挥广大青年学生的主体性，激发他们学习的积极性，充分利用高校传统媒体和新兴媒体，实现二者的有效融合。针对青年学生的特点和需要，选择最适合的媒体形式，利用网站、微信公众号、微博等传播载体推送十九大相关内容，鼓励学生自主学习和研讨，使其在潜移默化中接受学习的知识，提高认知，实现十九大精神"进头脑"，使广大青年学生内化于心、外化于行。通过"基础"课教学同信息技术的融合，运用网络媒体新技术使教学活起来，即以"互联网＋基础课"模式，实现线下教学与线上教学的密切结合，加强师生线上与线下的互动，从而拓展思想政治理论课教学的时空。如围绕道德与法律关系问题，采用网络课堂、电子邮件、博客、微信等形式开展十九大精神融入高校"基础"课的相关主题活动，充分利用互联网实现师生间释疑解惑的良性互动，加深学生对十九大精神的学习和理解。此外，在客观条件允许下，高校可以加强合作，共建共享高校"基础"课优质数字教育资源，针对青年学生的个性要求、学习习惯、思维方式等开发教育资源的共享平台，将优质资源辐射到每个学生，从而最终构建出人人皆学、处处能学、时时可学的智能化学习环境，使党的十九大精神更好更广泛地融入广大青年学生的学习生活与工作。在实际教学过程中，传统媒体发挥着重要的基础性

① 习近平：《习近平谈治国理政》（第二卷），北京：外文出版社2017年版，第333页。

② 沈壮海：《〈思想道德修养与法律基础（2018年版）〉修订说明》，《思想理论教育导刊》2018年第5期。

作用。"基础"课教师应当联合学校党委宣传部、学生工作部（处）、校团委，充分利用传统教育宣传模式如宣传栏、报纸、期刊、板报、广播、电视、电影等，立足世情、国情、党情、民情和学情，营造"大思政"环境，将十九大报告及相关会议文件中的道德与法律精神与学生所关注的现实问题有效结合进行教育教学，使学生在以互联网为媒介的新兴媒体之外接受传统媒体提供学习平台进行全方位的学习，在潜移默化中使青年学生坚定理想信念，自觉践行社会主义核心价值观和担负起实现中华民族伟大复兴的历史使命。当今时代是多媒体融合的时代，以网络为标志的新兴媒体的快速发展，使知识、文化等传播格局、舆论环境发生了深刻变化，人们的学习生活模式也因互联网的到来而催发了前所未有的变革。读者和受众在哪里，宣传报道的触角就要伸向哪里，宣传思想工作的着力点和落脚点就要放在哪里。正如习近平总书记强调，宣传思想工作要适应社会信息化持续推进的新情况，加快传统媒体和新兴媒体融合发展，充分运用新科技新应用创新媒体传播方式，占领信息传播制高点。具体而言，运用以微博、微信、广播、电视等其他多种媒体联动组成的"新媒体矩阵"，主要是"两微一端"的形式，引导学生充分利用人民日报客户端、新华社客户端、央视客户端等新兴媒体了解国内外的时事政治热点以及国内的经济、政治、文化、生态、民生的发展趋势，从而加深对十九大报告精神的理解，不断提高自己的思想觉悟。

第九章　新时代"毛泽东思想和中国特色社会主义理论体系概论"体系创新

　　《中共中央关于认真学习宣传贯彻党的十九大精神的决定》指出："要把学习党的十九大精神，作为学校思想政治教育和课堂教学的重要内容，组织开展对相关教材修订工作，推动党的十九大精神进教材、进课堂、进头脑。"中共教育部党组在《关于教育系统认真学习宣传贯彻党的十九大精神写好教育"奋进之笔"的通知》中指出，"要创新形式载体，探索方法手段，充分运用各种符合教育实际、深受师生喜爱的鲜活方式宣传党的十九大精神"。"毛泽东思想和中国特色社会主义理论体系概论"课（以下简称"概论"课）着重讲授中国共产党把马克思主义基本原理与中国实际相结合的历史进程，反映马克思主义中国化的理论成果，帮助大学生坚定在党的领导下走中国特色社会主义道路的理想信念，该课程是十九大精神进课堂的主要渠道。

一、十九大精神融入"毛泽东思想和中国特色社会主义理论体系概论"课的意义

　　党的十九大报告深刻阐释了新时代坚持和发展中国特色社会主义的一系列重大理论和实践问题，是开创新时代中国特色社会主义事业的新局面、指引中华民族由"站起来""富起来"到"强起来"的政治宣言书。作为大学生系统学习党的基本理论最为重要的"概论"课，应及时体现党的理论创新的最新成果，将十九大精神有效融入"概论"课是当下加强高校思想政治教育宣传好、贯彻好十九大精神的重要方面，具有重要的现实意义。

　　第一，确保新时代高校思想政治理论课的政治方向。2016 年 12 月 7 日，习近平总书记在全国高校思想政治工作会议上指出："我国高等教育肩负着培养德智体美全面发展的社会主义事业建设者和接班人的重大任务，必须坚持

正确政治方向。"① 高校"概论"课教师必须坚持党性原则，坚决守护好社会主义意识形态的"责任田"，确保"概论"课教学的正确政治方向。特别是在当前网络言论泛滥、社会思潮跌宕起伏的复杂环境下，"概论"课教师更要加强理论学习、提高警惕，自觉抵制各种不良信息对课堂教学和日常教育的袭扰。具体而言，"概论"课教师在教书育人的同时，也要不断进行自身的思想政治教育。在十九大报告中，习近平总书记指出："全党要更加自觉地坚持党的领导和我国社会主义制度，坚决反对一切削弱、歪曲、否定党的领导和我国社会主义制度的言行；更加自觉地维护人民利益，坚决反对一切损害人民利益、脱离群众的行为；更加自觉地投身改革创新时代潮流，坚决破除一切顽瘴痼疾；更加自觉地维护我国主权、安全、发展利益，坚决反对一切分裂祖国、破坏民族团结和社会和谐稳定的行为；更加自觉地防范各种风险，坚决战胜一切在政治、经济、文化、社会等领域和自然界出现的困难和挑战。全党要充分认识这场伟大斗争的长期性、复杂性、艰巨性，发扬斗争精神，提高斗争本领，不断夺取伟大斗争新胜利。"② 这对于"概论"课教师具有很强的指导性和约束力。加强"概论"课教师学习宣传贯彻十九大精神，有助于更加从严从实地遵循"学术无禁区、课堂有纪律"的教学规矩，增强对党的信心和"概论"课的教育自信。2018 年版"概论"课对高校思想政治理论课教师的知识体系和教学能力是全新考验，思想政治理论课教师必须将各部分的时代背景、发展历程、理论贡献精讲、细讲，还"必须抓住'中华民族迎来了从站起来、富起来到强起来的伟大飞跃'这条主线"③，厘清理论逻辑和历史逻辑。显然，随着网络信息技术的发展，特别是自媒体发展与普及，西方文化产品的强势输入和境外意识形态的渗透等影响，我国意识形态领域呈现出一些不和谐的声音，对青年学生的影响不可忽视。因此，高校思想政治理论课必须坚持正确的政治方向，必须发挥科学理论的思想引领作用。在"概论"课教学中，坚持以习近平新时代中国特色社会主义思想为指导，有利于坚持社会主义大学的办学方向，努力培养担当民族复兴大任的时代新人。在全国高校思想政治工作会议的讲话中，习近平总书记指出："办好我们的高校，必须坚持以马克思主义为指导，全面贯彻党的教育方针。要坚持不懈传

　　① 习近平：《把思想政治工作贯穿教育教学全过程，开创我国高等教育事业发展新局面》，《人民日报》，2016 年 12 月 9 日。
　　② 习近平：《决胜全面建成小康社会　夺取新时代中国特色社会主义伟大胜利——在中国共产党第十九次全国代表大会上的报告》，北京：人民出版社 2017 年版，第 15 - 16 页。
　　③ 陈志宏：《关于厘清〈毛泽东思想和中国特色社会主义理论体系概论〉新教材主线、主题、重点的思考》，《思想理论教育导刊》2018 年第 9 期。

播马克思主义科学理论，抓好马克思主义理论教育，为学生一生成长奠定科学的思想基础。要坚持不懈培育和弘扬社会主义核心价值观，引导广大师生做社会主义核心价值观的坚定信仰者、积极传播者、模范践行者。"[1] 习近平总书记讲话突出了党对高校意识形态的领导，强调要始终坚持社会主义办学方向，落实立德树人根本任务。培养什么样的人，为谁培养人，如何培养人等系列重大问题始终是高校要面对的重大课题。"在当前多元文化和价值观相互激荡和交融的背景下，如果没有科学的理论为指导，大学生的政治信仰、价值观念、思维方式、民族认同等将会受到影响乃至冲击。"[2]高校思想政治理论课坚持正确的政治方向，坚持习近平新时代中国特色社会主义思想指导，把十九大精神融入"概论"课，对于坚定大学生的理想信念，增强其抵御错误思潮侵蚀的能力，提高政治站位具有重要意义。

第二，有利于补充教材体系以丰富"概论"课教学内容。2017年8月，为在教材中更多更好地融入十九大及其相关文件精神，尤其是习近平新时代中国特色社会主义思想，中宣部、教育部组织专家学者对"概论"课教材做了新的修订，即目前在高校普遍使用的2018年版"概论"课新教材。应当说，这次教材内容的补充和调整，对于"概论"课及时宣讲习近平新时代中国特色社会主义思想起到了积极的引领作用。2018年版"概论"课教材"突出了中国站起来、富起来、强起来的历史逻辑。毛泽东思想是使中国站起来的理论体系，邓小平理论、'三个代表'重要思想和科学发展观是使中国富起来的理论体系，习近平新时代中国特色社会主义思想是使中国强起来的理论体系"[3]。而教材的修订具有一定的局限性与相对的稳定性，但是"概论"课的教学设计既要遵循学科教学大纲，又要满足创新理论需要，"以马克思主义中国化为主线"和"以马克思主义中国化最新成果为重点"，"系统阐释习近平新时代中国特色社会主义思想的主要内容和历史地位"[4]。这就要求"概论"课必须紧跟党的理论创新和世界形势的变化，必须结合社会现实需要进行教育教学。党的十九大的胜利召开，明确提出坚持习近平新时代中国特色社会主义思想的指导，并在政治、经济、文化、社会、生态等多个领域丰富

① 习近平：《把思想政治工作贯穿教育教学全过程　开创我国高等教育事业发展新局面》，《人民日报》，2016年12月9日。

② 张璟、刘於清：《习近平新时代中国特色社会主义思想　融入高校思政课教学略论——以"概论课"教学为例》，《文化学刊》2018年第9期。

③ 秦宣：《〈毛泽东思想和中国特色社会主义理论体系概论（2018年版）〉修订说明》，《思想理论教育导刊》2018年第5期。

④ 《毛泽东思想和中国特色社会主义理论体系概论》编写组编：《毛泽东思想和中国特色社会主义理论体系概论（2018年版）》，北京：高等教育出版社2018年版，第4页。

了"概论"课教学内容。因此，将十九大精神及时融入"概论"课的一个重要依据，就是要有利于弥补教材不足，丰富教学内容，促进"概论"课教学工作不断与时俱进。"概论"课教师在具体教学过程中应主动创造条件，系统学习和理解十九大精神，贯彻落实习近平总书记系列讲话精神，将相关内容全面融入"概论"课教学之中。高校思想政治理论课教师必须探索党的最新理论成果与教材的有机契合。"概论"课教材是教学的重要载体，为了保证"概论"课教学的政治性和严肃性，教学中使用的都是全国统一编写的教材。由于必须遵循教学规律和学生认知规律；因此，教材体系必须有相对固定的教材章节目结构形态。高校思想政治理论课教师在融入十九大精神的过程中，即实现教材体系向教学体系转化的过程中，需要深化对教材体系的研究，准确把握教材内容及其逻辑关系，找到十九大精神与教材体系的最佳契合点，实现十九大精神的有机融合，进一步增强"概论"课教学的理论性。高校思想政治理论课是对大学生进行马克思主义教育的重要载体，是掌握高校意识形态领导权的重要途径，是坚持高校社会主义办学方向，贯彻落实党的教育方针与政策的核心课程。"高校思想政治理论课是培养大学生树立家国情怀和正确的世界观、人生观和价值观的重要途径，必须始终紧跟党的理论创新步伐，将新思想融入思想政治理论课教学，符合思想政治理论课与时俱进的学科特性，充分体现了党的理论与实践研究的最新进展和最新成果"①，有助于加强大学生对新思想的认识与认同，进一步增强高校思想政治理论课的时代感。

　　第三，有利于激发学生学习兴趣以提升"概论"课教学实效性。一直以来，党和国家都十分重视高校思想政治理论课体系创新问题。《创新计划》提出要从提高教材编写质量、加强师资队伍培训、推进慕课微课教学建设、优化马克思主义理论学科发展等方面，促使高校思想政治理论课教学效果的明显改善。可以说，近几年来，在党和国家的高度重视下，高校思想政治理论课教学取得了非常不错的成绩，是受大学生欢迎的课程之一。但是，不可否认，高校思想政治理论课教学效果与国家要求和期望相比，目前高校思想政治理论课的整体教学效果还存在一定的差距。原因是多方面的，其中最容易被忽略的一点，就是无论是学界还是实际教学中对"概论"课教学内容本身的关注和研究都略显不足。有学者指出：应当"提倡对教学内容本身的专业性研究。表面看来，这样的研究似乎与思政课教学关系不大，但……事实上

　　① 吴爱萍：《推进习近平新时代中国特色社会主义思想"三进"的思考———以"概论"课为例》，《学校党建与思想教育》2018 年第 2 期。

它总是与教学有着直接或间接的联系的，是息息相关的"①。换句话说，对于一节好的思想政治理论课来说，教学方法、手段和技巧的改进固然重要，但吃透教学内容才是最基本的出发点。当然，这里所说的教学内容单单指教材的内容，还应包括大量的与教材相关的可进行拓展延伸的某些教学资料或资源。因而，十九大精神及其相关文件精神既是"概论"课教材的重要内容，也是"概论"课教学的优质资源，它的融入有利于从更高的理论层次上激发大学生对思想政治理论课的学习兴趣，提升"概论"课的教学实效性。事实是，在高校"概论"课教学过程中，当课程的某个知识点能结合十九大及相关会议文件精神进行讲授时，只要引导得当、发挥自如，往往课堂气氛活跃，学生注意力集中，教学效果好。因此，结合高校实际、学生需求，推动十九大精神和习近平新时代中国特色社会主义思想系统、深度、精准、立体、创新融入"概论"课各章节，具有重要价值和意义。用十九大精神和习近平新时代中国特色社会主义思想武装新时代大学生头脑，是培养"有理想、有本领、有担当"的中国特色社会主义事业合格建设者和可靠接班人的重要工程。新时代大学生是实现民族复兴的生力军。习近平总书记指出："新时代的大学生是一个年轻、有活力的群体，平均年龄20岁，到第一个百年目标完成，全面建成小康社会时，很多人还不到30岁，到第二个百年目标完成时，很多人还不到60岁，也就是说，实现'两个一百年'奋斗目标（建党一百年、新中国成立一百年），你们和千千万万青年将全过程参与。"② 因此，把新时代的大学生培养成担当民族复兴大任的时代新人和社会主义可靠接班人关系到社会主义建设事业是否后继有人。习近平总书记强调："理论上清醒，政治上才能坚定。"③ 高校思想政治理论课要引导青年学生认真学习领会习近平新时代中国特色社会主义思想，认真学习领会十九大精神，以及习近平总书记系列讲话精神，"原原本本学习和研读马克思主义经典著作，学习毛泽东思想、邓小平理论、'三个代表'重要思想、科学发展观，学习党中央治国理政新理念新思想新战略，要深入学、持久学、刻苦学，带着问题学、联系实际学，把科学思想理论转化为认识世界、改造世界的强大物质力量，以更好坚持和发展中国特色社会主义"④。这也是对"概论"课教学的要求，为提高"概论"课教学效果指明了方向。

① 刘建军：《谈思想政治理论课教师怎样做科研》，《思想理论教育导刊》2014 年第 1 期。
② 习近平：《习近平谈治国理政》（第一卷），北京：外文出版社 2018 年版，第 175 页。
③ 习近平：《习近平谈治国理政》（第二卷），北京：外文出版社 2017 年版，第 35 页。
④ 习近平：《习近平谈治国理政》（第二卷），北京：外文出版社 2017 年版，第 68 页。

二、十九大精神融入"毛泽东思想和中国特色社会主义理论体系概论"的三个维度

新时代加强"概论"课体系创新，重点是如何将十九大精神，特别是习近平新时代中国特色社会主义思想及时系统融入"概论"课，这无疑是体系创新的全部问题的关键所在。目前在高校普遍使用的是高等教育出版社 2018 年版的"概论"课新教材，应当说，这次教材内容的补充和体系调整，使"概论"课体系创新进入了前所未有的高度。但"概论"课教学是一个系统工程，从进教材、进教室、到进头脑三个环节，环环紧扣，一个环节出了问题，就达不到体系创新的目的。因此，有必要对这三个环节进行系统探索，确保"概论"课教学的效果。

第一，十九大精神进"概论"课教材。2018 年版"概论"课的修订，就是为了把十九大精神，特别是习近平新时代中国特色社会主义思想融入新版教材。虽然 2015 年版"概论"课教材已经将"中国梦"、"四个全面"战略布局、"新常态"等思想融入"概论"课。2018 年版"概论"课教材融入则更加全面，涵盖多个章节的内容，但由于时间等诸多因素，2018 年版"概论"课教材在内容上有一定的重复性。2018 年修订的新版"概论"课教材中，其主体框架主要分为三个部分，即毛泽东思想部分、邓小平理论部分（包括了"三个代表"重要思想、科学发展观）、习近平新时代中国特色社会主义思想部分。2018 年新版"概论"课教材与 2015 年版有非常大的不同。因而，作为思想政治理论课教师，在"概论"课教学中应阐明"新时代中国特色社会主义思想，是对马克思列宁主义、毛泽东思想、邓小平理论、'三个代表'重要思想、科学发展观的继承和发展，是马克思主义中国化最新成果，是党和人民实践经验和集体智慧的结晶，是中国特色社会主义理论体系的重要组成部分，是全党全国人民为实现中华民族伟大复兴而奋斗的行动指南，必须长期坚持并不断发展"[①]。在党的十九大报告中，以习近平同志为核心的党中央在总结过去中国社会主义发展历史经验和改革开放所取得巨大成就的基础上，举旗定向、谋篇布局，提出了一系列新思想、新论断和新方略。准确认识和深入把握、领会十九大精神的核心要义，并积极主动、及时融入"概论"课体系创新中，具有重大意义。"不忘初心，牢记使命，高举中国特

---

① 习近平：《决胜全面建成小康社会　夺取新时代中国特色社会主义伟大胜利——在中国共产党第十九次全国代表大会上的报告》，北京：人民出版社 2017 年版，第 20 页。

色社会主义伟大旗帜，决胜全面建成小康社会，夺取新时代中国特色社会主义伟大胜利，为实现中华民族伟大复兴的中国梦不懈奋斗。"① 这是我们党在新时代开启新征程、续写新篇章的政治宣言和行动纲领，是十九大会议主题，核心是中国特色社会主义。中国特色社会主义是改革开放以来党的全部理论和实践的主题，中国特色社会主义进入新时代，是十九大报告对我们党所处历史方位的重大政治判断。"思政课教材是所有教材中最具历史使命的，必须注重其思想含量、政治含量、学术含量。要抓好经典教材建设。思政课以马克思主义经典著作为根基，高校要特别重视大学生对经典著作的学习。要抓好主体教材建设，大中小学思政课教材要实现循序渐进、螺旋上升的一体化建设；抓好马克思主义理论研究和建设工程教材建设，推动思想体系向教材体系转化。"② 在十九大报告中，习近平总书记用"三个意味着"，即"中国特色社会主义进入新时代，意味着近代以来久经磨难的中华民族迎来了从站起来、富起来到强起来的伟大飞跃，迎来了实现中华民族伟大复兴的光明前景；意味着科学社会主义在二十一世纪的中国焕发出强大生机活力，在世界上高高举起了中国特色社会主义伟大旗帜；意味着中国特色社会主义道路、理论、制度、文化不断发展，拓展了发展中国家走向现代化的途径，给世界上那些既希望加快发展又希望保持自身独立性的国家和民族提供了全新选择，为解决人类问题贡献了中国智慧和中国方案"③。从中华民族、科学社会主义、人类社会三个维度，深刻阐明了中国特色社会主义进入新时代的标志性意义。中国特色社会主义进入新时代，在中华人民共和国发展史上、中华民族发展史上具有重大意义，在世界社会主义发展史上、人类社会发展史上也具有重大意义。"中国特色社会主义进入新时代，高校思想政治工作要增强时代感。要加快推进习近平新时代中国特色社会主义思想进教材、进课堂、进师生头脑，抓紧做好教材使用、教案编写、教师培训、研究阐释等工作。强化高校思政课实效是关键，要贴近学生思想、生活实际，创新教学手段，讲透彻、讲生动，用身边鲜活事例展现真理力量。"④ 学习贯彻党的十九大精神，必须牢牢把握习近平总书记强调的四个"深刻学习领会"："深刻学习领会中国特色社会主义进入新时代的新论断，才能认清我国发展新的历史方位，把握新

① 习近平：《决胜全面建成小康社会　夺取新时代中国特色社会主义伟大胜利——在中国共产党第十九次全国代表大会上的报告》，北京：人民出版社 2017 年版，第 1 页。

② 陈宝生：《用习近平新时代中国特色社会主义思想铸魂育人》，《人民日报》，2019 年 4 月 23 日。

③ 《中国共产党第十九次全国代表大会文件汇编》，北京：人民出版社 2017 年版，第 8－9 页。

④ 魏彧：《让习近平新时代中国特色社会主义思想入脑入心》，《天津日报》，2018 年 1 月 12 日。

时代中国共产党人的历史使命,增强'四个自信';深刻学习领会我国社会主要矛盾发生变化的新特点,才能认识关系全局的历史性变化,适应时代要求;深刻学习领会分两步走全面建设社会主义现代化国家的新目标,才能把握新时代中国特色社会主义发展的战略安排,激扬接力奋斗的精气神;深刻学习领会党的建设的新要求,才能毫不动摇把党建设得更加坚强有力,增强坚持和发展中国特色社会主义的自觉性和坚定性。"① 四个"深刻学习领会"从党和国家事业发展大局出发;从历史和现实、理论和实践、国内和国际结合上思考得出的正确结论。中国特色社会主义进入新时代,面临新问题和新矛盾,为党和国家事业的发展指明了时代坐标,为明确下一阶段的历史任务、坚持和发展中国特色社会主义指明了方向。五年来的历史性变革,我们解决了许多长期想解决而没有解决的难题,办成了许多过去想办而没有办成的大事,党和国家事业发展站到了新的历史起点。② 中国社会主要矛盾已经由原来的人们日益增长的物质文化生活需要同落后的社会生产力发展水平之间的矛盾转化为人民日益增长的美好生活需要和不平衡不充分的发展之间的矛盾,阐释了这一关系全局的历史性变化对党和国家工作提出的新要求。正确认识我国社会所处的历史方位,准确把握我国社会主要矛盾,是建设中国特色社会主义至关重要的问题。"经过长期努力,中国特色社会主义进入了新时代,这是我国发展新的历史方位。"③ 十九大报告明确回答了中国特色社会主义的新时代"举什么旗"的问题。十九大报告开篇就强调了大会主题是"不忘初心,牢记使命,高举中国特色社会主义伟大旗帜"④。旗帜代表方向,旗帜代表形象,旗帜凝聚力量。一个政党、一个国家、一个民族只有确立起正确的旗帜,全党和全国人民才能聚集在这面旗帜下整齐前进。坚定不移高举中国特色社会主义的伟大旗帜,就是要坚持当代中国发展进步的根本方向。在中国特色社会主义的新时代,我们要取得"四个伟大"(伟大斗争、伟大工程、伟大事业、伟大梦想)的胜利,最核心、最关键的一条就是要继续坚定不移地高举中国特色社会主义的伟大旗帜。"我们走中国特色社会主义道路,具有无比广阔的时代舞台,具有无比深厚的历史底蕴,具有无比强大的前进定力。"⑤ 十

① 《让中国特色社会主义展现更强大的生命力——论学习贯彻党的十九大精神》,《人民日报》,2017 年 10 月 29 日。

② 《中国共产党第十九次全国代表大会文件汇编》,北京:人民出版社 2017 年版,第 8－9 页。

③ 习近平:《决胜全面建成小康社会　夺取新时代中国特色社会主义伟大胜利——在中国共产党第十九次全国代表大会上的报告》,北京:人民出版社 2017 年版,第 10 页。

④ 习近平:《决胜全面建成小康社会　夺取新时代中国特色社会主义伟大胜利——在中国共产党第十九次全国代表大会上的报告》,北京:人民出版社 2017 年版,第 1 页。

⑤ 《中国共产党第十九次全国代表大会文件汇编》,北京:人民出版社 2017 年版,第 56 页。

九大报告明确回答了中国特色社会主义的新时代"走什么路"的问题。方向决定道路，道路决定命运。我们党团结带领人民进行改革开放新的伟大革命，破除阻碍国家和民族发展的一切思想和体制障碍，开辟了中国特色社会主义道路，使中国大踏步赶上时代。习近平新时代中国特色社会主义思想是党的十九大报告的灵魂，是我们党划时代的重大理论创新，是马克思主义中国化的最新成果。学习贯彻党的十九大精神，必须站在新时代"坚持和发展什么样的中国特色社会主义、怎样坚持和发展中国特色社会主义"的高度，深刻理解和把握确立习近平新时代中国特色社会主义思想指导地位的重大意义。

第二，十九大精神进"概论"课课堂。习近平总书记在全国高校思想政治工作会议上指出："要坚持把立德树人作为中心环节，把思想政治工作贯穿教育教学全过程，实现全程育人、全方位育人，努力开创我国高等教育事业发展新局面。"① 高校实现政治理论课教学，"要用好课堂教学这个主渠道，实现政治理论课要坚持在改进中加强，提升实现政治教育亲和力和针对性，满足学生成长发展需要和期待"②，高校思想政治理论课必然遵循思想政治教育规律，遵循课程教学规律。一般情况下，高校思想政治理论课教学主要分为课堂教学和课外实践教学。首先，将习近平新时代中国特色社会主义思想融入"概论"课课堂教学。所谓教学就是"教师有目的、有计划地引导学生积极、主动地掌握系统的文化科学基础知识和基本技能，发展学生的智力、能力、体力，并形成一定的思想品德"③。因此，高校思想政治理论课教学，一是要根据"概论"课各章节内容、要求和特点，尤其是习近平新时代中国特色社会主义思想进行课堂教学或专题式教学设计，在完善教学大纲和教学设计的基础上，加强教学主体内容合理的编排处理，突出强调理论性和实践性，精选教学案例进行导入。二是要结合教师自身的教学风格选择创新而合用的教学方法。如果以专题研究式教学为主，教师可在 2018 年新版"概论"课教材部分，即习近平新时代中国特色社会主义思想中，选取相关内容作为独立专题或者专题中的某个知识板块加以讲授，将理论讲深讲透。"抓好案例教材建设，建设思政课案例库、备课资料库，使思政课教学逐步增大实证含量，运用现代信息技术建设思政课集中备课的'中央厨房'，让每位教师都有自己的备课'小助手'；抓好特色教材建设，各地各学校要充分用好其独特的教育资源，如将红船精神、西迁精神编入地方教材、校本教材，就能收到较

① 习近平：《习近平谈治国理政》（第二卷），北京：外文出版社 2017 年版，第 376 页。
② 习近平：《习近平谈治国理政》（第二卷），北京：外文出版社 2017 年版，第 378 页。
③ 周德昌：《简明教育辞典》，广州：广东高等教育出版社 1992 年版，第 96 页。

好效果；抓好领导报告教材建设，领导干部到学校讲思政课可以帮助学生了解国情、基层和群众。"① 如果采用慕课、微课等网络教学模式，则可以借助新媒体制作成一个与"概论"课相关的声像俱备、短小精练、图文并茂的精彩教学视频。三是要主动营造"概论"课的教学氛围。"概论"课本身是一个融合多个领域、涉及多方知识内容的课程；因而，作为"概论"课教师应懂得一定的教育学、心理学等学科知识，具备扎实的理论功底，并善于运用教学话语和肢体话语，来启发、引导和调动学生的学习兴趣，使大学生在活泼风趣但又严谨有序的课堂氛围中自然有效地学习，深刻领会习近平新时代中国特色社会主义思想真谛。其次，在实践教学中加深对习近平新时代中国特色社会主义思想的学习与理解。历史证明，"马克思列宁主义并没有结束真理，而是在实践中不断地开辟认识真理的道路"②。"概论"课教学中一定要发挥实践教学的优势，让十九大精神落地生根。高校思想政治理论课实践教学要落到实处，真正收到实践教学的效果，学校就必须依据"概论"课的具体情况统筹规划，提供组织制度保障、提供条件保障、整合指导教师队伍、整合实践基地等，这样的实践教学才能达成目的。作为"概论"课实践教学，必须依据"概论"课的教学目标，以"概论"课的理论教学内容为基础，教师指导学生参加各种实践教学活动，让学生在实践体验中理解运用所学的"概论"课理论知识，提升思想政治素质和道德水平，坚定四个自信，树立正确的人生价值观。中宣部、教育部早在2005年就联合发布了《中共中央宣传部教育部关于进一步加强和改进高等学校思想政治理论课的意见》（教社政〔2005〕5号），要求高校思政课所有课程都要加强实践环节，要围绕教学目标，制定大纲，规定学时，提供必要经费。2008年中宣部、教育部又共同发布了加强高校思想政治理论课教师队伍建设的意见，明确"要从本科思想政治理论课现有学分中划出2个学分、从专科思想政治理论课现有学分中划出1个学分开展本专科思想政治理论课实践教学"③。同时，根据《创新计划》的通知要求整合各方面资源，强化思想政治理论课实践教学，"制定印发《高校思想政治理论课实践教学大纲》，进一步规范实践教学"④。可见，高校思想

---

① 陈宝生：《用习近平新时代中国特色社会主义思想铸魂育人》，《人民日报》，2019年4月23日。

② 毛泽东：《毛泽东选集》（第一卷），北京：人民出版社1991年版，第296页。

③ 《中共中央宣传部教育部关于进一步加强高等学校思想政治理论课教师队伍建设的意见》（教社科〔2008〕5号）。

④ 中共中央宣传部、教育部：《普通高校思想政治理论课建设体系创新计划》（教社科〔2015〕2号）。

政治理论课实践教学一开始就是按课程建设要求的。在《高等学校马克思主义学院建设标准（2017年本）》中也要求"实践教学原则上覆盖全体在校学生，建设相对稳定的校外教学实践基地"①。因此，将习近平新时代中国特色社会主义思想贯穿"概论"课全过程还应利用好实践教学这个环节，实现"课内教"与"课外延"的统一，做到"有虚有实""虚功实做"②。习近平总书记在考察中国政法大学时强调，"要打破高校和社会之间的体制壁垒，将实际工作部门的优质实践教学资源引进高校"，并勉励学生"要充分发挥青年的创造精神，勇于开拓实践，勇于探索真理"③。因此，要引导教师和学生主动深入社会实践、经受实践锻炼，在形式多样、内容丰富的学习实践活动中，让青年学子在潜移默化中更深刻领悟到党的十九大精神。思想政治理论课实践教学与理论教学的最终目标是一致的，都是要帮助大学生树立正确的人生价值观，提高思想政治素质和道德修养水平，坚定"四个自信"，成为中国特色社会主义事业的建设者和接班人。与理论教学相比，思想政治理论课实践教学的目标，"一是通过实践让学生了解国情，了解社会现实，体验和印证理论知识，从而增强思政课的实效性；二是培养学生利用思政课的理论知识分析解决实际问题的能力；三是通过知识体验和运用，将所学内容内化为个体的世界观与方法论"④。实践教学是高校思想政治理论课教学中的重要环节，高校思想政治理论课实践教学要发挥自己的优势，不断增强"概论"课的感染力、吸引力和说服力。

第三，十九大精神进大学生头脑。十九大精神进讲义、进课堂不易，但进学生的头脑更难。为了让十九大精神入耳、入脑、入心，必须开展接地气的教学实践活动，结合青年学生的实际情况，真正让十九大精神走进学生的心里。在"概论"课教学活动中，各高校要坚持让十九大精神进教材、进课堂、进头脑，高校思想政治理论课要通过形式多样、内容丰富的学习实践活动，使得青年学子真学、真懂、真信、真用。"习近平新时代中国特色社会主义思想，从理论和实践结合上系统回答了新时代坚持和发展什么样的中国特色社会主义、怎样坚持和发展中国特色社会主义这个重大时代课题，回答了

---

① 教育部：《高等学校马克思主义学院建设标准（2017年本）》（教社科〔2017〕1号）。

② 房广顺、李鸿凯：《以大学生获得感为核心提升思想政治理论课教学质量》，《思想理论教育》2018年第2期。

③ 《习近平在中国政法大学考察时强调　立德树人德法兼修抓好法治人才培养　励志勤学刻苦磨炼促进青年成长进步》，《人民日报》，2017年5月4日。

④ 张慎霞、穆文潇：《思想政治理论课实践教学课程化研究》，《学校党建与思想教育》2019年第11期。

新时代坚持和发展中国特色社会主义的一系列重大问题，是中国特色社会主义艰辛探索成果的集中体现，也是当代中国共产党人安身立命之本和继续前进的指针。"① 把握时代的关键，在于破解"时代之问"。虽然对于时代的挑战人们都有不同程度的感知，但是难在正确地提出问题。"一个时代的迫切问题，有着和任何在内容上有根据的因而也是合理的问题共同的命运：主要的困难不是答案，而是问题。"问题是"时代的格言"，是"公开的、无所顾忌的、支配一切个人的时代之声"。② 马克思以深邃的历史唯物主义眼光第一次提出，人的解放必须归结到无产阶级的解放，"19 世纪革命的秘密：无产阶级的解放"③。高校思想政治理论课要"以更强的理论自信、教学激情、研究才情、服务热情开拓进取，为学生点亮理想的灯、照亮前行的路、明亮人生的塔"④，从而使思想政治理论课进入学生的心里。这就要求思想政治理论课教师"要紧扣师生特点，创新方式方法，深入开展宣传宣讲和教育培训，引导师生自觉把十九大精神内化于心、外践于行"⑤。因此，十九大精神融入"概论"课教材体系只是高校思政课体系创新的起点，要实现思想政治理论课立德树人目标和为社会主义现代化建设培养合格建设者与接班人的使命，还必须实现习近平新时代中国特色社会主义思想从教材体系向教学体系以及学生信仰体系的成功转化。不仅要实现十九大精神的入耳、入心，最终还要将其内化为学生的精神追求，外化为学生的行动指南。"深入学习贯彻习近平新时代中国特色社会主义思想，必须在学懂弄通做实上下功夫，增进政治认同、思想认同、情感认同，切实做到学、思、用贯通，知、信、行统一。"⑥ 而要学懂就必须勤奋、下功夫、钻进去，真正领会精神实质。"坚持读原著、学原文、悟原理，全面系统学、及时跟进学、深入思考学、联系实际学。深刻认识习近平新时代中国特色社会主义思想的时代意义、理论意义、实践意义、世界意义，深刻理解这一思想的核心要义、精神实质、丰富内涵、实践要求，深刻体悟这一思想彰显和贯穿的坚定理想信念、真挚人民情怀、高度自觉自

　　① 杨克勤：《以习近平新时代中国特色社会主义思想为指针　奋力开创干部教育培训工作新局面》，《行政管理改革》2017 年第 11 期。

　　② 中共中央马克思恩格斯列宁斯大林著作编译局编：《马克思恩格斯选集》（第一卷），北京：人民出版社 1995 年版，第 203 页。

　　③ 中共中央马克思恩格斯列宁斯大林著作编译局编：《马克思恩格斯选集》（第一卷），北京：人民出版社 1995 年版，第 386 页。

　　④ 刘博超：《第一时间把十九大精神送进高校思政课堂》，《光明日报》，2017 年 12 月 6 日。

　　⑤ 胡和平：《用习近平新时代中国特色社会主义思想武装师生　大力推进党的十九大精神进教材进课堂进头脑工作》，《陕西日报》，2017 年 11 月 16 日。

　　⑥ 中共中央宣传部编：《习近平新时代中国特色社会主义思想学习纲要》，北京：学习出版社、人民出版社 2019 年版，第 255－256 页。

信、无畏担当精神、科学思想方法。努力把每一点都领会深、领会透，做到知其言更知其义，知其然更知其所以然。"① 而要弄通就必须全面地学、系统地学，结合实际学，带着问题学。"把学习领会习近平新时代中国特色社会主义思想同学习马克思列宁主义、毛泽东思想、邓小平理论、'三个代表'重要思想、科学发展观贯通起来，同学习党史、国史、社会主义发展史贯通起来，同进行伟大斗争、建设伟大工程、推进伟大事业、实现伟大梦想的实践贯通起来，同落实十八大以来党中央作出的各项战略部署贯通起来，准确把握这一思想的理论逻辑、历史逻辑、实践逻辑。"② 这就要求进一步全方位提高高校思想政治理论课教师的素养。教师素养如何直接决定了思想政治理论课教学的质量和水平。思想政治理论课教师必须在真学、真懂、真信、真用上下一番功夫，先走一步。"要坚持教育者先受教育，努力成为先进思想文化的传播者、党执政的坚定支持者，更好担起学生健康成长指导者和引路人的责任。"③ 具体而言，真学就要认真学习马克思主义经典著作，准确把握习近平新时代中国特色社会主义思想的精神实质，具备扎实的理论功底。真懂就是对教材以及教学内容能够融会贯通、熟练驾驭、精辟讲解，真正实现习近平新时代中国特色社会主义思想向教学体系以及学生认知体系的转化。真信就是思想政治理论课教师应有坚定的马克思主义立场，拥有坚定的马克思主义理想信念和正确的政治方向。真用就是思想政治理论课教师将所学的马克思主义理论转化为解释世界、改造世界的力量，做到言行一致，积极引导学生用马克思主义改造自身与世界，自觉践行十九大精神。大学生是"概论"课教学的主要目标群体，"以生为本""以学生为中心"是"概论"课教学的基本要求。在实现习近平新时代中国特色社会主义思想从"概论"课教材体系向教学体系以及学生认知体系转化的过程中，应当充分尊重大学生的心理认知特点，通过教学内容、实践体验、评价体系等方面的协调，实现大学生知、情、意、信、行的有机统一，有效地增强大学生对马克思主义中国化理论最新成果的认同度、对中国特色社会主义事业的坚定信念，④ 使更多的青年学生自觉地用十九大及相关文件精神、习近平新时代中国特色社会主义思想来武

---

① 中共中央宣传部编：《习近平新时代中国特色社会主义思想学习纲要》，北京：学习出版社、人民出版社 2019 年版，第 256 页。

② 中共中央宣传部：《习近平新时代中国特色社会主义思想学习纲要》，北京：学习出版社、人民出版社 2019 年版，第 256 页。

③ 习近平：《把思想政治工作贯穿教育教学全过程　开创我国高等教育事业发展新局面》，《人民日报》，2016 年 12 月 9 日。

④ 唐冰开、张玉琳：《"概论"课教学内容认同度的提升及其教学改革》，《现代教育科学·高教研究》2015 年第 2 期。

装头脑、指导实践，担负历史所给予年轻人的重大使命。习近平总书记指出：高校其他课程应加强同思政课的同向通行，将党的十九大精神贯穿于各个学科的建设和教学之中，促进"思政课程"与"课程思政"的有机融合。当然，十九大精神融入"概论"课程，还应注重整体优化、重点突出的问题。此外，还要加强组织领导，强化顶层设计，建立多元协调的制度体系，为十九大精神真正进师生头脑提高制度保证。

三、十九大精神融入"毛泽东思想和中国特色社会主义理论体系概论"教学全过程

"概论"课主要讲授中国共产党把马克思主义基本原理与中国具体实际相结合的历史进程，反映马克思主义中国化的理论成果，帮助大学生坚定在党的领导下走中国特色社会主义道路的理想信念，该课程是十九大精神进课堂的主要渠道。习近平新时代中国特色社会主义思想是马克思主义基本原理同中国具体实际相结合的又一次历史性飞跃，是新时代中国共产党的思想旗帜，是国家政治生活和社会生活的根本指针，是马克思主义中国化的最新成果，是当代中国马克思主义、21世纪马克思主义。它紧密结合新的时代特点和实践要求，以全新的视野深化、丰富和发展了对共产党执政规律、社会主义建设规律、人类社会发展规律的认识，开拓了马克思主义理论的新境界。① 党的十九大报告强调党的十八大以来这五年，是"极不平凡的五年"。之所以不平凡，在于"解决了许多长期想解决而没有解决的难题，办成了许多过去想办而没有办成的大事"②。所解决的"难题"和办成的"大事"，在十九大报告中进行了全面阐述。

第一，十九大精神融入"概论"课，就是要将习近平新时代中国特色社会主义思想融入"概论"课的全过程。科学把握习近平新时代中国特色社会主义思想，首先应认真学习和深刻领会其主要内容和精神实质，这也是当前加强思想政治理论课建设的重要任务。"时代是思想之母，实践是理论之源。"③ 时代永远向前，实践没有止境，理论创新永远在路上。习近平新时代中国特色社会主义思想，牢牢把握时代坚持和发展什么样的中国特色社会主义、怎样坚持和发展中国特色社会主义这个重大时代课题，系统回答了中国

①　刘海涛：《新时代中国特色社会主义的新发展》，《学习时报》，2017年10月30日。
②　《中国共产党第十九次全国代表大会文件汇编》，北京：人民出版社2017年版，第7页。
③　习近平：《习近平谈治国理政》（第二卷），北京：外文出版社2017年版，第34页。

特色社会主义的一系列重大问题，是当代中国马克思主义的最新理论成果。①习近平新时代中国特色社会主义思想在马克思主义发展史、中华民族复兴史、人类文明进步史上都具有重大而深远的意义。从马克思主义发展史的向度来说，习近平新时代中国特色社会主义思想开辟了马克思主义中国化的新境界。习近平总书记在十九大报告中指出，"新时代中国特色社会主义思想，是对马克思列宁主义、毛泽东思想、邓小平理论、'三个代表'重要思想、科学发展观的继承和发展，是马克思主义中国化最新成果，是党和人民实践经验和集体智慧的结晶，是中国特色社会主义理论体系的重要组成部分"②。党的十八大以来，以习近平同志为核心的党中央立足问题导向，围绕重点工作，着眼现实问题，思考新的发展举措，提出一系列治国理政新理念新思想新战略。习近平新时代中国特色社会主义思想以全新的视野深化了对共产党执政规律、社会主义建设规律、人类社会发展规律的认识，开辟了马克思主义中国化的新境界。站在新的历史起点，我们党要带领人民决胜全面建成小康社会，开启全面建设社会主义现代化国家新征程，夺取新时代中国特色社会主义事业的伟大胜利，则必须加强习近平新时代中国特色社会主义思想的科学指引。习近平新时代中国特色社会主义思想对新时代坚持和发展中国特色社会主义的目标任务、战略布局、发展方向、战略步骤、内外部条件、政治军事保证等基本问题做了系统回答，并结合具体实际对经济、政治、法治、科技、文化、网络、教育、民生、民族、宗教、社会、生态、国防军队、"一国两制"和祖国统一、统一战线、外交、党建等全方面各领域做了科学的理论分析和政策指导，提出"十四个坚持"以做出相应的基本方略，为新时代更好坚持和发展中国特色社会主义提供基本遵循，为实现中华民族伟大复兴的中国梦提供了行动指南。习近平新时代中国特色社会主义思想为解决人类面临的共同难题贡献了中国智慧、提供了中国方案。天下意识、人类情怀是中华民族的独特智慧。习近平总书记在十九大报告中指出，"中国共产党是为中国人民谋幸福的政党，也是为人类进步事业而奋斗的政党。中国共产党始终把为人类作出新的更大的贡献作为自己的使命"③。世界形势复杂多变，国际问题层出不穷。"人类命运共同体"理念以及共商共建共享的全球协同治理原则，为

---

① 王伟光：《当代中国马克思主义的最新理论成果——习近平新时代中国特色社会主义思想学习体会》，《中国社会科学》2017 年第 12 期。

② 习近平：《决胜全面建成小康社会　夺取新时代中国特色社会主义伟大胜利——在中国共产党第十九次全国代表大会上的报告》，北京：人民出版社 2017 年版，第 20 页。

③ 习近平：《决胜全面建成小康社会　夺取新时代中国特色社会主义伟大胜利——在中国共产党第十九次全国代表大会上的报告》，北京：人民出版社 2017 年版，第 57－58 页。

重塑国际政治经济新秩序贡献了中国智慧。

第二，十九大精神融入"概论"课的重点问题及章节目内容。"不忘初心，牢记使命，高举中国特色社会主义伟大旗帜，决胜全面建成小康社会，夺取新时代中国特色社会主义伟大胜利，为实现中华民族伟大复兴的中国梦不懈奋斗"①，这是党的十九大主题，明确回答了我们党在新时代举什么旗、走什么路、以什么样的精神状态、担负什么样的历史使命、实现什么样的奋斗目标的重大问题。

习近平新时代中国特色社会主义思想的内涵、意义。这是"概论"课需要讲授的最重要的部分。十九大报告明确把"新时代中国特色社会主义思想"与"马克思列宁主义、毛泽东思想、邓小平理论、'三个代表'重要思想、科学发展观"列为党的指导思想。"党的十九大概括和提出了习近平新时代中国特色社会主义思想，确立为党必须长期坚持的指导思想并写进党章，实现了党的指导思想的与时俱进。这是党的十九大最重大的理论创新、最重要的政治成果、最深远的历史贡献。"② "习近平新时代中国特色社会主义思想，是马克思主义中国化最新成果，是党和人民实践经验和集体智慧的结晶，是中国精神的时代精华，是国家政治生活和社会生活的根本指针。"③ 这就要求"概论"课教学必须以习近平新时代中国特色社会主义思想为指导，覆盖"概论"课教学的全过程。习近平总书记在十九大报告中明确指出："经过长期努力，中国特色社会主义进入了新时代，这是我国发展新的历史方位。"④ 新的历史方位的概括，是带有宏观、战略的表述，是新时代中国国情的新概述、新总结，是新时代改革开放政策制定的现实依据。新时代的表述，直接呈现着三个"意味着"，即"中国特色社会主义进入新时代，意味着近代以来久经磨难的中华民族迎来了从站起来、富起来到强起来的伟大飞跃，迎来了实现中华民族伟大复兴的光明前景；意味着科学社会主义在二十一世纪的中国焕发出强大生机活力，在世界上高高举起了中国特色社会主义伟大旗帜；意味着中国特色社会主义道路、理论、制度、文化不断发展，拓展了发展中国家走向现代化的途径，给世界上那些既希望加快发展又希望保持自身独立性的

① 习近平：《决胜全面建成小康社会　夺取新时代中国特色社会主义伟大胜利——在中国共产党第十九次全国代表大会上的报告》，北京：人民出版社 2017 年版，第 1 页。

② 中共中央宣传部编：《习近平新时代中国特色社会主义思想三十讲》，北京：学习出版社 2018 年版，第 1 页。

③ 中共中央宣传部编：《习近平新时代中国特色社会主义思想三十讲》，北京：学习出版社 2018 年版，第 1 页。

④ 习近平：《决胜全面建成小康社会　夺取新时代中国特色社会主义伟大胜利——在中国共产党第十九次全国代表大会上的报告》，北京：人民出版社 2017 年版，第 10 页。

国家和民族提供了全新选择，为解决人类问题贡献了中国智慧和中国方案"①。

新时代是一种展望、一种方位，新时代解决了许多长期想解决而没有解决的难题，办成了许多过去想办而没有办成的大事，新时代面临的主要矛盾发生了根本性的变化，这是今后一段时间所要抓住的根本。十九大报告明确提出了目前我国社会的主要矛盾，即"中国特色社会主义进入新时代，我国社会主要矛盾已经转化为人民日益增长的美好生活需要和不平衡不充分的发展之间的矛盾"②。这个主要矛盾的变化，在一定程度上影响着发展的战略方向。"我国社会生产力水平总体上显著提高，社会生产能力在很多方面进入世界前列，更加突出的问题是发展不平衡不充分，这已经成为满足人民日益增长的美好生活需要的主要制约因素。"③ 显然，新时代"必须认识到，我国社会主要矛盾的变化是关系全局的历史性变化，对党和国家工作提出了许多新要求"④。这些新要求，给中国未来的社会政策调整提供了方向和指南，这是一个重要的理论创新。但十九大的重大理论创新之处，远远不限于这些，十九大报告涉及政治、经济、文化、军事、外交等方方面面，在关于教育、人才培养、依法治国、创新发展等方面都有新的论述。十九大报告的内容，需要全方位全过程融入"概论"课，有些具体内容可以融入"概论"课具体的章节目。如：关于未来三十年中国现代化发展的"两步走"战略；关于党的基本路线的新内容；关于文化价值观中突出中国精神、中国价值、中国力量的地位和方向的论断；关于党的十八大以来党和国家事业发生的历史性变革；关于新时代中国共产党的历史使命；关于坚定不移全面从严治党的重大部署；关于社会主义经济建设、政治建设、文化建设、社会建设、生态文明建设等方面的重大部署；关于国防和军队建设、港澳台工作、外交工作的重大部署等。"深入系统地学习研究、掌握这些重要的理论创新，对于每个大学生坚定信念、坚持方向、坚定不移地沿着中国特色社会主义道路前进具有深远的意义。"⑤

① 习近平：《决胜全面建成小康社会　夺取新时代中国特色社会主义伟大胜利——在中国共产党第十九次全国代表大会上的报告》，北京：人民出版社 2017 年版，第 10 页。
② 习近平：《决胜全面建成小康社会　夺取新时代中国特色社会主义伟大胜利——在中国共产党第十九次全国代表大会上的报告》，北京：人民出版社 2017 年版，第 11 页。
③ 习近平：《决胜全面建成小康社会　夺取新时代中国特色社会主义伟大胜利——在中国共产党第十九次全国代表大会上的报告》，北京：人民出版社 2017 年版，第 11 页。
④ 习近平：《决胜全面建成小康社会　夺取新时代中国特色社会主义伟大胜利——在中国共产党第十九次全国代表大会上的报告》，北京：人民出版社 2017 年版，第 11 页。
⑤ 程美东：《党的十九大精神融入"概论"课教学的基本思路》，《北京教育（德育）》2017 年第 11 期。

　　"概论"是我国高校思想政治理论课的重要必修课程，开设"概论"课程的主要目的之一就是使大学生不断增强中国特色社会主义道路自信、理论自信和制度自信。[①] 2018 年版"概论"时间跨度大、涵盖内容多、理论逻辑强，各部分并非"自成一派"，理论上有继承性，时间上有连续性。新版教材章节完整准确，高校思想政治理论课教师要做到各理论前后贯穿、首尾呼应，不断提升"概论"课教学效果。

---

　　① 《毛泽东思想和中国特色社会主义理论体系概论》，北京：高等教育出版社 2014 年版，第 1 页。

第十章　新时代"马克思主义基本原理概论"体系创新

十九大报告是新时代中华民族伟大复兴梦想的政治宣言和行动纲领，是新时代马克思主义中国化的又一次重大发展。作为党的十九大灵魂——习近平新时代中国特色社会主义思想实现了马克思主义基本原理与中国实际相结合的新飞跃，开辟了马克思主义发展的新境界。深刻领会和把握习近平新时代中国特色社会主义思想，将其贯穿"马克思主义基本原理概论"（以下简称"原理"）课教学之中，对于引导青年学生健康成长，这是新时代高校思想政治理论课教学的重要任务。

一、十九大精神融入"马克思主义基本原理概论"的内容体系

时代是思想之母，实践是理论之源。习近平总书记指出："我们要在迅速变化的时代中赢得主动，要在新的伟大斗争中赢得胜利，就要在坚持马克思主义基本原理的基础上，以更宽广的视野、更长远的眼光来思考和把握国家未来发展面临的一系列重大战略问题，在理论上不断拓展新视野、作出新概括。"[①] 因势而新，坚持和弘扬马克思主义与时俱进的理论品格，推进中国化马克思主义的新发展，保持理论自信和战略定力。习近平新时代中国特色社会主义思想是马克思主义中国化的最新理论成果，是对中国特色社会主义理论体系的创新发展。将习近平新时代中国特色社会主义思想融入"原理"课，具有重要的理论价值和现实意义。

习近平新时代中国特色社会主义思想坚持马克思主义的世界观和方法论。习近平新时代中国特色社会主义思想是在坚持马克思主义基本原理的前提下，思考和解决中国当前实际问题的理论结晶。习近平总书记深刻指出，坚持马

① 《习近平在省部级主要领导干部"学习习近平总书记重要讲话精神，迎接党的十九大"专题研讨班开班式上发表重要讲话强调：高举中国特色社会主义伟大旗帜　为决胜全面小康社会实现中国梦而奋斗》，《人民日报》，2017年7月28日。

克思主义立场，就是"始终站在人民大众立场上，立党为公、执政为民，把服务群众、造福百姓作为最大责任"；坚持马克思主义观点，就是"自觉运用辩证唯物主义和历史唯物主义的思想武器改造客观世界和主观世界"；坚持马克思主义方法，就是"用唯物辩证、实事求是、群众路线的思想方法和工作方法武装头脑、指导实践，不断提高领导工作水平"。① 这充分阐述了马克思主义根本立场观点和方法的精要，是一切事业和行动的科学依据。马克思主义辩证唯物论认为，世界统一于物质。这一原理要求我们想问题办事情一定做到一切从实际出发，实事求是。一切从实际出发，对于指导中国特色社会主义建设来说，就是要从中国的具体国情出发。习近平总书记指出："实事求是是马克思主义的根本观点，是中国共产党人认识世界和改造世界的根本要求，是我们党的基本思想方法、工作方法、领导方法。在新的时代条件下，习近平总书记继续秉持一切从实际出发，实事求是，用实践检验、发展真理的原则。习近平总书记指出："鞋子合不合脚，自己穿了才知道，一个国家的发展道路合不合适，只有这个国家的人民才最有发言权。"② 这就是坚持一切从实际出发，坚持实事求是的原则。习近平总书记在 2012 年十八届中央政治局第一次集体学习时就深刻指出："社会主义初级阶段是当代中国的最大国情、最大实际，我们在任何情况下都要牢牢把握这个最大国情，坚持'一个中心、两个基本点'不动摇。"③ 在 2015 年主持中央政治局集体学习时，习近平总书记再一次深刻指出："要学习掌握世界统一于物质、物质决定意识的原理，坚持从客观实际出发制定政策、推动工作。当代中国最大的客观实际，就是我国仍处于并将长期处于社会主义初级阶段，这是我们认识当下、规划未来、制定政策、推进事业的客观基点，不能脱离这个基点。"④ 习近平总书记提出"四个全面"的战略布局和"五大发展理念"等治国理政思想都是在对世情党情国情进行科学判断的基础上提出来的，世情党情国情是习近平治国理政思想的基本出发点和基本依据。十九大报告指出："中国特色社会主义进入新时代，我国社会主要矛盾已经转化为人民日益增长的美好生活需要和不平衡不充分的发展之间的矛盾。我国稳定解决了十几亿人的温饱问题，总

---

① 习近平：《深入学习中国特色社会主义理论体系　努力掌握马克思主义立场观点方法》，《求是》2010 年第 7 期。

② 习近平：《习近平谈治国理政》（第一卷），北京：外文出版社 2018 年版，第 273 页。

③ 《习近平在中共中央政治局第一次集体学习时强调　紧紧围绕坚持和发展中国特色社会主义深入学习宣传贯彻党的十八大精神》，《人民日报》，2012 年 11 月 19 日。

④ 习近平：《坚持运用辩证唯物主义世界观方法论　提高解决我国改革发展基本问题本领》，《人民日报》，2015 年 1 月 25 日。

体上实现小康，不久将全面建成小康社会，人民美好生活需要日益广泛，不仅对物质文化生活提出了更高要求，而且在民主、法治、公平、正义、安全、环境等方面的要求日益增长。同时，我国社会生产力水平总体上显著提高，社会生产能力在很多方面进入世界前列，更加突出的问题是发展不平衡不充分，这已经成为满足人民日益增长的美好生活需要的主要制约因素。"① 同时，习近平总书记强调指出："我国社会主要矛盾的变化是关系全局的历史性变化，对党和国家工作提出了许多新要求。"② 因此，"必须认识到，我国社会主要矛盾的变化，没有改变我们对我国社会主义所处历史阶段的判断，我国仍处于并将长期处于社会主义初级阶段的基本国情没有变，我国是世界最大发展中国家的国际地位没有变。全党要牢牢把握社会主义初级阶段这个基本国情，牢牢立足社会主义初级阶段这个最大实际"③。这是对我国面临的发展方位变化的重大判断。我国的基本国情仍没有发生根本性的变化，社会主义初级阶段仍是我国最大的国情，是我们认清现实、规划未来、制定政策、推进社会主义事业的根本依据。必须要根据时代变化和实践发展，不断深化认识，总结经验，实现理论创新和实践创新的不断发展。要善于将基本原理同改革开放的伟大实践相结合，用理论指导改革的全部进程，同时在改革实践中汲取新的理论成果实现自身的不断深化，绝不能让理论脱离实践，否则便会丧失原有的生命力。事物总是向前发展的，矛盾是推动事物发展的根本动力，社会主要矛盾的变化要求我们在发挥主观能动性的同时要牢牢把握变化了的客观实际。

坚持马克思主义唯物辩证法。唯物辩证法认为，世界上的事物既是普遍联系的，同时又是变化发展的，事物变化发展的原因是因为事物内部的矛盾，矛盾既有普遍性又有特殊性。这一原理要求我们要用系统的观点、用发展的观点、用矛盾的观点想问题办事情，要把马克思主义普遍真理与中国具体实际相结合。习近平总书记指出，在我们的各项工作中"要自觉地运用辩证唯物主义世界观和方法论，增强辩证思维、战略思维能力，努力提高解决我国改革发展基本问题的本领"④。唯物辩证法要求我们既要看到矛盾的普遍性，

① 习近平：《决胜全面建成小康社会　夺取新时代中国特色社会主义伟大胜利——在中国共产党第十九次全国代表大会上的报告》，北京：人民出版社 2017 年版，第 11 页。

② 习近平：《决胜全面建成小康社会　夺取新时代中国特色社会主义伟大胜利——在中国共产党第十九次全国代表大会上的报告》，北京：人民出版社 2017 年版，第 11 页。

③ 习近平：《决胜全面建成小康社会　夺取新时代中国特色社会主义伟大胜利——在中国共产党第十九次全国代表大会上的报告》，北京：人民出版社 2017 年版，第 12 页。

④ 中共中央宣传部编：《习近平总书记系列重要讲话读本》，北京：学习出版社、人民出版社 2016 年版，第 280 页。

又要看到矛盾的特殊性，坚持一分为二、具体问题具体分析、两点论和重点论的统一。习近平总书记指出："问题是事物矛盾的表现形式，我们强调增强问题意识、坚持问题导向，就是承认矛盾的普遍性、客观性，就是要善于把认识和化解矛盾作为打开工作局面的突破口。"① 习近平总书记指出，我们要通过发现矛盾、分析矛盾、解决矛盾进而解决问题，来推动工作的发展。在十九大报告中，习近平总书记提出的全面建成小康社会、实现社会主义现代化和中华民族的伟大复兴，"新三步走战略"以及四个全面和五大发展理念等都是把马克思主义普遍真理与我国社会具体实际和时代特征相结合的典范，既丰富了中国特色社会主义理论的科学内涵，又是对唯物辩证法的具体运用。正如习近平总书记强调："即将召开的党的十九大，是在全面建成小康社会决胜阶段、中国特色社会主义发展关键时期召开的一次十分重要的大会，能否提出具有全局性、战略性、前瞻性的行动纲领，事关党和国家事业继往开来，事关中国特色社会主义前途命运，事关最广大人民根本利益。我们党要明确宣示举什么旗、走什么路、以什么样的精神状态、担负什么样的历史使命、实现什么样的奋斗目标。"② 这里充分体现了对辩证唯物主义和历史唯物主义理论和方法的具体运用，通篇闪烁着当代中国马克思主义的理想光辉，具有很强的思想性、战略性、前瞻性和指导性。

坚持马克思主义认识论。马克思主义认识论的核心观点是通过实践来认识事物的本质并形成真理性认识，进而指导实践，理论一经掌握群众，会变成物质力量等。习近平总书记既倡导学习马克思主义理论，又倡导学以致用，崇尚实践。2013 年 12 月 3 日和 2015 年 1 月 23 日，中共中央政治局集体学习时特别强调党的各级领导干部都要原原本本地研读马克思主义经典著作，要用思想的力量战胜各种困难和风险，要用马克思主义的立场、观点、方法来武装自己。2009 年 4 月 1 日，习近平总书记在河南调研时，组织以"知行合一、报效祖国"为主题的理论研讨会会场，与大学生们进行交流和探讨，号召大学生以"知行合一"的精神践行社会主义核心价值观，强调既要内化于心，还要外化于行，做到知中有行，行中有知。在践行党的群众路线以及"三严三实"时提出"知"是基础，要做到真"知"、深"知"；"行"是重点，重在身体力行，不做表面文章，不玩花架子。所有这些都是对马克思主

① 中共中央宣传部编：《习近平总书记系列重要讲话读本》，北京：学习出版社、人民出版社2016 年版，第 280 页。

② 《习近平在省部级主要领导干部"学习习近平总书记重要讲话精神，迎接党的十九大"专题研讨班开班式上发表重要讲话强调：高举中国特色社会主义伟大旗帜　为决胜全面小康社会实现中国梦而奋斗》，《人民日报》，2017 年 7 月 28 日。

义认识论基本原理的具体运用和展现。习近平总书记指出："要坚持实践第一的观点，不断推进实践基础上的理论创新。摸着石头过河，是富有中国智慧的改革方法，也是符合马克思主义认识论和实践论的方法。在实践中，先行先试，尊重实践，取得经验再推广。"① 实践出真知，实践决定认识，实践是认识的源泉和动力，也是认识的目的和归宿。

坚持人民群众创造历史的唯物史观。人民群众是社会历史的主体，是社会发展的最终决定力量，这是唯物史观与唯心史观的根本区别，也是马克思主义群众观点的核心要义。马克思曾高度评价人民群众在巴黎公社中发挥的重要作用，认为这是人民自己解放自己的光辉典范。马克思说："这是人民群众获得社会解放的政治形式，这种政治形式代替了人民群众的敌人用来压迫他们的假托的社会力量。"② 马克思始终维护贫苦大众的利益，强调无产阶级领导贫苦大众同资产阶级作坚决斗争的合理性。"无产阶级的运动是绝大多数人的，为绝大多数人谋利益的独立的运动。"③ 发挥人民群众在社会变革中的主体地位，在无产阶级的带领下实现自身的解放，继而实现全人类的解放，是马克思群众史观的核心内容。习近平总书记强调，改革是促进生产力发展，推动社会进步的有效途径和手段。改革是为了推动中国特色社会主义制度自我完善和发展，是发展中国特色社会主义和实现中华民族伟大复兴的必由之路。2012 年 11 月 15 日，习近平当选为中共中央总书记后在同中外记者见面讲话中，就鲜明表达了新一届中共中央以人为本的民生理念。习近平总书记说，"我们的人民热爱生活，期盼有更好的教育、更稳定的工作、更满意的收入、更可靠的社会保障、更高水平的医疗卫生服务、更舒适的居住条件、更优美的环境"，期盼"孩子们能成长得更好、工作得更好、生活得更好。人民对美好生活的向往，就是我们的奋斗目标"。④ 以习近平同志为核心的党中央向人民庄严承诺：在任何情况下都要为人民服务，都要与人民群众同呼吸共命运，都要相信人民群众才是真正的英雄。这些思想都闪耀着历史唯物主义的光芒。在改革开放的攻坚克难期，习近平总书记提出要更加重视人民群众的主体性，紧紧依靠群众推进改革。只要有群众的支持，无论改革路上有多

① 中共中央文献研究室编：《习近平关于全面深化改革论述摘编》，北京：中央文献出版社 2014 年版，第 43 页。

② 中共中央马克思恩格斯列宁斯大林著作编译局编译：《马克思恩格斯文集》（第三卷），北京：人民出版社 2009 年版，第 346 页。

③ 中共中央马克思恩格斯列宁斯大林著作编译局编译：《马克思恩格斯文集》（第二卷），北京：人民出版社 2009 年版，第 278 页。

④ 习近平：《习近平谈治国理政》（第一卷），北京：外文出版社 2018 年版，第 4 页。

大的困难都能克服；若没有群众的支持，任何改革都将寸步难行。对于如何更好地依靠群众，习近平总书记认为，需要继续在全党、全国范围内持续贯彻落实群众路线，提升党员干部的思想觉悟，增强与群众之间的密切联系，确保做到尊重群众、相信群众、向人民群众学习。只有这样，才能不断汲取人民的力量和智慧，制定出好办法、好政策。习近平总书记多次强调，领导干部不是万能的，"必须自觉拜人民为师，向能者求教、向智者问策"[1]。习近平总书记在庆祝中国共产党成立 95 周年大会上的讲话中强调，"带领人民创造幸福生活，是我们党始终不渝的奋斗目标。我们要顺应人民群众对美好生活的向往，坚持以人民为中心的发展思想，以保障和改善民生为重点"，"使改革发展成果更多更公平惠及全体人民，朝着实现全体人民共同富裕的目标稳步迈进"[2]。在改革的进程中，每一次认识与实践的突破、每一个新事物的产生与发展，都是群众反复实践的结果。人民是国家的主人，是推动发展的根本力量。坚持群众史观，依靠人民谋发展，这不仅是全面深化改革的关键所在，也是党和国家安身立命之根本。因此，要继续加强与人民之间的血肉联系，发挥其首创精神，汲取人民的伟大智慧，增强人民参与的有效性，将人民群众的伟大力量汇成推动改革开放的强大合力，助力"中国梦"的实现。

二、十九大精神融入"马克思主义基本原理概论"的具体章节目

在党的十九大之后，为了贯彻落实习近平新时代中国特色社会主义思想和党的十九大精神，相关专家对"原理"课教材进行了全面的修订。这是由党的十九大精神的重要性决定的，是由习近平新时代中国特色社会主义思想的重要意义所决定的，也是由新时代思想政治理论课的新要求所决定的。改革开放以来，我们党在理论建设方面每有新成果，都要提出"三进"任务，即实现理论体系向教材体系的转化、教材体系向教学体系的转化、知识体系向价值体系的转化。"三进"符合思想发展、理论发展和教育发展规律，其中"进教材"是基础、"进课堂"是核心、"进头脑"是目的，通过教材搞建设、课堂讲学理、头脑起风暴，用国家统编教材教育武装青年一代，培养能够担当民族复兴大任的时代新人。

---

[1] 中共中央文献研究室编：《十八大以来重要文献选编》（上），北京：中央文献出版社 2016 年版，第 57 页。

[2] 习近平：《习近平谈治国理政》（第二卷），北京：外文出版社 2017 年版，第 40 页。

"原理"课全面融入习近平新时代中国特色社会主义思想和党的十九大精神，体现习近平总书记关于马克思主义指导地位和马克思主义理论教育的重要论述。新时代"原理"课的主要任务，就是将党的十九大报告的新思想、新观点，以及习近平总书记十八大以来关于马克思主义指导地位的论述、关于加强和改进马克思主义理论教育的论述等内容，全面融入教材体系、创新教材体系，以学习掌握习近平新时代中国特色社会主义思想为重心，全面梳理和学习领会。"原理"课融入十九大报告内容，要"突出体现十九大的昂扬精神和新时代的豪迈气概，体现马克思主义的理论自信，改变教材部分内容的叙事说理方式和沉闷笔调。全面融入和体现十九大精神，不仅要体现十九大报告包含的思想内容，而且要体现十九大展现出来的精神状态和精神面貌。这是一种自信、豪迈、奋进的精神状态，这种精神状态与十九大的思想内容是紧密联系的，如果没有这种精神状态就难以真正理解和把握十九大的思想内容"①。"新时代"要求高校思想政治理论课具有新的精神状态和新的面貌，具有自信、豪迈、奋进的精神气质。而这种新的精神气质要体现在教材中，体现在课堂上，体现在学生的状态中，体现在高校思想政治理论课体系创新中。

"原理"课体系的创新，体现在"原理"课的章节目上。将党的十九大精神融入导论，主要是马克思主义实践基础上科学性与革命性统一的鲜明特征，"原理"课讲清楚十九大的灵魂，即习近平新时代中国特色社会主义思想是马克思主义中国化的最新理论成果，是对马克思主义的继承与发展。用马克思主义的基本立场观点讲清楚习近平新时代中国特色社会主义思想继承和发展马克思主义，始终致力于研究如何让中国人民过上好日子，如何为中国人民谋幸福，为中华民族谋复兴，为世界各国谋和平，将人民对美好生活的向往作为奋斗目标；用马克思主义与时俱进的理论品格讲清楚以习近平为代表的中国共产党人如何坚持一切从实际出发，面对国内国外的诸多困境，如何以开拓创新之态，取得改革开放和社会主义现代化建设的历史性成就。② 在"导论"部分，完善了"马克思主义"的定义。在马克思主义的定义中，增添了人的自由全面发展和美好生活追求的内容，体现了习近平总书记关于"人民对美好生活的向往就是我们的奋斗目标"的思想。完善了马克思主义鲜

① 刘建军：《〈马克思主义基本原理概论（2018 年版）〉修订说明》，《思想理论教育导刊》2018 年第 5 期。

② 王悦、程莎莎：《党的"十九大"精神融入〈马克思主义基本原理概论〉课程路径微探——以"马克思主义哲学"部分为例》，《教育现代化》2018 年第 22 期。

明特征的表述，将马克思主义的鲜明特征概括为科学性、革命性、实践性、人民性、发展性五个方面。在第一章"世界的物质性及发展规律"中，增加两个目，一是"联系和发展的基本环节"，讲述唯物辩证法的基本范畴；二是"量变质变规律和否定之否定规律"，目的是在以对立统一规律为阐释重点的前提下，使辩证法三大规律和基本范畴都得到相应的阐释。在第二章"实践与认识及其发展规律"中，将"实践"上升进入章标题，并放在"认识"之前，体现了"实践"在马克思主义理论中的重要地位；增加一目"实践的本质与基本结构"，集中阐述实践观点；增加一目"实现理论创新和实践创新的良性互动"，集中阐述习近平总书记提出的这一关于创新的重要论断。在第三章"人类社会及其发展规律"中，增加一目"社会主要矛盾在历史发展中的作用"，对"社会主要矛盾"这一以往缺少论述的概念加以集中阐释，论述社会主要矛盾及其变化对社会发展的重要作用。在第四章"资本主义的本质及规律"中，增加了对自由、民主、平等、人权等观念的论述，以便学生把握资本主义意识形态的核心内容。在第五章"资本主义的发展及其趋势"中，完善了"经济全球化"部分的内容和表述，根据习近平总书记对经济全球化的最新论述精神，对经济全球化的本质和作用进行重新认识。在第六章"社会主义的发展及其规律"中，增加一目"社会主义在中国焕发出强大生机活力"，阐述自苏联解体、东欧剧变使世界社会主义运动进入低潮之后，中国共产党人坚持社会主义立场，高举社会主义旗帜，探索并找到发展和振兴社会主义的独特道路，进入中国特色社会主义新时代，昭示了社会主义走向复兴的前景和趋势等。在第七章"共产主义崇高理想及其最终实现"中，新增第三节"共产主义远大理想和中国特色社会主义共同理想"①，从理论上对共产主义远大理想和中国特色社会主义共同理想的关系做了阐述。同时，以习近平总书记关于理想信念和青年成长的论述精神，号召当代大学生坚持理想信念，投身新时代中国特色社会主义伟大事业。

习近平新时代中国特色社会主义思想扎根于中国人民的伟大实践，运用马克思主义基本原理回答时代课题，深化了对于中国特色社会主义的认识，强调坚定道路自信、理论自信、制度自信、文化自信，即"四个自信"是中国特色社会主义的应有之义，这不仅是来源于实践的科学认识，也是我们在新时代应有的精神状态。"在'原理'课教学中可以从课程本身的特点出发，以马克思主义的世界观为底蕴确立'四个自信'的理论根基，以党的实践发

---

① 刘建军：《〈马克思主义基本原理概论（2018 年版）〉修订说明》，《思想理论教育导刊》2018年第 5 期。

展为基础理解'四个自信'的历史脉络，以'人民为中心'的立场把握'四个自信'的价值内涵，增强教学的时代感和针对性，为大学生坚定马克思主义信仰、确立中国特色社会主义信念奠定科学的理论基础。"① "四个自信"作为一种科学认识，其产生的源头在于实践，是中华民族近代以来波澜壮阔的革命、建设、改革的实践催生了"四个自信"。毛泽东同志在第一届全国人民代表大会上庄严宣告："我们正在做我们的前人从来没有做过的极其光荣而伟大的事业。我们的目的一定要达到。我们的目的一定能够达到。"② 邓小平同志在党的十二大向全体党员号召："把马克思主义的普遍真理同我国的具体实际结合起来，走自己的道路，建设有中国特色的社会主义。"③ 提出建设中国特色社会主义道路，表明中国共产党对于所选择的这条道路增进了理论认识与自觉。1997 年江泽民同志在党的十五大报告中提出了"邓小平理论"这一概念，明确指出"邓小平理论形成了新的建设有中国特色社会主义理论的科学体系"④。中国特色社会主义展现出"道路"和"理论"二者的统一。党的十八大报告号召"全党要坚定这样的道路自信、理论自信、制度自信"⑤，首次提出了关于中国特色社会主义的"三个自信"。习近平总书记多次强调要坚定中国特色社会主义自信，并将"三个自信"发展为"四个自信"。2016年在哲学社会科学工作座谈会上，习近平总书记指出："我们说要坚定中国特色社会主义道路自信、理论自信、制度自信，说到底是要坚定文化自信。文化自信是更基本、更深沉、更持久的力量。"⑥ "四个自信"的提出丰富了中国特色社会主义的内涵，使人们从整体上辩证把握各个要素之间的内部联系。因此，伴随着科学社会主义理论在我国的运用和发展，"四个自信"在道路、理论、制度、文化等方面依次展开，生动展现了马克思主义的真理性及实践性，中国特色社会主义建设所取得的成就足以让我们感到自豪因而也倍加自信。⑦

党的十八大以来，以习近平同志为核心的党中央从坚持和发展中国特色社会主义全局出发，提出并形成了全面建成小康社会、全面深化改革、全面

① 王莉：《〈马克思主义基本原理概论〉如何讲授"四个自信"》，《贵阳学院学报（社会科学版）》2019 年第 4 期。

② 毛泽东：《毛泽东文集》（第六卷），北京：人民出版社 1999 年版，第 350 页。

③ 邓小平：《邓小平文选》（第三卷），北京：人民出版社 1993 年版，第 3 页。

④ 中共中央文献研究室编：《十五大以来重要文献选编》（上），北京：人民出版社 2000 年版，第 12 页。

⑤ 中共中央文献研究室编：《十八大以来重要文献选编》（上），北京：中央文献出版社 2014 年版，第 13 页。

⑥ 习近平：《习近平谈治国理政》（第二卷），北京：外文出版社 2017 年版，第 339 页。

⑦ 王莉：《〈马克思主义基本原理概论〉如何讲授"四个自信"》，《贵阳学院学报（社会科学版）》2019 年第 4 期。

依法治国、全面从严治党的"四个全面"战略布局。"原理"课重点要讲清楚"四个全面"战略布局所蕴含的马克思主义的立场、观点和方法。要讲清"四个全面"战略布局所持有的坚定的人民立场；要讲清"四个全面"战略布局所蕴含的鲜明的马克思主义观点；要讲清"四个全面"战略布局所蕴含的唯物辩证的思想方法。"四个全面"战略布局以全局视野和战略眼光，立足中国实际，总结中国经验，把握世界大势，从我国发展现实需要中提出来的，确立了新形势下党和国家各项工作的战略方向、重点领域和主攻目标，体现了唯物辩证的思想方法。[①]习近平总书记在纪念马克思诞辰 200 周年大会上发表的重要讲话，以深邃的历史眼光和开阔的战略伟力，高屋建瓴地提出了新时代不断推进马克思主义中国化时代化的要求，向全党全国人民发出"不断开辟当代中国马克思主义、21 世纪马克思主义新境界"的时代最强音！总书记这一重大科学论断，充分表达了我们坚持和发展马克思主义的强大自信，对于实现"两个一百年"奋斗目标和中华民族伟大复兴中国梦具有极为重要的时代意义。[②]习近平总书记讲话重点提到"坚持""发展"：即坚持和发展马克思主义，一是回答了为何要坚持马克思主义，二是回答了如何发展马克思主义。发展无止境，对真理的认识也永无止境。历史发展到今天，马克思的学说依然闪烁着耀眼的真理光芒。不断开辟马克思主义新境界，就是要坚持马克思主义真理，就是要学习马克思主义，就是要发展马克思主义。马克思主义思想理论博大精深、常学常新。

三、十九大精神融入"马克思主义基本原理概论"的方法论

为深入学习贯彻党的十九大精神，切实将思想和行动统一到党的十九大精神上来，把智慧和力量凝聚到落实党的十九大提出的各项任务上来，努力办好人民满意的教育就是要让十九大精神浸润"所有党员、所有教工、所有学生"，采取多项举措，迅速学起来、教起来、传起来、研起来，确保干起来、实起来，掀起学习宣传贯彻党的十九大精神热潮，紧紧围绕学懂、弄通、做实，打出组合拳。高等学校要采用多形式，分层次，迅速开展学习十九大精神活动；高校思想政治理论课教师要将习近平新时代中国特色社会主义思想等十九大新思想新精神新论断全方位融入"原理"课体系，进课堂，进教

① 汪宗田、黄艳霞：《"四个全面"战略布局融入思想政治理论课的教学方式探析》，《学校党建与思想教育》2015 年第 23 期。

② 张其佐：《如何理解习近平"不断开辟马克思主义新境界"》，《经济日报》，2018 年 5 月 8 日。

材，迅速教起来。高校思想政治理论课教师，要根据"原理"课体系和各个章节进行系统分析阐述教学要点、重点、难点，同时提供生动鲜活的案例素材，帮助广大教师准确、透彻理解和把握教学要求，努力探索十九大精神进高校思想政治理论课的有效途径和方法。

习近平新时代中国特色社会主义思想"进教材、进课堂、进头脑"是一场接力赛，高校思想政治理论课 2018 版教材的出版，实现了习近平新时代中国特色社会主义思想从理论体系向教材体系的转化。然而，作为一场接力赛，不仅需要专家和教材编写者的领跑，更需要一线教师的接力参与。一线教师要想跑好自己这一棒，实现从教材体系向教学体系、知识体系向价值体系的有效转换。① 这个过程涉及教学的方方面面，但首先必须在方法上确保进入。"在方法上确保进入，既熟练应用马克思主义立场、观点、方法，又创新话语体系和教学体系，让教材真正活起来，做到作用和效果相统一"②，积极有效推进习近平新时代中国特色社会主义思想的"三进"工作。

习近平新时代中国特色社会主义思想融入"原理"课体系，高校思想政治理论课教师要深耕教材，对"原理"课要全面掌握，为从教材体系向教学体系进行转换做到心中有数。正如习近平总书记所言："马克思主义经典著作蕴含和集中体现着马克思主义基本原理，是马克思主义理论的本源和基础。"③ 2018 年版"原理"新教材，编写组专家采用了文献参考式、引入说明式、说明原理式、补充创新式、替代更换式等融入方法，把习近平新时代中国特色社会主义思想有机融入"原理"课各章节中，体现了"马克思主义的根本性质和整体特征"④。2018 年版"原理"课这些融入方法构成了一个"原理"课融入方法体系，确保了习近平新时代中国特色社会主义思想融入"原理"课的时效性。⑤ 所谓文献参考式，就是在教科书所列的阅读文献部分，列出与本部分有关的习近平总书记的相关文献以供学生学习阅读和参考使用。从逻辑上讲，要实现从理论体系向教材体系的转化，就必须掌握习近平新时代中国特色社会主义思想，而要掌握其思想，就必须对习近平系列讲话原原本本

---

① 段俊霞、潘建屯：《高校思想政治理论课"三进"方式方法探析——以〈马克思主义基本原理概论〉为例》，《西南石油大学学报（社会科学版）》2019 年第 2 期。

② 陈宝生：《如何用好讲好新修订的高校思政课教材?》，《人民日报》，2018 年 5 月 16 日。

③ 习近平：《认真学习马克思主义经典作家著作　不断推进中国特色社会主义事业》，《人民日报》，2001 年 5 月 14 日。

④ 《马克思主义基本原理概论》编写组：《马克思主义基本原理概论》，北京：高等教育出版社2013 年版，第 3 页。

⑤ 段俊霞、潘建屯：《高校思想政治理论课"三进"方式方法探析——以〈马克思主义基本原理概论〉为例》，《西南石油大学学报（社会科学版）》2019 年第 2 期。

地学，熟读精思、学深悟透。"从学习讲话原文、到教材读本、再到学科理论"①，这是学习的基本规律；因此，高校思想政治理论课教师和学生要认真研读马克思主义经典著作，不能断章取义，望文生义，要完整准确地理解概念及其原理的本真含义，才能对教材内容有着非常熟悉的了解。正如恩格斯所言："我请您根据原著来研究这个理论，而不是根据第二手的材料来进行研究……这的确要容易得多。"② 高校思想政治理论课强调的是"以理服人"，理论魅力在于经得起推敲，经得住论证。在高校思想政治理论课教学中，特别是"原理"课教学中增加原著论证材料，使得"原理"课更有"立体感"。因为，经典著作不仅包含着马克思主义思想理论，同时也包含了经典作家对基本原理、基本观点生动而深刻的论证过程。在思想政治理论课教学中，教师不仅要对教材中的理论阐释，而要通过经典著作中经典作家的论证来印证教材的内容。③ 所谓引入说明式，就是根据教材的某个内容引入习近平总书记的经典语录，以此来说明教材中的某个观点。党的十八大以来，在习近平总书记的系列讲话、文章和访谈中出现了许多经典语句，这些语句从形式上极具鲜活性，人民爱听、爱看、爱学、爱用；从内容上，又极富有哲理性，这些哲理几乎覆盖了马克思主义所有的基本原理，因此，习近平总书记这些在形式和内容达到完美统一的经典语录为该方法在"原理"课中的大量使用提供了丰富资料。比如在 2018 年版"原理"课绪论部分，在谈到自觉以马克思主义为行动指南、树立科学的理想信念时，引入习近平总书记的"扣好人生的第一粒扣子"这个经典比喻。④ 又比如，在第一章谈到"底线思维能力"时，引入不能踩"红线"、越"底线"、闯"雷区"等经典语录。⑤ 所谓说明原理式，就是在讲解马克思主义基本原理中的某个立场、观点和方法时，引入习近平总书记某个方面的思想进行说明和佐证。这一融入方式通过分析习近平新时代中国特色社会主义思想的内容与马克思主义的哪些原理关联密切，将两者相连的部分进行整合，一般处理方法是先对该原理进行阐释，再把习近平新时代中国特色社会主义思想的相关内容做进一步阐述。如在第三章第

① 陈宝生：《如何用好讲好新修订的高校思政课教材?》，《人民日报》，2018 年 5 月 16 日。

② 中共中央马克思恩格斯列宁斯大林著作编译局编译：《马克思恩格斯文集》（第十卷），北京：人民出版社 2009 年版，第 593 页。

③ 陈道武：《原著·教材·现实：思想政治理论课"三位一体"教学法探索——〈马克思主义基本原理概论〉教学笔谈》，《理论观察》2018 年第 1 期。

④ 《马克思主义基本原理概论》编写组：《马克思主义基本原理概论》，北京：高等教育出版社 2018 年版，第 18 页。

⑤ 《马克思主义基本原理概论》编写组：《马克思主义基本原理概论》，北京：高等教育出版社 2018 年版，第 52 页。

三节"个人在社会历史中的作用"时，引入习近平总书记《在纪念毛泽东同志诞辰 120 周年座谈会上的讲话》的内容，即"不能把历史顺境中的成功简单归功于个人，也不能把历史逆境中的挫折简单归咎于个人……不能苛求前人干出只有后人才能干出的业绩来"①。补充创新式指的是习近平新时代中国特色社会主义思想融入教材时，融入的内容主要是习近平在马克思主义基本原理中所创新发展的部分内容，由于采取的方式主要是补充添加的形式，因此把这种融入方式称为补充创新式融入。2018 年版"原理"课明确指出马克思主义具有发展性的鲜明特征，"马克思主义是不断发展的学说，具有与时俱进的品质"②。而习近平新时代中国特色社会主义思想作为 21 世纪的马克思主义，必然是在继承马克思主义的前提下丰富和发展了的马克思主义，这使它在马克思主义的基本原理方面具有一定的理论创新和实践创新，这些创新必然通过教材新的板块来阐释。如十九大报告指出我国社会主要矛盾的转化，2018 年版"原理"课在第三章第二节增加了"社会主要矛盾在历史发展中的作用"这一内容。③ 替代更新式则是指在修订教材时，根据习近平新时代中国特色社会主义思想，把教材中因种种原因不再合适的内容用习近平新时代中国特色社会主义的最新思想予以替换。从历史的视角来看，马克思主义不是一成不变的学说，随着时代的发展和认识的不断深入，马克思主义也不断向前发展。如 2018 年版"原理"课根据十九大的相关内容，把习近平新时代中国特色社会主义思想定位于"马克思主义中国化最新理论成果，是党和人民实践经验和集体智慧的结晶，是中国特色社会主义理论体系的重要组成部分，是全党全国人民为实现中华民族伟大复兴而奋斗的行动指南"④。这五种融入方式之间并不是完全孤立的，而是内在相互关联的，这种相互关联性使它们之间相互交织，构成了一张有机融合的网，也正是借助这张网，较好地实现了"原理"课融入和体系创新。⑤ 这是新时代高校思想政治理论课体系创新的有益探索，对于提高思想政治理论课的有效性具有重要意义。

①《马克思主义基本原理概论》编写组：《马克思主义基本原理概论》，北京：高等教育出版社 2018 年版，第 157 页。

②《马克思主义基本原理概论》编写组：《马克思主义基本原理概论》，北京：高等教育出版社 2018 年版，第 12 页。

③《马克思主义基本原理概论》编写组：《马克思主义基本原理概论》，北京：高等教育出版社 2018 年版，第 133 页。

④《马克思主义基本原理概论》编写组：《马克思主义基本原理概论》，北京：高等教育出版社 2018 年版，第 9 页。

⑤ 段俊霞、潘建屯：《高校思想政治理论课"三进"方式方法探析——以〈马克思主义基本原理概论〉为例》，《西南石油大学学报（社会科学版）》2019 年第 2 期。

第十一章 新时代"中国近现代史纲要"体系创新

党的十九大以来，习近平总书记发表了一系列重要讲话。这些讲话从不同方面或角度深化了十九大报告的内容，是十九大精神的延续、丰富和发展，是习近平新时代中国特色社会主义思想的重要组成部分。把党的十九大精神融入"中国近现代史纲要"（以下简称"纲要"）课程，即在全面体现党的十九大精神的基础上，以中国近现代史发展进程和马克思主义历史观为视角，阐述、分析十九大报告及其他相关会议文件中对于重大历史事件、历史任务、历史事实、历史人物、历史方位等的判断；阐述、分析党的十八大以来，中国特色社会主义现代化建设取得的历史性变革与成就；阐述、分析习近平新时代中国特色社会主义思想中所包含的深刻唯物史观，尤其是中国共产党党史观、中国近现代史观等，引导大学生树立正确的国史观、国情观。

一、十九大精神融入"中国近现代史纲要"课的方案设计

强化问题意识，认真研读十九大报告和深入了解学生，找到十九大精神与"纲要"课教学内容及大学生成长成才之间的关联，这是党的十九大精神融入"纲要"课教学的逻辑起点。因此，十九大精神以及由十九大报告所确立的习近平新时代中国特色社会主义思想，作为中国特色社会主义理论的最新成果，必须融入"纲要"课教学中，通过进课堂、进教材，最终实现"进头脑"以及"进行动"的目标。

十九大精神融入"纲要"课的目标要求。目标设计既要符合中央要求，也要贴近学生需求。从一定意义上讲，推进党的十九大精神融入"纲要"课教学，实际上就是要激发广大青年学生认识和明确"两个一百年"奋斗目标、建设社会主义现代化强国、实现中华民族伟大复兴的"中国梦"等宏伟目标，并使青年学生坚定为实现这些目标而奋斗的信心。因此，必须在讲透党的十九大精神的基础上，结合学生生活实际将蕴含其中的新思想、新理论、新观点、新论断等讲清楚、讲明白，使党的十九大精神能够被听懂、被领会，而

且还可以得到有效落实，从而推动党的理论创新成果走近广大青年学生，以凝聚、扩大青年学生实现伟大梦想的社会共识。高校作为意识形态工作前沿阵地，肩负着学习研究宣传马克思主义，培育和弘扬社会主义核心价值观，为实现中华民族伟大复兴的"中国梦"提供人才保障和智力支持的重要任务。意识形态是极端重要的工作，我们要遵循党的创新理论武装大学生头脑的规律，积极探索党的十九大精神融入"纲要"课教学的逻辑和进路，这是当前推进党的十九大精神进教材、进课堂、进学生头脑首先需要思考和解决的问题。"纲要"课要以最新的理论培养时代新人。毛泽东同志指出："思想和政治又是统帅，是灵魂。只要我们的思想工作和政治工作稍为一放松，经济工作和技术工作就一定会走到邪路上去。"① 恩格斯说，历史从哪里开始，思想进程也应当从哪里开始。"理论是来源于实践的，历史上产生的理论，要用历史的进程、实践和历史的逻辑来说明。"② 也就是说历史进程是理论产生的载体。"纲要"课要把马克思主义中国化最新理论成果融入教学全过程。

十九大精神融入"纲要"课的环节设计。环节设计既要注重教学方式的合理性，也要重视考核评价对教学内容的服务性。在任何的课程教学中始终应该秉持的一个理念就是内容融入是主要的方式。因而，在推动党的十九大精神融入"纲要"课教学时，应注重发挥教学内容的主导作用，要围绕教学内容来对教学方式、考核评价、实践模式等进行设计，避免教学以及考核评价的形式主义。要把党的十九大精神全面、系统地融入"纲要"课的具体章节之中，并以此为依据设计教学方式和考核评价标准，实现教学内容的专题化、教学方式的多样化、考核评价合理化的模式。推动党的十九大精神融入"纲要"课教学，要瞄准互联网时代高校思想政治理论课教学改革的指导思想、基本原则和主要任务，在打造 MOOC 课程和翻转课堂，统筹教学内容、教学方式和考核评价基础上，建立起学生课前学习、课中研讨、课后实践，线上线下一体化的教学方法，推动党的十九大精神融入"纲要"课教学深入持久开展。"意味着中国特色社会主义道路、理论、制度、文化不断发展，拓展了发展中国家走向现代化的途径，给世界上那些既希望加快发展又希望保持自身独立性的国家和民族提供了全新选择，为解决人类问题贡献了中国智慧和中国方案。"③ 通过专题教学集中讲授"纲要"课。如从马克思主义中国

① 毛泽东：《毛泽东文集》（第七卷），北京：人民出版社 1999 年版，第 351 页。
② 中共中央马克思恩格斯列宁斯大林著作编译局编：《马克思恩格斯选集》（第二卷），北京：人民出版社 1995 年版，第 43 页。
③ 习近平：《习近平谈治国理政》（第一卷），北京：外文出版社 2018 年版，第 183 页。

化角度凝练专题，讲清楚习近平新时代中国特色社会主义思想；从基本国情角度凝练专题，讲清楚我国社会主要矛盾的变化。根据教学内容的需要，进行系统讲授。如将中国特色社会主义基本方略及十九大报告关于我国经济社会发展重大战略部署分别贯穿到"纲要"课相应的教学内容之中去讲授。在"中国共产党的创建及其意义"中，加强"不忘初心，牢记使命"的内容并重点讲述。根据十九大精神，在教学中重点讲述中国共产党第一次全国代表大会通过的《中国共产党第一个纲领》，以此讲清楚党的初心、党的性质、党的奋斗目标和历史使命。与此同时，也要讲清楚实现党的初心是一个长期的历史过程。它需要党通过制定符合中国国情的纲领、路线等，团结和带领全国各族人民，接续奋斗。

十九大精神融入"纲要"课的具体原则。坚持"精"和"管用"的原则，建构具有逻辑关联的"问题锁链"。抓住十九大精神的内涵和实质，结合大学生思想实际，这是党的十九大精神融入"纲要"课教学的关键环节。首先要依据教学目标，整理分析问题。按照学习宣传十九大精神"六个聚焦"的要求，坚持整体把握与突出重点、知识教育与思想教育、理论宣传与价值塑造相结合，以是否有助于实现教学目的为根本标准对收集来的各种问题进行归类、甄别和筛选。其次是以问题为导向，用"问题"来牵引。按照教学设计，开展问题教学。从日常生活、时事新闻、历史典故、领袖话语、调查报告等引出教学"问题"，创设问题情境，使之生动形象和富于悬念。以"问题"为线索，按照认知逻辑逐个呈现与解答，环环相扣，步步为营。讲究授课艺术，精心设问，善于发问，做好问题讨论。坚持理论联系实际，既不脱离理论空谈实际，又不脱离实际空谈理论。坚持问题分析与价值引导相结合，既从科学角度帮助学生找到解决问题的办法和对策，更从价值角度帮助学生掌握分析问题的立场和方法。依据"问题锁链"，建构教学内容。以"问题"为纽带，"问题"承载思想理论。以"问题"为引线，"问题"激发学生思考。通过问题解析阐释思想理论和塑造价值观念，把国家发展主题和学生成长主题结合起来，"依据理论逻辑、认知逻辑、历史逻辑等形成问题锁链"①，结合教学实际，选择教学方式。

十九大精神与"纲要"课在内容上高度融合。十九大以习近平新时代中国特色社会主义思想为指引，不忘初心，决胜全面建成小康社会，开启全面建设社会主义现代化建设新征程，为实现中华民族伟大复兴的"中国梦"不懈奋斗。在把握十九大精神的基础上，教师应将十九大精神与"纲要"课教

---

① 马晓亮等：《思政理论课实践教学模式构建与应用创新》，《中国高等教育》2017 年第 6 期。

材现有内容进行融入，梳理出教学重点、热点、难点，探索出新形式、新方法，将之落实到教学中。党的十九大报告明确提出："经过长期努力，中国特色社会主义进入了新时代，这是我国发展新的历史方位。"① 新时代意味着近代以来久经磨难的中华民族迎来了从站起来、富起来到强起来的伟大飞跃，对于解读"近代以来久经磨难"、怎样"站起来"、怎样"富起来"到怎样"强起来"的层层递进的关系，这就是"纲要"课教学的整体脉络。十九大报告指出："九十六年来，为了实现中华民族伟大复兴的历史使命，无论是弱小还是强大，无论是顺境还是逆境，我们党都初心不改、矢志不渝，团结带领人民历经千难万险，付出巨大牺牲，敢于面对曲折，勇于修正错误，攻克了一个又一个看似不可攻克的难关，创造了一个又一个彪炳史册的人间奇迹。"② 在"纲要"课教学中可围绕十九大报告进行主题阐释等。如十九大报告强调，党要"始终成为马克思主义执政党，自身必须始终过硬"，必须"深入推进党的建设新的伟大工程"，从而"始终成为全国人民的主心骨"、实现"党对一切工作的领导"。十九大报告强调"坚持以人民为中心"，即"依靠谁，为了谁"的问题。十九大提出了"构建人类命运共同体"的宏伟战略等主题。

二、新时代"中国近现代史纲要"体系创新的内容体系

马克思、恩格斯对近代中国的关注和论述，是"纲要"课体系创新的重要内容。习近平总书记在纪念马克思诞辰 200 周年大会上的讲话中指出："第二次鸦片战争期间，马克思撰写了十几篇关于中国的通讯，向世界揭露西方列强侵略中国的真相，为中国人民伸张正义。马克思、恩格斯高度肯定中华文明对人类文明进步的贡献，科学预见了'中国社会主义'的出现，甚至为他们心中的新中国取了靓丽的名字——'中华共和国'。"③ 马克思、恩格斯深刻揭示西方列强的侵略对中国社会的影响。马克思、恩格斯在《中国革命和欧洲革命》一文写道："与外界完全隔绝曾是保存旧中国的首要条件，而当这种隔绝状态通过英国而为暴力所打破的时候，接踵而来的必然是解体的过

---

① 习近平：《决胜全面建成小康社会 夺取新时代中国特色社会主义伟大胜利——在中国共产党第十九次全国代表大会上的报告》，北京：人民出版社 2017 年版，第 10 页。

② 习近平：《决胜全面建成小康社会 夺取新时代中国特色社会主义伟大胜利——在中国共产党第十九次全国代表大会上的报告》，北京：人民出版社 2017 年版，第 14 – 15 页。

③ 习近平：《在纪念马克思诞辰 200 周年大会上的讲话》，《人民日报》，2018 年 5 月 5 日。

程，正如小心保存在密闭棺材里的木乃伊一接触新鲜空气便必然要解体一样。"①"中国的连绵不断的起义已经延续了约十年之久，现在汇合成了一场惊心动魄的革命；不管引起这些起义的社会原因是什么，也不管这些原因是通过宗教的、王朝的还是民族的形式表现出来，推动这次大爆发的毫无疑问是英国的大炮，英国用大炮强迫中国输入名叫鸦片的麻醉剂。满族王朝的声威一遇到英国的枪炮就扫地以尽，天朝帝国万世长存的迷信破了产……同时，这个帝国的银币——它的血液——也开始流向英属东印度。"② 马克思、恩格斯强烈谴责西方列强以各种借口发动的"极端不义的战争"给中国人民带来的深重灾难。马克思、恩格斯在《英人在华的残暴行动》一文写道："广州城的无辜居民和安居乐业的商人惨遭屠杀，他们的住宅被炮火夷为平地，人权横遭侵犯，这一切都是在'中国人的挑衅行为危及英国人的生命和财产'这种站不住脚的借口下发生的！……有人企图转移对主要问题的追究，给公众造成一个印象：似乎在亚罗号划艇事件以前就有大量的伤害行为足以构成宣战的理由。可是这些不分青红皂白的说法是毫无根据的。英国人控告中国人一桩，中国人至少可以控告英国人九十九桩。"③ 马克思、恩格斯揭露西方资本主义宣扬的所谓与中国进行"自由贸易"等的虚伪性、欺骗性。马克思、恩格斯在《鸦片贸易史》一文即写道："英国政府在印度的财政，实际上不仅要依靠对中国的鸦片贸易，而且还要依靠这种贸易的不合法性。如果中国政府使鸦片贸易合法化，同时允许在中国种植罂粟，英印政府的国库会遭到严重灾难。英国政府公开宣传毒品的自由贸易，暗中却保持自己对毒品生产的垄断。任何时候只要我们仔细地研究一下英国的自由贸易的性质，我们大都会发现：它的'自由'说到底就是垄断。"④ 马克思、恩格斯对中国人民反抗外来侵略和本国封建压迫的斗争，从最本质的方面予以肯定。马克思、恩格斯在《波斯和中国》一文中指出："我们不要像道貌岸然的英国报刊那样从道德方面指责中国人的可怕暴行，最好承认这是'保卫社稷和家园的战争'，这是一场维护中华民族生存的人民战争。虽然你可以说，这场战争充满这个民族的目空一切的偏见、愚蠢的行动、饱学的愚昧和迂腐的野蛮，但它终究是

---

① 中共中央马克思恩格斯列宁斯大林著作编译局编译：《马克思恩格斯文集》（第二卷），北京：人民出版社 2009 年版，第 609 页。
② 中共中央马克思恩格斯列宁斯大林著作编译局编译：《马克思恩格斯文集》（第二卷），北京：人民出版社 2009 年版，第 607 – 608 页。
③ 中共中央马克思恩格斯列宁斯大林著作编译局编译：《马克思恩格斯文集》（第二卷），北京：人民出版社 2009 年版，第 620 – 621 页。
④ 中共中央马克思恩格斯列宁斯大林著作编译局编译：《马克思恩格斯文集》（第二卷），北京：人民出版社 2009 年版，第 636 页。

人民战争。而对于起来反抗的民族在人民战争中所采取的手段，不应当根据公认的正规作战规则或者任何别的抽象标准来衡量，而应当根据这个反抗的民族所刚刚达到的文明程度来衡量。"①

习近平历史观融进"纲要"课。习近平的历史观，宏观上指习近平关于什么是历史、为什么学习研究历史及怎样学习研究历史等基本问题的总的看法和根本观点；微观上指习近平总书记将有关社会历史的根本观点运用于历史学习研究中，并由此形成的有关历史，特别是有关党史、国史的新观点、新概括、新论断。习近平历史观的这两个层面是一个有机整体，科学把握并将之系统融进"纲要"课教学，对引导大学生树立科学历史观，帮助他们厘清党史、国史中的大是大非问题，对增强"纲要"课教学的针对性和实效性，提升大学生的获得感具有重大现实意义。就"纲要"课来说，"种好自己的责任田"，就是要根据教育部思想政治理论课教学指导委员会印发的《关于高校思想政治理论课贯彻落实党的十九大精神的教学建议》，做到三个"讲清楚"：讲清楚十九大报告中对重大历史事件、历史任务、历史事实以及对中国特色社会主义历史方位的判断；讲清楚十八大以来我国社会主义现代化建设取得的历史性成就；讲清楚习近平新时代中国特色社会主义思想中所包含的深刻唯物史观，尤其是党史观、中国近现代史观，引导大学生正确认识国史、国情。做到三个"讲清楚"就是要史论结合、寓"论"于"史"，以习近平历史观统领"纲要"课教学。② 习近平总书记在一系列重要讲话中涉及社会历史问题的阐释和论述，形成了习近平总书记的历史观。将习近平历史观融入"纲要"课教学中，回应了时代关切，推进习近平新时代中国特色社会主义思想"进教材、进课堂、进头脑"具有重要的意义。习近平历史观进课堂是高校学习贯彻落实党的十九大精神的现实要求。党的十九大确立了习近平新时代中国特色社会主义思想在全党的指导地位，推进了习近平新时代中国特色社会主义思想"三进"，是当前和今后一个时期高校的首要政治任务。习近平历史观是治国理政过程中形成的重要思想理论，是习近平新时代中国特色社会主义思想的重要组成部分，是新时期马克思主义中国化的最新理论成果。推进习近平历史观进课堂，是"三进"的重要环节，符合马克思主义理论与时俱进的品格，也是新时期高校贯彻落实党的十九大精神的重要方面。将习近平

① 中共中央马克思恩格斯列宁斯大林著作编译局编译：《马克思恩格斯文集》（第二卷），北京：人民出版社 2009 年版，第 626 页。

② 方玉萍：《习近平历史观融进"中国近现代史纲要"教学的思考》，《教育评论》2019 年第1 期。

历史观融入"纲要"课教学，有助于深化思想政治理论课教学改革，对于创新育人模式，提高人才培养质量，增强"纲要"课的说服力、吸引力、感染力和实效性具有重要的作用。从学科性质来讲，"纲要"课是高校思想政治理论课，也是一门历史课，具有历史性、理论性、思想性和政治性，其中历史性是基础，理论性是灵魂，思想性和政治性是核心。习近平历史观回答了应以什么态度对待历史的问题。即"一是敢于承认，二是正确分析，三是坚决纠正，从而使失误和错误连同党的成功经验一起成为宝贵的历史教材"①。习近平总书记指出，历史是"最好的清醒剂"、前人的"百科全书"，中国革命历史是中国共产党人"最好的营养剂"。习近平总书记始终把治国理政工作放在历史进程中把握，无论反腐倡廉、"一带一路"倡议，还是经济发展新常态、实践中国梦等许多重大现实主题，都从历史的视角探究根源、论证路径。习近平历史观回答了应以什么样的方法论研究历史的问题。历史就是历史，事实就是事实，历史不容篡改、不能选择，历史不能容纳谎言。敬畏历史需要科学分析历史。"纲要"课"要牢牢把握党的历史发展的主题和主线、主流和本质"② 这一历史研究方法。更为重要的是，理解并把握了这一方法，就能大大提升学生分析、解决问题的能力，使之做到举一反三，在纷繁复杂的网络世界里也能自主澄清错误认识，自觉消解历史虚无主义的影响。习近平历史观回答了应以什么样的目的运用历史的问题。习近平总书记指出，历史研究不是为研究而研究，研究的目的并不在于历史本身，探究的目的是镜鉴，以学术观点阐述历史规律，从探究历史规律中获得治国理政的智慧。习近平总书记高度重视历史的育人作用。习近平总书记在主持中央政治局第七次集体学习时强调："历史是最好的教科书"，"学习党史、国史，是坚持和发展中国特色社会主义、把党和国家各项事业继续推向前进的必修课。这门功课不仅必修，而且必须修好"。③ 习近平总书记在欧洲演讲时强调，历史是了解现实的钥匙。④ 习近平总书记在西柏坡考察时，指出要发扬先辈们艰苦奋斗的拼搏精神和勤俭节约的作风，要弘扬和继承"西柏坡精神"："历史是最好的教科书。对我们共产党人来说，中国革命历史是最好的营养剂。多重温这些伟

---

① 习近平：《在纪念毛泽东同志诞辰 120 周年座谈会上的讲话》，北京：人民出版社 2013 年版，第 12 页。

② 习近平：《领导干部要读点历史》，《中共党史研究》2011 年第 10 期。

③ 习近平：《在对历史的深入思考中更好走向未来　交出发展中国特色社会主义合格答卷》，《人民日报》，2013 年 6 月 27 日。

④ 习近平：《在布鲁日欧洲学院的演讲》，《人民日报》，2014 年 4 月 2 日。

大历史，心中就会增加很多正能量。"① 历史既是一部丰富生动的教科书，也是让大学生增长智慧、补精神之钙的营养剂，使大学生明确自己肩负的历史使命，不断地继承和超越前人，推动社会不断地发展进步，为中华民族伟大复兴而不懈奋斗。② 总之，新思想所涵盖的历史观精髓，为更好地实现"纲要"课程教学目标提供了重要遵循。"纲要"课程在历史知识梳理中承载着意识形态教育，科学历史观、民族观和国家观的培育，此外，"两个了解"和"四个选择"是"纲要"课的根本目标。"纲要"课程是全面解读和传播新时代习近平历史观的绝佳平台，思想政治理论课教师应该用习近平历史观统领教学。③"纲要"课不是对中学历史课程的简单知识拓展，"防止简单的知识重复而失去了'纲要'课程的理论性和思想性"④ 始终是"纲要"课教学中非常值得关注的问题。"纲要"课，是通过对中国近现代史的叙述和分析，帮助大学生"了解国史、国情"，懂得"四个选择"的必要性和正确性。⑤

坚持党的领导贯穿"纲要"课体系创新的全过程。习近平总书记在党的十九大报告中将"坚持党对一切工作的领导"⑥ 放在新时代坚持和发展中国特色社会主义的基本方略的首位。在十三届全国人大一次会议第三次全体会议通过的《中华人民共和国宪法修正案》中将"中国共产党领导是中国特色社会主义最本质的特征"写进了宪法总纲领。⑦ 习近平总书记在学校思想政治理论课教师座谈会指出："培养一代又一代拥护中国共产党的领导和社会主义制度、立志为中国特色社会主义事业奋斗终身的有用人才。"⑧ 这就为高校思想政治理论课体系创新指明了方向。在十九届四中全会中将"坚持党的集中统一领导"作为我国国家制度和国家治理体系的显著优势。⑨ 因此，"增强拥

① 习近平：《党面临的"赶考"远未结束——再访西柏坡侧记》，《人民日报》，2013 年 7 月 14 日。

② 张玲：《习近平系列讲话精神进"中国近现代史纲要"课的初步探索与实践》，《思想政治课研究》2017 年第 6 期。

③ 李秀芸：《习近平新时代中国特色社会主义思想融入"纲要"课教学探析》，《学校党建与思想教育》2010 年第 2 期。

④ 黄腾华：《历史虚无主义对"纲要"课教学的冲击及其应对》，《思想理论教育导刊》2014 年第 8 期。

⑤ 沙健孙：《关于"中国近现代史纲要"课程教学的若干问题》，《教学与研究》2006 年第 8 期。

⑥ 习近平：《决胜全面建成小康社会　夺取新时代中国特色社会主义伟大胜利——在中国共产党第十九次全国代表大会上的报告》，北京：人民出版社 2017 年版，第 20 页。

⑦《中华人民共和国宪法》，《人民日报》，2018 年 3 月 22 日。

⑧《习近平：用新时代中国特色社会主义思想铸魂育人　贯彻党的教育方针　落实立德树人根本任务》，人民网，2019 年 3 月 18 日。

⑨《十九届四中全会在京举行》，《人民日报》，2019 年 11 月 1 日。

护共产党的领导"是"纲要"课教学的一个重要目的与要求。① 在具体的"纲要"课教学中，如何才能让学生充分理解、自觉认同"坚持党的领导"的必要性与重要性，关键要将"坚持党的领导"命题贯穿"纲要"课教学的全过程。② "坚持党的领导"首先要讲清楚近代中国"选择中国共产党领导"的历史必然性。③ 事实上，讲清这一问题对于增强学生认识"坚持党的领导"的自觉性具有重要意义。只有坚持党的领导，才能确保国家始终坚定地走社会主义道路。"走社会主义道路"是近代以来无数革命前辈努力探索出的、真正有利于中国人民的重要抉择。坚持党的领导，能够最大限度地发挥中国特色社会主义制度的优势；坚持和加强党的领导是新时代中国特色社会主义取得历史性成就的关键所在。"纲要"课是一门高校思想政治理论课，它的任务不仅仅要讲清楚历史事实，更要通过对历史进程的讲解让学生明白为什么历史和人民选择了马克思主义、选择了中国共产党、选择了社会主义道路、选择了改革开放。"纲要"课应当探索通过有针对性的教学设计，提升学生掌握运用马克思主义立场、观点和方法发现、分析、解决现实问题的能力，进而提升作为"时代新人"应有的基本素养。基于此，在"纲要"课的教学中把中国近现代史最大的历史经验，即"坚持党的领导"贯彻课程始终，讲清楚、讲透彻，不仅是教学目标的要求，更是完成立德树人根本任务的内在需要。④

"纲要"课要讲清楚"不忘初心，牢记使命"的重大命题。习近平总书记在庆祝中国共产党成立95周年的讲话中，系统论述了"坚持不忘初心、继续前进"这一事关党和国家各方面事业的重大问题。党的十九大报告集中概括了党的初心和使命，依次阐明：中国共产党人的初心和使命的内涵——"为中国人民谋幸福，为中华民族谋复兴"；中国共产党人的初心和使命在党的建设中的地位——"是激励中国共产党人不断前进的根本动力"；中国共产党人不辱初心和使命的条件——"全党同志一定要永远与人民同呼吸、共命运、心连心，永远把人民对美好生活的向往作为奋斗目标，以永不懈怠的精神状态和一往无前的奋斗姿态，继续朝着实现中华民族伟大复兴的宏伟目标奋勇前进"。"纲要"课体系创新中，"不忘初心，牢记使命"是体系创新的

---

① 本书编写组：《中国近现代史纲要（2018年版）》，北京：高等教育出版社2018年版，第3页。

② 赵淑梅、徐天承：《将增强"坚持党的领导"自觉性贯穿"中国近现代史纲要"课教学的思考》，《思想理论教育导刊》2020年第1期。

③ 赵淑梅、徐天承：《将增强"坚持党的领导"自觉性贯穿"中国近现代史纲要"课教学的思考》，《思想理论教育导刊》2020年第1期。

④ 赵淑梅、徐天承：《将增强"坚持党的领导"自觉性贯穿"中国近现代史纲要"课教学的思考》，《思想理论教育导刊》2020年第1期。

重要方面。党的一大通过的《中国共产党第一个纲领》和《中国共产党第一个决议》是体现党的初心和使命的源头文献。其中,《中国共产党第一个纲领》先后从反映党的最高理想的党的名称,即"本党定名为'中国共产党'"和党的最高理想,即"消灭社会的阶级区分",实现党的最高理想必须采取的根本途径,即"承认无产阶级专政",党的依靠力量及将这些力量组织起来的管理制度,即"本党承认苏维埃管理制度,把工农劳动者和士兵组织起来"①等最本质的方面,体现了党的性质和宗旨。2017 年 10 月 31 日,习近平总书记率领新一届中共中央政治局常委专程从北京前往上海和浙江嘉兴,瞻仰上海中共一大会址和浙江嘉兴南湖红船。习近平总书记强调:"只有不忘初心、牢记使命、永远奋斗,才能让中国共产党永远年轻。只要全党全国各族人民团结一心、苦干实干,中华民族伟大复兴的巨轮就一定能够乘风破浪,胜利驶向光辉的彼岸。"可以说,1921 年党的一大和 2017 年党的十九大及十九大后中共中央政治局常委的上海、嘉兴行,都以自己的独特方式承载着中国共产党人的初心和使命,诠释着"不忘初心,方得始终"的题中之义,都以不竭的动力激励我们更全面、更深入地研究和讲授党的创建史,研究、讲授和弘扬"红船精神"。②

"纲要"课要围绕实现中华民族伟大复兴的"中国梦"教学主题进行体系创新。"中国梦",是以习近平同志为核心的党中央总结中华民族的昨天、立足中华民族的今天、着眼中华民族的明天而提出的重大战略思想。习近平总书记在参观"复兴之路"展览时,深情回顾近代以来中国人民为实现民族复兴走过的历史进程,指出:"实现中华民族伟大复兴,就是中华民族近代以来最伟大的梦想。"习近平总书记深刻阐释"中国梦"的本质内涵:"就是要实现国家富强、民族振兴、人民幸福,既深深体现了今天中国人的理想,也深深反映了中国人自古以来不懈追求进步的光荣传统。"③ 习近平总书记阐释的"中国梦",深刻道出了中国近代以来历史发展的主题主线,描绘了近代以来中华民族生生不息、不断求索、不懈奋斗的历史,形象表达了中国共产党领导中国人民实现"两个一百年"奋斗目标的理想追求。实现"纲要"课体

---

① 中共中央文献研究室、中央档案馆编:《建党以来重要文献选编(1921—1949)》,北京:中央文献出版社 2011 年版,第 1 页。

② 仝华:《厚植"中国近现代史纲要"课的马克思主义教育功能——深入学习贯彻习近平新时代中国特色社会主义思想的思考》,《思想理论教育》2018 年第 9 期。

③ 习近平:《在联合国教科文组织总部的演讲》,《人民日报》,2014 年 3 月 28 日。

系创新,就是要把实现"中国梦"的历史进程融入"纲要"课教育学全过程。① 中国近现代史既是一幅中华民族不甘屈辱、不断抗争的历史画卷,更是一部不断奋进、追赶,推进中国现代化进程的波澜壮阔的发展史。中华民族是不屈的民族,在西方列强和帝国主义入侵下随之而兴的,是中华民族民族意识与民族精神的觉醒,中国人开始了寻梦历程。龚自珍犀利地揭露君主专制制度的残暴与阴险,呼吁社会政治变革:"一祖之法无不敝,千夫之议无不靡,与其赠来者以劲改革,孰若自改革?"② 辛亥革命树立起中国人民为救亡图存、振兴中华而进行革命的里程碑。革命先行者孙中山在创设资产阶级共和国建国方案时,从中国现实出发,提出了三民主义和"五权分立",认为这是"民族的国家、国民的国家、社会的国家皆得完全无缺的治理"③。但资产阶级力量过小,又具两面性,所以,这些民主共和国方案在反帝反封建任务没有彻底完成之前,是不可能实现的。正如毛泽东同志所指出的:"自从一八四〇年鸦片战争失败那时起,先进的中国人,经过千辛万苦,向西方国家寻找真理。洪秀全、康有为、严复和孙中山,代表了在中国共产党出世以前向西方寻找真理的一派人物。""中国人向西方学得很不少,但是行不通,理想总是不能实现。""十月革命一声炮响,给我们送来了马克思列宁主义。"④ 中国共产党真正把中国人民和中华民族带上实现中国梦的人间正道。"纲要"课不仅展示有血、有肉、有灵魂的"活历史",更要教会学生自觉运用马克思主义的世界观和方法论分析历史和现实问题,增强当代大学生的中国特色社会主义道路自信。⑤ 从宏观的文明史视野讲授中国梦。把中国文明史、近代史、中共党史、共和国史、改革开放史与当代实际融合起来,凸显中国精神、走中国道路及实现中国梦的有机统一。习近平总书记指出:"一个民族最深沉的精神追求,一定要在其薪火相传的民族精神中来进行基因测序。"⑥ 实现中国现代化,需要推动中华文明时代化传承、创造性转化、创新性发展。⑦

"纲要"课要讲清楚十月革命对中国的影响。正确认识俄国十月革命对中

---

① 张玲:《习近平系列讲话精神进"中国近现代史纲要"课的初步探索与实践》,《思想政治课研究》2017 年第 6 期。

② 龚自珍:《龚自珍全集》,上海:上海人民出版社 1975 年版,第 6 页。

③ 孙中山:《孙中山选集》(上),北京:人民出版社 2011 年版,第 94 页。

④ 毛泽东:《毛泽东选集》(第四卷),北京:人民出版社 1991 年版,第 1469 – 1471 页。

⑤ 张玲:《习近平系列讲话精神进"中国近现代史纲要"课的初步探索与实践》,《思想政治课研究》2017 年第 6 期。

⑥ 习近平:《在德国科尔伯基金会的演讲》,《人民日报》,2014 年 3 月 30 日。

⑦ 张玲:《习近平系列讲话精神进"中国近现代史纲要"课的初步探索与实践》,《思想政治课研究》2017 年第 6 期。

国的影响，是"纲要"课教学的重点之一。对这一问题，十九大报告有专门论述："一百年前，十月革命一声炮响，给中国送来了马克思列宁主义。中国先进分子从马克思列宁主义的科学真理中看到了解决中国问题的出路。在近代以后中国社会的剧烈运动中，在中国人民反抗封建统治和外来侵略的激烈斗争中，在马克思列宁主义同中国工人运动的结合过程中，一九二一年中国共产党应运而生。从此，中国人民谋求民族独立、人民解放和国家富强、人民幸福的斗争就有了主心骨，中国人民就从精神上由被动转为主动。"① 它向全世界宣示，进入新时代的中国特色社会主义，与俄国十月革命开辟的社会主义道路、建立的社会主义制度有密不可分的关系。习近平总书记在纪念马克思诞辰 200 周年大会上的讲话中指出，"列宁领导的十月革命取得胜利，社会主义从理论变为现实，打破了资本主义一统天下的世界格局。第二次世界大战结束后，一大批社会主义国家诞生，特别是中华人民共和国成立，极大壮大了世界社会主义力量。尽管世界社会主义在发展中也会出现曲折，但人类社会发展的总趋势没有改变，也不会改变"②。从"马克思主义不仅深刻改变了世界，也深刻改变了中国"的角度强调此问题。即"在旧式的农民战争走到尽头，不触动封建根基的自强运动和改良主义屡屡碰壁，资产阶级革命派领导的革命和西方资本主义的其他种种方案纷纷破产的情况下，十月革命一声炮响，为中国送来了马克思列宁主义，给苦苦探寻救亡图存出路的中国人民指明了前进方向、提供了全新选择"③。这些重要论述，有力指导和敦促我们在"纲要"课教学中要切实讲好这一具有深远意义的重大问题。④

"纲要"课以爱国主义精神为主线，是开展爱国主义教育的主平台，在体系方面进行了创新。中国近现代史是一代又一代的中国人民为寻求独立解放和实现繁荣富强而英勇斗争的历史。"纲要"课重在对大学生进行爱国主义教育，在历史与现实中寻找共鸣，赋予历史时代内涵。爱国主义是"千百年来固定起来的对自己的祖国的一种最深厚的感情"⑤，是中华民族生生不息的精神支柱，是实现中华民族伟大复兴永不枯竭的精神动力。爱国主义首先是指个体对于国家的认同和积极支持的态度，国家是最大的民族利益共同体。为

① 习近平：《决胜全面建成小康社会　夺取新时代中国特色社会主义伟大胜利——在中国共产党第十九次全国代表大会上的报告》，北京：人民出版社 2017 年版，第 12 – 13 页。

② 习近平：《在纪念马克思诞辰 200 周年大会上的讲话》，《人民日报》，2018 年 5 月 5 日。

③ 习近平：《在纪念马克思诞辰 200 周年大会上的讲话》，《人民日报》，2018 年 5 月 5 日。

④ 仝华：《厚植"中国近现代史纲要"课的马克思主义教育功能——深入学习贯彻习近平新时代中国特色社会主义思想的思考》，《思想理论教育》2018 年第 9 期。

⑤ 中共中央马克思恩格斯列宁斯大林著作编译局编：《列宁选集》（第三卷），北京：人民出版社 1975 年版，第 168 – 169 页。

争取民族独立和解放、国家富强、人民富裕而不懈奋斗是爱国主义精神的集中表现。爱国主义教育是高校思想政治理论课教学的重点。"纲要"课要用屈辱史激发忧患意识。"纲要"课教学重点就是激发青年学生热爱祖国的情怀。"纲要"课要用启发式教学触动学生爱国主义情怀,利用历史事实所产生的屈辱感激发学生学习和探索的兴趣。"纲要"课要用抗争史激发爱国主义情感。中国近代史是帝国主义侵略史,更是中华民族反对外来侵略的抗争史。面对敌人的疯狂进攻,"天下兴亡,匹夫有责"的爱国精神驱动每一位英勇的爱国官兵和热血的人民群众为之奋斗。"纲要"课要用探索史激发奋斗热情。中国近代史是中华民族摸索国家出路的探索史。①

三、新时代"中国近现代史纲要"体系创新的章节目

为贯彻落实党的十九大和十九届二中、三中、四中全会精神,推动习近平新时代中国特色社会主义思想"进教材、进课堂、进头脑",积极推动"中国近现代史纲要"体系创新。在"综述"中进一步论述中华人民共和国成立和社会主义基本制度确立的意义;完善对社会主义初级阶段在发展进程中不同的阶段性特征的表述,阐明中国特色社会主义进入新时代与我国社会主要矛盾的转化;完善对党在社会主义初级阶段基本路线的表述;根据党章总纲,对毛泽东思想、邓小平理论、"三个代表"重要思想、科学发展观、习近平新时代中国特色社会主义思想进行表述;增写中国特色社会主义进入新时代的背景、内涵及意义。增写"第十一章 中国特色社会主义进入新时代",阐述十八大以来习近平总书记的系列讲话精神。对导言的修订,增写增强"四个自信",加深了解马克思主义中国化的历史进程,深刻认识中国化马克思主义的形成及其重大和深远意义,牢记党和人民在当今世界安身立命、风雨前行的资格,警惕和反对历史虚无主义思潮等。在第四章中,阐述"不忘初心,牢记使命"的思想;增写"红船精神"等。在第五章中,根据习近平总书记的重要论述,对南昌起义、遵义会议的意义做进一步阐述;进一步论述红军长征及其胜利的意义和长征精神。在第六章中,根据习近平总书记的讲话精神,指出"中国人民进行了长达十四年艰苦卓绝的抗日战争"等。在第九章中,依据中共十一届六中全会通过的历史决议,对"文化大革命"的发动及其错误的性质进行了更为准确的阐述。在第二章中,对太平天国农民起义失

---

① 姚雪兰:《〈中国近现代史纲要〉爱国主义教育教学研究》,《教育现代化》2018 年第 26 期。

败的原因和教训的分析进一步条理化等。①

"纲要"课体系创新的重点、难点问题。关于导言体系创新，增写了关于重视历史学习与研究的论述。江泽民提出，要"坚持不懈地进行中国近代史、现代史及国情教育"。胡锦涛也说过，要"更加注重用中国历史特别是中国革命史来教育党员干部和人民"。习近平总书记强调："历史是最好的教科书。学习党史、国史，是坚持和发展中国特色社会主义、把党和国家各项事业继续推向前进的必修课。"在"学习要求"部分增写："了解马克思主义中国化的历史进程，深刻认识毛泽东思想、邓小平理论、'三个代表'重要思想、科学发展观、习近平新时代中国特色社会主义思想的形成及其重大和深远的意义，自觉地以之作为自己的行动指南。"在"学习要求"部分的第五条中增写：习近平总书记强调，"新民主主义革命的胜利成果决不能丢失，社会主义革命和建设的成就决不能否定，改革开放和社会主义现代化建设的方向决不能动摇。这是党和人民在当今世界安身立命、风雨前行的资格"。要警惕和反对历史虚无主义，提高运用科学的历史观和方法论分析和评价历史问题、辨别历史是非和社会发展方向的能力。关于第四章"开天辟地的大事变"，加强对中国共产党成立意义的论述，阐述"不忘初心，牢记使命"的思想。关于第五章"中国革命的新道路"中，关于南昌起义等的意义，关于遵义会议的意义，关于红军长征及其胜利的意义和长征精神，根据习近平总书记系列报告进行表述。关于第六章"中华民族的抗日战争"中，关于抗日战争的时限，关于抗日战争时期两个战场及其历史地位的问题等问题，根据习近平总书记系列报告进行表述。②

"纲要"课体系创新突出了以中国近现代史和中共党史为知识基础，又在政治话语体系中阐释历史结论的课程特点。"纲要"课遵循了民族复兴时代课题突显、复兴道路探索、民族复兴自觉自为的历史逻辑，展现了中国近现代史的面貌。它以"民族复兴"为主线，围绕"四个选择"，以专题形式来呈现，从而突显了"纲要"课的思想政治理论课定位。"民族复兴"这条主线和"四个选择"的教学主题，构成教材体系创新的基本结构和叙事框架。③"四个选择"是近代以来中华民族为救亡图存、实现民族复兴，在探索国家出

---

① 仝华：《〈中国近现代史纲要（2018年版）〉修订说明》，《思想理论教育导刊》2018年第5期。

② 仝华：《〈中国近现代史纲要（2018年版）〉修订说明》，《思想理论教育导刊》2018年第5期。

③ 张福运：《〈中国近现代史纲要〉教材结构和内容安排的学术逻辑》，《思想理论教育导刊》2020年第2期。

路过程中的历史必然；近现代中国历史已证明，只有马克思主义才能指导复兴大业的实现，只有中国共产党才能肩负起领导民族复兴的重任，只有社会主义道路才能实现中华民族的伟大复兴，改革开放的理论成果和实践主题即中国特色社会主义才是"实现中华民族复兴的必由之路"。①

要结合"纲要"课的教学重点，结合教材的相关内容，把十八大以来习近平总书记关于中国近现代史的论述融入教学中。例如，关于中国人民抗日战争暨世界反法西斯战争胜利主题。习近平总书记在中共中央政治局就中国人民抗日战争的回顾和思考进行第 25 次集体学习。习近平总书记在主持学习时强调，深入开展中国人民抗日战争研究，必须坚持正确历史观、加强规划和力量整合、加强史料收集和整理、加强舆论宣传工作，让历史说话，用史实发言，着力研究和深入阐释中国人民抗日战争的伟大意义、中国人民抗日战争在世界反法西斯战争中的重要地位、中国共产党的中流砥柱作用是中国人民抗日战争胜利的关键等重大问题。② 习近平总书记强调，要坚持用唯物史观来认识和记述历史，把历史结论建立在翔实准确的史料支撑和深入细致的研究分析基础之上。要坚持正确方向、把握正确导向，准确把握中国人民抗日战争的历史进程、主流、本质，正确评价重大事件、重要党派、重要人物。要从总体上把握局部抗战和全国性抗战、正面战场和敌后战场、中国人民抗日战争和世界反法西斯战争等重大关系。要以事实批驳歪曲历史，否认和美化侵略战争的错误言论。③ 这一重要讲话为如何编好教材、用好教材、讲好抗日战争主题指明了方向。高校思想政治理论课教师，要引导学生阅读教材、思考教材；引导学生研读教材各篇章所列的必读文献和延伸阅读文献。教师应该向学生介绍教材体例，这是引导学生运用教材的重要方面。④

对"纲要"课体系创新的理解，要学懂、弄通党的十九大精神和十九届二中、三中、四中全会精神，系统学习领会习近平总书记的系列讲话精神，领会习近平新时代中国特色社会主义思想。2017 年 10 月 27 日，中共中央政治局就深入学习贯彻党的十九大精神进行了第一次集体学习。习近平总书记指出："学习宣传贯彻党的十九大精神是当前和今后一段时期全党全国的首要

① 本书编写组：《中国近现代史纲要（2018 年版）》，北京：高等教育出版社 2018 年版，第 1 页。

② 《习近平在中共中央政治局第二十五次集体学习时强调　让历史说话　用史实发言　深入开展中国人民抗日战争研究》，《人民日报》，2015 年 8 月 1 日。

③ 《习近平在中共中央政治局第二十五次集体学习时强调　让历史说话　用史实发言　深入开展中国人民抗日战争研究》，《人民日报》，2015 年 8 月 1 日。

④ 仝华：《〈中国近现代史纲要（2018 年版）〉修订说明》，《思想理论教育导刊》2018 年第 5 期。

政治任务。要把全党全国各族人民思想统一到党的十九大精神上来，把力量凝聚到实现党的十九大确定的各项任务上来。要引导广大干部群众认真研读党的十九大报告和党章，准确领会把握党的十九大精神的思想精髓、核心要义，原原本本、原汁原味学习好党的十九大精神。"① 学习贯彻党的十九大精神作为第一堂党课、第一堂政治必修课，努力提高自己的政治素养和思想理论水平，以更好担负起党和人民赋予的重要职责。习近平总书记指出，学习贯彻党的十九大精神，"学习贯彻党的十九大精神，要在学懂上下功夫。学懂是前提。党的十九大提出了许多新理念、新论断，确定了许多新任务、新举措，需要通过学习来准确领会。关键是要多思多想，努力掌握党的十九大精神的政治意义、历史意义、理论意义、实践意义。要注重采取理论和实践、历史和现实、当前和未来相结合的方法，把每一点都领会深、领会透。要坚持马克思主义立场观点方法，从我国实际出发，遵循我国发展的逻辑，增强中国特色社会主义道路自信、理论自信、制度自信、文化自信"②。习近平总书记强调指出："学习贯彻党的十九大精神，要在弄通上下功夫。要联系地而不是孤立地、系统地而不是零散地、全部地而不是局部地理解党的十九大精神，不能就事论事，不能搞形式主义、实用主义。要把学习贯彻党的十九大精神同学习马克思主义基本原理贯通起来，把学习贯彻党的十九大精神同把握党的十八大以来我们进行伟大斗争、建设伟大工程、推进伟大事业、实现伟大梦想的实践贯通起来，把学习贯彻党的十九大精神同把握党的十九大作出的各项战略部署贯通起来，深化认识党的十九大关于党和国家事业各项战略部署的整体性、关联性、协同性，全面做好党和国家各项工作。"③ 习近平总书记还强调："学习贯彻党的十九大精神，要在做实上下功夫。清谈误国、实干兴邦，一分部署、九分落实。要拿出实实在在的举措，一个时间节点一个时间节点往前推进，以钉钉子精神全面抓好落实。"④ 高校思想政治理论课，特别是"纲要"课要明确属于自己教学范围内的任务，找准教学的突破口，排出任务表、时间表、路线图，对做好融入工作提出明确要求，重点是融入的质量要求。

---

① 《习近平主持中央政治局会议　研究部署学习宣传贯彻党的十九大精神》，《人民日报》，2017年10月28日。

② 《习近平在中共中央政治局第一次集体学习时强调　切实学懂弄通做实党的十九大精神　努力在新时代开启新征程续写新篇章》，《人民日报》，2017年10月29日。

③ 《习近平在中共中央政治局第一次集体学习时强调　切实学懂弄通做实党的十九大精神　努力在新时代开启新征程续写新篇章》，《人民日报》，2017年10月29日。

④ 《习近平在中共中央政治局第一次集体学习时强调　切实学懂弄通做实党的十九大精神　努力在新时代开启新征程续写新篇章》，《人民日报》，2017年10月29日。

第十二章　国外和港台地区高校思想政治理论课体系演变史

世界各国的高校思想政治理论课的发展，都是一个循序渐进的过程，每次调整或改革都力争与各自国家发展所处的阶段相适应。因此，并没有一个绝对的标准去衡量各个国家在高校思想政治理论课方面所推行的理念、采取的措施以及推行的模式的好坏。无论是美、英、法、德等现代教育已发展百余年的国家，还是在20世纪后半叶快速发展的日本、韩国、新加坡等国家以及中国台湾、中国香港等地区，其高校思想政治理论课具有相对完善的课程体系，较好地处理了显性教育与隐性教育的关系，被认为是思想政治理论课体系创新的典型。所以，无论是先期跨入现代化的国家，还是后发型的国家，高校思想政治理论课体系创新都可以提供一些具有借鉴意义的范例，值得我们仔细琢磨与研究。

一、西方发达国家高校思想政治理论课体系演变

西方发达国家主要是指高等教育发展水平较高的美国、英国、法国以及德国等，这些国家自近代以来逐渐发展成为世界强国，在国家实力增强的同时，对高等教育的发展也极为重视，尤其是注重对本国文化传统、民族精神以及核心价值的深入挖掘，并逐步将其融入高等教育的课程教学中去，逐渐形成了一套相对完善，并能服务于本国政治教化的高校思想政治理论课程体系。通过考察其发展历程，了解其当前的发展状况，进而汲取经验。

第一，美国高校思想政治理论课体系演变。美国是现代高等教育发展水平最高的国家，对于大学生的思想政治素质建设也极其重视，这一方面是由于其自身历史原因所决定的，另一方面也是其在国家治理与国际竞争之中反思自身高等教育的结果。美国高校中虽然没有"思想政治理论课程"的概念，但是在美国高等教育的长期发展过程中，逐渐形成了其自己的教育理念与课程体系，美国政府在这一过程中也发挥了重要作用。其课程设置和内容与其

国家和社会所推崇的核心价值观念紧密联系，国内将其相关课程称为"通识教育"课程，这跟其国家历史传统以及自身高等院校发展的轨迹有很大关联。

美国的高等教育始于其尚处在殖民地时期，在殖民地时期仿照英国建立起的学院为其今后高等教育的发展奠定了基础。虽然这一时期的学院在当时还不具备现代高等教育的要素，但是其对宗教价值观尤其是新教伦理的传承与弘扬起到了十分重要的作用。这一时期的课程设置已很难考察，学生除了语言和数学课程，对圣经文本的学习十分重要。而教室背诵和口头辩论为主的课堂教学形式使得美国学院的学生对政治讨论以及演说具有较高的兴趣，学院参与的是培养从事"公共事业"的学生，但这些学生既不是平等主义者，也不是民主主义者。与殖民地年轻人政治上的野心与财政上的特权伴随而来的，是殖民地学院的建立为影响美国独立战争的一代人的观念和行动做出了重大的、积极的贡献。① 在经历了殖民地时期的发展，这一时期学院课程的体系设置主要以博雅人文学科为主。到了独立战争后，殖民地学院的发展有了转向，美国学者约翰·塞林将这一阶段称为"创制高等教育的'美国方式'时期"，学院的校训开始加入了美国的国家概念，课程设置也从博雅人文学科拓展到医学、法律、工程等。伴随着课程体系设置的增加，修习制度的变革也在探索中有了新的走向，这也是传统学院向"大学"转变的一个重要环节。在此之前托马斯·杰斐逊曾经推动过学术课程的扩展与改革，但真正实现的过程中有很大的阻力与反复，直到美国南北战争后，一些具有代表性的学院持续而有力地推动的课程变革，使得选修制出现并不断发展。

选修制的出现为之后美国的通识教育的出现与发展打下了最初的基础，而选修制的发祥地，正是今天通识教育享誉世界的哈佛大学。在这一过程中，时任校长艾略特发挥了重要的推动作用。他将新兴的以及当时社会所急需的一些应用学科引入哈佛大学，并改革此前传统学院固定而有限制的课程，这在当时极大地契合了美国国情的需要，选修制在被哈佛大学确立后逐渐也得到其他大学的认可。到19世纪末至20世纪初，美国绝大部分高校或多或少地实施了选修制。1901年的一项调查表明，在97所具有代表性的院校中，选修课占70%以上的有34所，占50%～70%的有12所，不足50%的有51所。② 选修制为美国高校带来改变需要以课程体系设置的增加为前提，也试图

---

① ［美］约翰·塞林著，孙益、林伟、刘冬青译：《美国高等教育史》（第二版），北京：北京大学出版社2014年版，第33页。

② 张凤娟：《"通识教育"在美国大学课程设置中的发展历程》，《教育发展研究》2003年第9期。

消弭人文社会学科与自然科学学科之间存在的对立，为美国自南北战争到 20 世纪初这段时间的国家认同以及社会政治经济的发展输送了大量具备较高素质的人才，也为美国高等教育的发展创造出了"美国方式"，其课程和教学上的创新，为其今后高等教育在世界范围内的竞争打下了基础，也为其通识教育课程的最终形成，培养学生的核心价值观奠定了基础。

虽然选修制的创立是一个巨大的创新与突破，但是同样存在问题，而率先做出变革的依然是哈佛大学，泛而不专成为当时学生培养过程中很快显现出的问题。哈佛大学随后在 20 世纪初进行的改革，国内有学者认为"集中于分配制"，其实质是在保证学生的专业课学习的基础上进行扩展，将主要课程集中于某一领域内，并规定学生还必须选修专业课程以外的自然科学、社会科学以及人文科学三个领域的课程。这样既保证了学生的专业培养，也极大地拓宽了其知识面。需要注意的是，在整个课程改革过程中，人文社会科学都不曾缺席，长期受到重视带来的结果就是为美国从建国到南北战争后的国家认同与社会发展提供了意识支撑，学生在修习人文社会科学课程中，对历史、文化、宗教等方面的学习极大地促进了其自身的国家认同、文化认同，为美国解决社会矛盾、价值观混乱等问题在一定程度上提供了帮助。

直至 20 世纪 40 年代，哈佛大学在 1945 年发表了《自由社会中的通识教育》的报告，宣告了其通识教育计划的出台，在美国高校中掀起了新一轮改革浪潮。但是，伴随着美国高等教育的发展，在普及的过程之中通识课程的质量出现了下降，伴随社会民权运动和学生运动的逐渐增多，通识计划面临改革。20 世纪 70 年代，哈佛大学推出了"核心课程体系"，在专业课程和选修课程以外建立了一套共同的基础课程。在经历了一段时间的发展与完善之后，其核心课程体系得到了美国高等教育界的认同与推广，进而逐渐形成了今天所了解的通识教育课程体系。通识教育课程体系是当前美国主流研究型大学的课程体系，其承担着思想政治理论课的功能。

美国高校思想政治教育主要蕴含在其通识教育课程体系之中。在课程的设置、课程的内容以及课程的实施等环节都有着国家控制的蕴藏。在其实施过程中，政府的控制和非政府组织机构的影响以及学校的自我控制相互结合，是其推行国家意识形态与核心价值观的重要渠道。美国联邦政府对高校不进行直接管辖，但通过多种方式对高校实施间接影响，而且这种影响规范化、合理化。通过立法渠道对高等教育实施控制是美国联邦政府的主要方法之一。1862 年颁布的《莫雷尔法案》和《莫雷尔增地法案》，两个法案的实施对高校课程体系设置的目标产生了巨大影响。高校人才培养理念发展转变，从原来注重培养"绅士型"官吏人才转变为培养工业、农业建设人才，在课程内容上更注重实践性。① 之后还以国家法律的形式明确规定，各级各类学校都必须开设美国历史课程，大学生必修一门美国历史课，同时开设宗教学、伦理学、哲学、政治学、社会学、法学、公民学等课程，使在校学生增强对美国文化和精神传统的体验与理解，学校中的人文社科类课程都融入公民教育所主张的理念。这样，美国联邦政府以法律的形式保障了高校思想政治理论课体系的构建，形成以美国史为主干，其他人文社会科学课程为分支的高校思想政治理论课体系，融于其整体的通识教育课程体系之中。此外，通过州政府成立"高等教育委员会"，协调和管控高等教育，以及通过社会参与来协助控制，比如通过类似高等教育行业协会的组织对高校的教育成果和效果进行评估和鉴定，进而影响对其的资助，甚至具体到课程的设置计划。这些间接的控制措施其实质都是美国联邦政府在高等教育过程中谋求意识形态控制的实现。在美国高校，课程的体系设置同样拥有明确而严格的控制系统。在这样的背景下，课程体系的设置、内容的考核以及效果的评估都纳入可控的范围之内，逐渐形成了当前各大高校现有的课程体系。

具有代表性的课程体系创新，可以哈佛大学的核心课程为例。1978 年，哈佛大学文理学院院长罗索夫斯基（H. Rosovsky）发表了《高等教育编年史的报告》，报告中罗索夫斯基具体分析了有教养的人的特点，具体而言就是：有一定的思考力和表达力；知识储备极为丰富且涵盖了人文社会科学与自然生物科学等，并能够对多个学科领域做出批判性评价；知晓其他文明和其他时代的知识，掌握一定的学习和实验的技能与方法；具有一定的伦理道德认识和某些学科的高深知识。他还提出了一个《公共基础课计划》，该计划要求一年级学生修习"文学和艺术""历史""社会分析和哲学分析""外国语言和外国文化""数学和科学"五个领域的基本知识。在这五个领域中，共设十种课程，由学生选修七八种课程，以便使本科生在人文、社会和自然科学等领域打下比较雄厚的基础。② 也是在这一年的春天，"核心课程"在哈佛大学得到批准，至1981 年，核心课程的体系基本形成。③ "核心课程"包含六个领域，即外国文化、历史研究、文学与艺术、道德思考、科学、社会分析等。每一个领域都开设数量不等的课程，从多角度进行切入，并要求学生将四分之一左右的本科学习时间投入上述六个领域的 8 ~ 10 门课程之中，且每个领

① 续润华：《美国"莫雷尔法案"的颁布及其历史意义》，《外国教育研究》1993 年第 2 期。

② 贺国庆等：《国外高等学校课程改革的动向和趋势》，保定：河北大学出版社 2000 年版，第20 页。

③ 单中惠等：《外国大学教育问题史》，济南：山东教育出版社 2006 年版，第 169 页。

域至少选修一门，否则将不能获得学位。2001 年又在课程设置中增加了"定量推理"课程，发展到了七大领域。耶鲁大学则要求其学生修习 16 门通识课程，其中对于外语学习的要求占到很高的比重，同时设置了四类必修课程以供选择，包括"第一类：语言与文学、英文和外语、古代或现代；第二类：建筑、艺术、古典文明、电影、艺术史、科技史、医药史、人文、音乐、哲学、宗教；第三类：人类学、考古学、经济学、语言学、政治科学、心理学、社会学；第四类：天文学、生物学、化学、计算机科学、工程、森林与环境研究、地质与地质物理、数学、分子生物物理与生物化学、物理、统计"①。学生从中选择 12 门课程进行修习，其中大部分人文社科类课程都承载着思想政治教育教学的任务。

正是通过这样的课程设置，美国高校的思想政治理论课体系得以以一种相对隐性的途径实施。对外国文化的学习，对历史知识的深入了解，对道德观念、价值观念的认同帮助学生在思想意识方面得到提升。在国家和社会的不同发展阶段，美国高校的思想政治理论课都为青年学生的思想意识以及价值观念的培养提供了可靠的保障。帮助学生对美国的国家历史、国家精神进行深入的了解并外化于行。而其课程体系的发展是一个长期性与阶段性相统一的过程，显性教育与隐性教育有机结合，并发展至今，其形成的思想政治理论课体系，对世界各国高校的思想政治理论课体系建设具有借鉴意义。

第二，英国高校思想政治理论课体系演变。英国作为老牌资本主义国家，其高等教育经历了一个较长的发展阶段，在其教育体系中，宗教教育在很长一段时期内承担了思想政治教育的职能，直至今日仍在其公民教育体系中扮演重要角色，对其公民道德素质的培养发挥了重要作用。回顾其高校思想政治理论课体系创新的发展历程，了解其当下现状，从中总结出有益经验，对当前我国高校思想政治理论课体系创新很有必要。

12 世纪末成立的牛津大学开启了英国高等教育的历史，英国作为率先走上发达资本主义的国家，其高等教育发展的过程中，宗教教育的影响一直与之相伴，其高校的思想政治理论课体系的设置与发展同样受到宗教势力的影响而长期存在，即便经历了一个世俗化的过程，宗教思想仍在其当前的公民道德课程中占有一定的地位。从英国高校思想政治理论课体系的发展历史上看，其传递统治阶级思想的共性虽然不曾改变，但是因为时代的不同，统治阶级需要的变化，其课程体系的设置体现出不同的内容与侧重点。

资产阶级革命前的英国，宗教意识形态在整个英国社会中处于主导地位，

---

① 张寿松：《大学通识教育课程论稿》，北京：北京大学出版社 2005 年版，第 98 页。

统治阶级的思想政治教育也是在宗教教育的名义下进行的。这一时期的高等院校都是由教会直接开办的，因此，宗教成为其主要内容，这一时期的学校都是以将公民培养为"上帝的永恒天国的公民"作为教育的目标。在课程体系的设计上也都是围绕宗教教义展开的。所有课程都集中于宗教教义的学习，这一阶段的英国高校思想政治理论课体系实质上就是宗教教育的一部分。

伴随着资产阶级革命的发生到 19 世纪末经过一系列资产阶级革命和改革，封建制度土崩瓦解，资本主义制度取而代之，欧洲成为资本主义世界的政治、经济文化中心，英国成为近代以来最发达的资本主义国家。资产阶级登上人类的历史舞台必然不能再让宗教意识形态成为控制社会的主流，这样英国高校的思想政治理论课体系也必然要以传递资产阶级的价值观念为使命，但是因为在革命的深度和广度上不够彻底，英国高等教育的世俗化进程受到了传统封建势力以及宗教势力的阻挠，宗教教育仍然在高校课程体系中占有很大比重，直到 19 世纪末到"二战"结束，资本主义开始从自由资本主义阶段发展到垄断资本主义阶段，为了满足对外扩张的需要，同时缓和国内日渐高涨的阶级矛盾，高校思想政治理论课的政治功能愈发受到重视，内容也逐渐清晰，承载着资产阶级精神与价值观的世俗课程得到很大发展，从内容上逐渐分为资本主义政治制度教育、公民美德教育、爱国主义教育等几个大的方面。在"二战"期间，为了战争的需要更是直接地进行战争宣传教育，成立了"时事局"，用来专门进行战时思想鼓动，出版《战争》《时局》等小册子，作为英国军队政治学习材料。[1] "二战"后，60 年代初发表的《罗宾斯报告》对于英国的高等教育改革产生了深远的影响，其中关于课程设置的阐述，注重文理科课程的相互交叉和渗透，并且明确指出：大学本科课程的首要目标是教会学生如何思考；同时建议，要增加开拓知识面这一类型的课程，并实验更多的结合型课程，例如，技术与社会科学的结合，哲学、数学与科学史的结合，等等。[2] 英国高校思想政治理论课体系创新不断发展，牛津大学、剑桥大学、莱斯特大学等高校相继建立专门研究团队，推动了高校思想政治理论课程的研究，至 1988 年，英国颁布《1988 年教育改革法》，推出《国家课程》，高校思想政治理论课也包含其中。随后在 1999 年推出《新国家课程》，对之前国家课程实施过程中反对声音较大，出现明显不适的地方做出调整。国家课程的推出也反映了英国在高校思想政治理论课体系创新方面的新尝试。

---

① 张嵘：《英国高校思想政治教育的发展及其启示》，《现代教育科学》2011 年第 6 期。

② 单中惠等：《外国大学教育问题史》，济南：山东教育出版社 2006 年版，第 169 页。

　　由于长期受到宗教势力的影响，其高等教育在推进世俗化的过程中，依然保留了宗教课程，通过宗教课程渗透对传统道德的继承。《1988 年教育改革法》规定为所有在校注册的学生开设宗教课程，主要向学生介绍英国文化中涉及宗教的传统知识。比如牛津大学就开设了关于基督教神学和《圣经》此类的课程，对《圣经》及伦理进行研究和教学，并对世界上其他主要宗教的历史、传统等方面进行知识性的介绍。同时，还将伦理道德课程与宗教课程相结合，指导学生进行自我反省，培养学生自主探索并养成符合社会要求的道德观念与道德行为的意识。

　　除了宗教课程，英国还在其他学科的课程中渗透进思想政治教育的功能，通过文学、艺术、哲学、历史等课程体现英国所推崇的价值观念。并在一些高校中开设专门的道德教育研究，帮助学校和社区编写思想政治理论课教材，并开设相关的课程，对学生的社会意识、公民意识进行培养，涉及个人的义务与责任、个人与他人的关系、家庭婚姻教育、历史和文化、传统教育、法制教育、国内外事务及国际关系、社区学习和服务等内容。

　　通过伦理道德课程、宗教课程以及其他学科课程的渗透，英国高等院校将 1988 年颁布的《国家课程》体系所提出的"有德行、智慧、礼仪和学问"的绅士的培养目标付诸实施，以期能够促进精神、道德、社会和文化的发展，推动个人、社会和健康教育及公民教育，同时帮助学生发展技能，为国家培养人才。可以说，英国高校思想政治理论课没有美国那样一个明确而响亮的名称，却在实际的高等教育培养环节中发挥了实实在在的作用，宗教传统的传承依然在为当下的道德建设发挥作用；同时，多学科课程的设置与渗透同样帮助着在校学生养成符合国家和社会所期望的价值观念。英国高校思想政治理论课对于传统的守护以及传统与当代的融合，具有一定的借鉴意义。

　　第三，法国高校思想政治理论课体系演变。法国作为启蒙运动与资产阶级大革命发源地，也是西方国家中最重视思想道德教育的国家之一。欧洲国家受宗教影响，其教育体系与理念中或多或少都会带有宗教教育的色彩，而法国是在公立学校思想政治教育课程体系中废除宗教教育，开设世俗道德课较早的国家之一，这与其教育史上宗教势力对教育的长期干预有很大关系，直至 19 世纪末期，教会势力还插手高等教育，神学、圣人史还是教育的主要内容，也是在这一时期颁布的《费里法案》使得法国的高校教育开始走向世俗化，随后公民教育课取代宗教课成为必修课。在此之后，法国经历和英国较为类似的一个过程，宗教教义中对于公民道德培养有益的部分依然为高校的道德教育所用，而法国的高校思想政治理论课体系也在满足社会所需以及应对不同阶段的国情而不断地改革与创新。1968 年，法国政府颁布了《高等教育方向指导法》，确定了改革高等教育的三大原则，即自主自治、民主参与和学科相通。至 20 世纪 80 年代，针对当时的社会实际，法国对公民道德教育课体系进行了以人权教育为中心的改革，使其高校思想政治理论教育中的公民教育课程承载了道德教育与政治教育的功能。1984 年，法国政府又颁布了《高等教育法》，对高校内部的机构设置以及权力划分做了规定。在高等教育阶段，没有全国统一的思想政治理论课程大纲和要求，而是各校根据实际情况，由大学内部的管理机构自行制定实施，不同院校之间的课程设置显现出较大的差异性。①

虽然法国政府给了高校很大自主权，但是各高校却是在政府所主张的理念下进行自己的课程体系设置，1989 颁布的《教育指导法》指出，"高校是创造和传播知识的场所。适应性、创造性、教学内容的迅速变化及职业化与普通化之间的平衡应是高等教育机构的准则……高校应通过继续教育促进人民的培训与就业水平的提高……促进地方、地区和国家的经济发展"。通过法律的形式将国家推崇的自由、平等、博爱、人权等价值观念进行确立，明确高校需要培养负责任的公民，使之具备较高的道德水准，具备在社会中生存和发展的能力，帮助青年学生理解以及尽快融入现代民主政治制度。通过这种价值观念的传递，为国家解决社会冲突和矛盾，保持社会的稳定和谐做出贡献。而具体到高校思想政治理论课体系，因为法国的高校分为大学和大学校两种模式，在课程体系的实施过程中也有区别。布列塔尼大区的法国高等电力学院，在大学一年级和二年级以基础课程为主，设置选修课程，学生可以根据个人兴趣和爱好，结合将来专业方向有针对性地选择。大一的课程分五大类：数学和信息学、能量学、管理学、经济学以及沟通和个人发展。"沟通和个人发展"包括的具体科目有跨文化交流、认识自己及与他人的关系、疑惑及个人发展、工程师伦理学、21 世纪地平线上的欧洲、影像与现实、作为第七艺术的电影、艺术讲座、科技哲学、心理学、伦理责任与现代科技、合同谈判技巧、哲学、逻辑学、竞争与规章的政治、工业政策，等等。大二的课程有物质学、数学和信息学、能源科学，最后一类称为"工程师和企业"，具体科目包括职业设计咨询、环境法、知识产权法、国际法、空间法和电信法、欧洲经济、国际贸易法、内部管理和沟通、社会管理与人等。马赛ESIL 工程师学院除了科技方面的专业课外，还开设了一类称为"企业外部环境"的课程，科目有沟通与交流、外语、法律、经济、艺术、社会学等。波

---

① 上官莉娜、王仕玉：《法国高校思想政治理论课程设置的目标与模式》，《思想政治教育研究》2010 年第 4 期。

尔多第三大学开设了"职业生涯前景"课程，具体的科目包括书面与口头交流、应用人文科学、外国语言。马赛第一大学"通识文化"是教学的重要组成部分，包括以下科目：通识文化与艺术、法律基础知识、科学认识论及其历史、多样性的世界。巴黎第三大学开设了人与动物的交流、哲学常识、人类与地球之共同历史、舞蹈艺术、职业生涯启蒙等课程。巴黎第一大学的专业设置包括经济和管理、艺术和人文、法律和政治学三个方面，下属近30个院系和研究机构。在这所以文科为主的综合类大学中，没有统一的课程体系，院系之间存在较大差异，在选修课的列表中出现了通识文化和表达、心理学、当代社会和政治问题等课程。各院校除了专业或选修课程设置，通常要求学生必须参加校园文化活动和体育活动。

通过了解法国高校思想政治理论课体系建设的发展与现状，可以发现，法国政府虽然授予了高校较高的课程设置自主权，却从国家层面主要以法律、法规、政策的形式对核心价值观念以及发展方向进行了确立。这种做法一方面有一定的约束，另一方面是高校对于相关法律、政策的制定的参与以及对于高等教育培养过程中核心价值观念的高度认同而形成的自觉。地缘的变动与世界化使国界更加模糊、松散，但是并没有弱化与国家归属相关的文化认同感。法国高校思想政治理论课体系建设过程中的这种模式，具有一定的代表性。

第四，德国高校思想政治理论课体系演变。虽然德国在高校没有开设专门的思想政治教育课，但是基于德国的国家历史传统，政治教育在整个教育体系中占有重要地位，从封建君主专制时期的"国民教育"到魏玛共和国时期"基于国家和民族的政治教育"，再到德意志第三帝国时期的"政治教化"，使得战后联邦德国在对待高等学校思想政治教育方面高度重视，但是它的政治教育融入了高校各个学科之中，贯穿所有的学科和学校类型，是必须遵循的教育原则和政治任务。如要求每一门学科、每一类学校都应该结合自身特性尽可能地对国家政治教育做出贡献。1955年，德国教育制度委员会在《关于政治教育和社会化的报告》中提出："每一门学科，在不放弃本身特点的情况下，都能对政治教育做出自己较高水平的贡献。如果明确了一门学科对于国家和社会的意义，我们就能在社会和政治生活结构中加以传授。"构建各学科参与并凸显政治性是德国高校思想政治理论课体系创新的独特之处。

德国重视政治教育的传统，与其国家和民族的发展历程中的艰辛有很重要的关系。德意志民族兴起的过程中承载了太多的历史包袱，长期的封建割据、混战不休始终没有形成民族向心力。拿破仑战争虽然曾经激发出德意志民族的民族意识，但是维也纳会议对原有欧洲秩序的坚持使得德意志实现统一的进程延后到 19 世纪中叶，直至 1871 年普鲁士才在真正意义上实现了作为民族国家的统一。长期分裂使得德国无法形成一个民族中心，那么在实现统一后，培养和唤起民族意识成为国家核心价值观构建的主题，而长期的压抑导致了人们对强有力领袖的崇拜与对权力的理想化。而统一进程的得来不易更是带给了德国国家至上的泛滥，俾斯麦的铁血战争使得普鲁士的精神和文化席卷整个德意志，国家至上、军国主义、专制主义、铁的纪律、服从权威等思想观念深入德意志民族脑海，长远地影响德国人的思想和行为。普鲁士的精神与文化传统在德意志民族的崛起过程中扮演了重要角色。普鲁士的军国主义孕育了德国以权威主义为标志的政治文化，而文化继承又使得权威主义的政治文化极大地支撑了德国后来的军国主义。突出的政治传统甚至已经深深融入民族性格之中，对于政治素养十分重视的传统，直至"二战"以后也没有改变。因此，对于政治意识的重视也成为德国高校的一贯传统。到了"二战"以后，联邦德国的高校思想政治理论课除了要清除之前的民族主义情绪与纳粹意识，还担负着将民主、和平、平等等价值观念传播到国民之中。在 20 世纪 50 年代特殊的社会历史背景下，政治教育的首要任务就是为国家、社会、经济等的重建提供意识形态的保证。① 也就是说，德国高校的思想政治教育依然受到重视，但是内容上的巨大转变，注重树立正确的"二战史观"和以民主、自由、平等为核心价值，帮助德国迎来了新生。直至德国统一，主要还是沿袭了联邦德国的教育体系，其高校思想政治理论课也围绕着《联邦德国教育总法》而展开，即培养学生在一个自由、民主和福利的法律社会中对自己的行为负责，具备必要的思想品质和行为标准等方面，进而各州在确立自己具体的教育目标时都围绕着这个总的要求而开展。

可以说，当今德国高校虽然不开设专门的思想政治理论课，但普遍开设历史、地理、公民学、政治学、经济学以及其他人文和社会科学课程。自"二战"后，联邦德国的教育内容较以往发生了很大变化，清除法西斯主义、军国主义和种族主义思想是一方面的任务，另一方面，占领国对于传播资产阶级民主价值观念有迫切的需求。这就导致了接下来几十年处在冷战前沿的德国在意识形态方面控制十分严格，其高校思想政治理论课的主要使命就是将资产阶级的民主、自由、平等、法制等核心观念传输给学生。同时，爱国主义教育是德国高校思想政治理论课体系中一直不能缺席的重要内容，刨除了军国主义和极端个人崇拜，战后的爱国教育倾向于进行宪法的普及，宣传国家历史与政治制度等方面。除此之外，帮助新一代的德国青年人树立正确

---

① 傅安洲等：《德国政治教育研究》，北京：人民出版社 2010 年版，第 111 页。

的"二战史观",是防止纳粹死灰复燃的重要举措,反战、反纳粹、反排外倾向教育的展开是为了帮助战后出生的德国公民能够正确认识本国历史,充分认识战争给世界各国和人民带来的深重灾难。在这方面,德国政府从不回避或者掩盖自身的国家历史,为此也博得了世界各国的认可。德国将当代的思想政治教育和传统的政治教育相结合,较好地解决了内容转化的问题,比如人文社科专业的学生必修经济学、政治学、法学、社会学等基础知识,理工科专业的学生还需修习经济学、法律等课程,通过各门学科课程的渗透,民主和自由价值观的教育得以达成。其做法同其他国家有相似之处,也有其自身的民族性格和文化传统的影响在其中。

二、亚洲国家高校思想政治理论课体系演变

这里所说的亚洲国家主要是指日本、韩国和新加坡,这些国家首先受儒家文化传统影响较深,与我国有类似的文化背景,但在近代以后都走上了资本主义道路,并都取得了较为瞩目的成就。这些国家都十分重视教育,尤其是高等教育的发展,而且其高等院校水平在亚洲乃至世界都具备相当竞争力。这些国家在东西方文化的碰撞与交锋中,较好地进行了融合与选择,在高校思想政治理论课体系创新上走出了自己的特色。

第一,日本高校思想政治理论课体系演变。日本自古代以来一直受到儒家思想的影响,同时本土的历史发展过程中形成了自己的民族性格以及本土宗教。日本是典型的德目主义模式的国家,这主要表现在日本高校一直开设有独立的道德课程,形成了比较完善的大中小一脉相承的思想政治理论课体系。日本"二战"前的思想政治理论课被称为"修身"课,主要进行儒家的道德教育,宣扬忠君爱国思想,大力倡导天皇国民理念,为日本在 20 世纪后期的对外扩张奠定基础。"二战"后,日本作为战败国,国际社会禁止军国主义作为日本超国家教育,日本才开始进行"修身"课程改革并开始创立社会科,与修身课相比,社会科课程少了宗教教育,减少了忠君的内容。在经历"二战"的战败后,美国作为占领国,在日本推行资产阶级民主政治,但是在清除军国主义势力残余方面做得并不彻底;所以,在考察日本高校的思想政治理论课体系时往往从其道德教育课程的设置和内容入手。

日本高校虽然没有直接提及思想政治理论课程,但是其所用的"一般教育课程""教养教育课程"等提法的实质是加强对学生的道德修养的培养,与我国的高校思想政治理论课在某种程度上承担着类似的职能。自明治维新至

"二战"结束之前，日本的高等教育中的修身课所进行的思想道德教育带有较为浓厚的军国主义色彩。"二战"之后逐渐建立起全新的课程体系。1947 年，日本设立了"大学基准协会"，其主要任务是对新型大学的标准制定进行审议，提供意见，在当时确立了专业教育和一般教育或者说教养教育为课程体系设置的两方面要素。1947 年 7 月，大学基准协会制定的《大学基准》对新制大学的课程设置做了明确的规定，要求各个大学从人文科学、社会科学和自然科学这三类一般教养科目中各选 3 门以上加以开设，并对文、理科学生需要修习的一般教养课程的门数以及学分分别做出了要求。① 1948 年，文部省要求日本的国立大学设立"教养学部"承担专门的教学工作。从此，以东京大学为首的国立大学纷纷设立了教养学部，开设相关课程，教养课程的设置要求学生必须取得人文科学、社会科学以及自然科学三个领域的学分才能合格。这一制度一直推行到 90 年代初期，因受到西方教育思潮的影响，文部省出台了《关于大学教育的改善》，将高校自身对课程设置的自主权扩大，要求取消先前教养教育和专业教育的明确区分，依各高校自身的理念、特色、目的进行课程设置，只需在专业教育中保留教养教育的要素即可。这种改革显然受到西方发达国家高校思想政治理论课体系改革的思路影响，导致各高校纷纷解散了教养学部，甚至取消了相关课程，而在专业教育中进行渗透其效果又难以保障，改革后的弊端与不适很快就显现出来。1998 年的大学审议会发表的《21 世纪的大学形象与今后的改革方案》认为之前的"自由化"改革取得了一定的成果，但需要加强教养教育的作用，认为"大学应该是基于各自的理念、目标，重视提供综合的教养教育的大学，是以专门的职业、能力的教育成为着力点的大学，是向地域社会的生涯学习提供支撑力的大学，是志向最先端研究的大学"。同时要求学生的课程设置应满足"在确立综合的判断能力育成的重要观点，培养深广的教养、高度的伦理观、实践的语言能力、信息活动能力的前提下，重视专门教育的基础、基本的方向，有组织、有体系地强化学院的教育机能。同时，为培养学生的多样的能力、适应性和学习的欲望，采取灵活的超越学院、学科的界限开设共通课程及转校、转院的对策，扩大学生选择的幅度和流动性也是非常重要的"。这就意味着教养教育在高校的课程体系中重新受到了重视。之后，2000 年 6 月通过的《面向全球化时代的高等教育的方针》指出日本高校学生群体出现了教养低下的危险，提出以教养教育为中心，大力提倡学院教育改组和转换的理念。2002 年 2 月，

---

① ［日］海后宗臣、寺崎昌男：《大学教育》，东京：东京大学出版会 1969 年版，第 480 – 481 页。

日本中央教育审议会又提出了《关于新时代教养教育的方针》，指出教养教育已经成为日本高等教育改革的重点课题，指出了教养之于个人在社会生活中的重要作用，以及教养的内涵随着时代的发展有了更大的扩展。而其中涉及课程设置的部分则要求大学的教养教育不能只通过课程来实现，还应该拓宽实践活动的范围，要求大学探索新要求下教养教学的实施机制，并形成制度化。在这种方针的指引下，日本的高校又纷纷成立教养教学机构，相比之前的教养学部，增加了相关的研究机构以及其他附属机构负责教养教学的推进。至此，日本高校教养教学重新得到加强，这也反映了其高校思想政治理论课体系建设受到现实反馈得到进一步发展的不易。

　　日本从国家层面对其高校思想政治理论课体系建设的理念、目标的设定，具体的实施环节则由各高校自主把握，相对来讲公立大学贯彻执行较为直接，私立大学因受西方教育理念的影响，则具有更大的自身特色，但是整体上来讲还都是围绕着主导理念和目标去进行设置的。作为公立大学的典型，东京大学一直是教养教育政策落实较好的高校，其课程体系包括基础科目、综合科目和主题科目三大类别。基础科目主要由外语、信息处理、方法论基础、基础讲义、体育课程构成；综合科目主要由思想、艺术（A）、国际、地域（B），社会、制度（C），人生、环境（D），物质、生命（E），数理、信息（F）六大领域构成，集中体现了思想政治理论课体系的特点；主题科目是设置的必修科目，超越学科界限，是为适应社会和学生需要而开设的科目，由学生自由选课，包括主题讲义、研究讨论、体验实践等课程。在两年期间文科学生必须取得三个类别共 70 学分，理科学生是 76 学分。其中综合科目必须取得 16 学分，文科学生必须从 A~C 系列取得 8 学分，D~F 系列取得 8 学分；理科学生必须从 A~D 系列取得 8 学分，E~F 系列取得 8 学分。虽然在课程的具体安排上全校没有对学生做统一规定，但取得的必修学分是统一的。主题科目虽然是选修课，也必须修满 2 学分，前期课程才算合格。① 私立大学中，早稻田大学虽然没有像东京大学那样设立统一的必修思想政治理论课程，但是其将思想政治理论课分散到各学部，由各学院按照自身特点进行设置和承担。这跟其秉持的独立性、自主性的办学理念有很大的关系。其教育学部开设的共通科目中必修课程有环境学、地球学、生命学、媒介学、语言交流学、现代文化演习、现代社会演习等，几乎都涉及思想政治理论课教学的内容，实际上就是思想政治理论课程；开设的共通科目中带有思想政治理论课性质的选修课程有：现代社会与现象、异文化交流、网络伦理、现代思想、

① 倪愫襄：《日本高校思想政治理论课程设置简介》，《思想理论教育》2009 年第 9 期。

伦理学概论、应用伦理学、现代史研究、国际关系论、比较文化研究、教育哲学等。虽然早稻田大学对本科生没有开设全校统一必修的思想政治理论课，但对研究生却设有全校共通思想政治理论课，主要课程有：学术文章写作指导、国际关系学、亚洲政治研究等。

无论是公立大学还是私立大学，虽然日本高校在设置思想政治理论课时的路径选择不一样，但是在办学理念上却都对学生的思想政治意识、道德水准的培养十分重视；同时，日本也是较早关注高校学生的国际化视野培养的国家，可以说其教育理念在很大程度上受到以美国为代表的西方发达国家的影响，但日本并没有失掉自身的主体性视角，并不一味追随他国教育理念，而是从国情和教育传统来审视自身的高校思想政治理论课体系建设的发展状况，在较好地保持自身的道德教育传统的同时加入现代元素，并使各部分趋于协调，这也是其高等教育水平得到世界认可的重要一面。

第二，韩国高校思想政治理论课体系演变。韩国是一个单一民族国家，也是受儒家文化影响较重的亚洲国家之一，在朝鲜战争之后韩国又受西方文化的影响，开始建立现代高等教育体系。韩国各大高校将学生的思想政治教育和道德教化放在十分重要和突出的位置上；同时，高校在课程设置上拥有较大自主权，其各个高校在自身思想政治理论课体系建设过程中本着为韩国培养代表"新韩国人形象"的国民精神的宗旨，将东方文化传统与西方价值观念相结合，具有自己的特色。

韩国在建国之初就颁布了《教育法》，经过几十年的修订，其中涉及各个学龄阶段的培养目标，而在经历了几十年的修订后，其总的培养目标确定为："在广泛有益于人类理念的指导下，使所有国民完善做人的品格，具有自主生活能力和作为公民的素质，服务于民主国家的发展，为实现人类共荣的理想做出贡献。"而学校思想政治理论课的具体目标则确定为："使学生能够理解个人与社会和国家的关系，培养学生的正义感和责任感、公德意识和协作精神，特别要使学生正确理解乡土、民族传统和现状，弘扬民族意识，培养独立自尊的风气，爱祖国、爱民族，同时培养国际协作精神。"① 1999 年，为了面向 21 世纪，韩国对《教育法》进行过一次全面的修订，对教育体系进行调整，对人才培养的标准再次进行了完善，主要体现在以下几个方面：一是在学生全面发展的基础上追求主体个性；二是在学生基本能力发展基础上注重主体创造力的发挥；三是在学生得到良好教养基础上，发挥学生创造力；四是在学生对韩国文化理解的基础上鼓励其创造新的价值；五是在建立学生民

① 骆郁廷：《高校思想政治理论课程论》，武汉：武汉大学出版社 2006 年版，第 349 页。

主市民意识基础上鼓励其为共同体发展做出贡献。这种以学生为中心的教育，强调知识能力和道德素养互为表里，是一种很好的思想道德教育模式。其教育目的进一步具体化，各个高校在具体的课程体系设置过程中，也逐渐向这一目标靠拢。

在具体实施高校思想政治理论课教学的实践中，韩国高校主要集中在几个方面的核心内容，即以国民精神为内核的爱国主义教育、以儒家伦理为核心的道德教育、职业发展中的道德教育等。在爱国主义教育中，国民精神的强化是其重点，1981 年韩国文教部进行的课程改革旨在建立以强化国民精神为核心的爱国主义教育体系，对各个学龄阶段的爱国主义教育进行贯穿衔接，除了设置专门的课程外，还在各类课程中渗透进国民精神的教育内容。而以儒家伦理为核心的道德课程则把儒家思想与韩国本民族自身的文化传统相结合，以期培养出带有其自身民族特色的道德品质的学生。如韩国的仁川大学就开设有"韩国思想与传统伦理""统一时代的市民伦理""现代社会与伦理"等课程，全北大学开设有"韩国伦理思想"的课程。此外，伴随着经济的发展，在韩国社会出现道德滑坡的声音越来越高时，各个高校开设的伦理课程还将职业道德和道德能力教育纳入课程中来，对接社会现实，注重实际能力的培养。如首尔大学的"社会伦理诸问题""法与伦理""思想与伦理"等课程。

韩国作为一个单一民族国家在培育其民族精神方面有其优势，值得提出的是韩国在朝鲜战争后并没有因为冷战的国际环境和意识形态的对立而否定儒家文化在其传统中的地位，反而是更加确立了将儒家思想与韩国传统文化相结合，同时在推行资产阶级意识形态的过程中与自身传统做出了较好的平衡。

第三，新加坡高校思想政治理论课体系演变。新加坡是自 1965 年才取得独立的一个东南亚国家，在这个城市国家中却集合了多种族、多宗教和多文化，但其创造的经济奇迹使其成为一个社会文明高度发展的现代化国家。除了其地理优势作为经济起步的先天条件，新加坡国家治理中对核心价值观的确立以及对教育的重视是其提升社会文明的有力支撑。其领先的高等教育为此做出了巨大贡献，其中，新加坡高校思想政治理论课体系建设的经验值得我们关注。

新加坡作为一个只有 50 余年历史的国家，它的高校思想政治理论课体系已基本形成，政府不制定统一的思想政治理论课程，而把课程体系的设置和管理权交给了高校，新加坡高校普遍通过设置专门思想政治理论课程，介绍道德价值、规则的原理与知识体系；另外，新加坡高校还普遍通过其他人文学科等非专门的道德教育学科施行隐性教育，这一过程中新加坡的教育者对于美国的教育理念进行了一定的借鉴和吸收。

新加坡教育部在1998年发布的《理想的教育成果》中提出了大学生所应具备的六种品德素养，主要包括：一是思想品德、文化素养以及家国集体意识方面的素养；二是笃守多元化、精英化原则，深明国家局限又能寻找契机的素养；三是勤奋上进、敬业乐群、尊重他人的素养；四是独立思考，具有思辨分析能力且自信而勇敢、信念坚定的素养；五是善于追求和有效运用知识，具备革新知识的能力、魄力，具有终身学习理念和追求的素养；六是具有国际视野又扎根国内实际的素养。新加坡高校的思想政治理论课则主要从以下几个方面入手去助力其人才培养目标的实现。首先是国家意识的教育，这是由新加坡的国情所决定的，要让学生拥有"新加坡人意识"，帮助学生从新加坡的历史、文化、社会、法律等多个角度树立国家意识与社会责任感。新加坡国立大学社会系开设的"新加坡社会"，南洋理工大学开设的"转型中的新加坡社会"从新加坡社会的方方面面对国情进行讲解，帮助学生全面了解新加坡社会以及社会所处的不同阶段，落脚点在鼓励学生为新加坡的建设而奋斗。其次，东方价值观或者亚洲价值观的教育，这是在应对东西方文化相碰撞的过程中为了帮助学生抵制西方腐朽文化的侵蚀所做出的应对之策，这也是新加坡政府在意识形态建设领域的成功之举，作为一个以华人群体为主的国家，倡导进一步学习和了解儒家文化，继承文化传统中精华部分，对于凝聚社会共识、维护社会稳定起到了关键的作用。新加坡国立大学开设的"中国文化史""儒家思想专题"等课程对中华文化以及儒家文化中精华部分进行介绍。再次，加强伦理道德知识的教育，在学习基本伦理道德知识的同时引导学生在实际生活中加以运用。如新加坡国立大学开设的"道德""政治中的伦理与道德"等课程，在对基本概念和知识进行梳理的同时对接现实社会中存在的问题，帮助学生树立正确的伦理道德观念。最后，注重培养学生的个人品格，以帮助学生在国际化竞争潮流中增强自身竞争力等。

新加坡各个高校在课程设置方面具有自主权，而思想政治理论课体系的建设主要从两方面入手：一方面是设置专门的思想政治理论课，并形成学科体系，对道德教育的内容及其知识体系进行研究和教学；另一方面是类似于美国通识教育理念的做法，将思想政治理论课的目标和内容融入其他人文社科学科课程之中。可以说，新加坡在建设本国的思想政治理论课体系的过程之中较好地确立了核心价值观的内容和地位，在当前东西方文化碰撞交锋的过程中，能够较好地保护自身国家或民族传统文化的地位与发展空间。任何一个经济、社会和政治模式都有着其历史文化根源，因而都是相对的而不是绝对的，用西方文化来同化和取代东亚地区的文化会带来严重的社会后果。

三、港台地区高校思想政治理论课体系设置状况

香港和台湾地区作为我国的一部分，之所以将其进行单独考察，主要是因为一方面这两个地区受历史、政治等因素的影响，在其高校思想政治理论课体系的建设过程中并不具备国家主体那样的先决条件；另一方面这两个地区在接受西方现代教育理念的过程中虽然取得了一定的成就，但是在最近几年的发展过程中其高校存在的一些问题很值得我们反思。

第一，香港高校思想政治理论课体系设置状况。香港高校的课程设置，特别是思想政治教育性质的课程体系的设置，是很值得反思的问题。自香港1997年回归以来，其教育仍然延续着英国殖民统治时期的教育，并没有什么大的变动。香港于2014年9月底发生非法"占中"事件，2019年又发生暴力冲突事件等。在香港持续数月的暴力违法活动中，不少青年学生被误导而裹挟其中，付出沉重代价。香港多所大学在此次暴力违法活动中沦陷。因此，我们对香港教育，特别是对香港的思想政治教育、思想政治理论课的体系问题必须进行深刻反思。

香港高校的思想政治理论课体系主要借鉴了美国通识教育的理念。由于历史原因，香港是中国率先开启现代化进程的地区，是多元文化的交汇碰撞之地，在培养专业的高级人才满足社会经济发展需要的同时，还要解决好多元文化的融合问题。在此种背景下，香港高等教育较早地推进了通识教育，而其通识教育的主要任务放在了对学生人格的塑造与培养上。具体而言，一是重新认识科技的社会作用，理解未来人类社会发展中的专业教育，全面认识科技内在的人文精神，转变专业教育观，使专业教育成为社会健康发展的重要因素；二是把专业教育放在更加广阔坚实的人类文明演进的沃土中，使之与健全人格的形成发生互动作用；三是为专业教育提供相应的人格力，如使学生形成正确的专业学习观，培养积极向上、不骄不躁的学习态度，锻造良好的社会责任感和敬业精神等。[①]

在香港最早开设通识教育课程的是崇基学院。在其创校之初就模仿美国大学的博雅教育开设了人生哲学课程，以讲授基督教义为主。1963年崇基学院转并成立香港中文大学后，人生哲学课程遂改为通识教育课程。20世纪90

---

①　冯增俊：《香港高校通识教育初探》，《比较教育研究》2004年第8期。

年代后，香港中文大学的通识教育课程体系逐渐为其他高校所接受。其培养目标也因时代的发展而不断更新。在这一过程中，香港中文大学的通识教育经历了以下三个过程：其一，放弃以基督教教义为本的课程体系，转到讲授西方古典人文学科经典著作，颂扬兼修博雅、悦逸静远的人生境界的课程体系；其二，放弃以讲授古代西方哲学为主的内容基调，更重要的是，放弃反对科学、反对技术进步的古典博雅教育的主张，转而倡导人与自然、人文与科技的和谐发展，培养既具备科学素养，又富有人文精神的一代新人的主张；其三，放弃坐而论道的人文追求，转向参与当代科技发展与社会建设，开设综合性课程，培养综合思维和综合应用实践能力，倡导全球化时代文化认同，培养科技工作需要的具有综合素质的现代人的目标。香港中文大学反复矫正培养目标与课程设置的过程也为其他高校所效仿。

香港推行的通识教育为香港社会的发展在一定时期内培养了一批高素质人才，这是香港高校通过通识教育来整合专业教育，对由于专业教育与人文学科分离后形成的当代大学教育目标偏斜进行有力的矫正。香港中文大学的通识教育注重多元文化教育，内容包括文学、哲学、历史、音乐、艺术、宗教和国际关系、社会实践等科目以及参与各种社群活动，以满足不同专业和不同兴趣的学生需要。各专业学生都必须按一定的规格修习，不完成规定学分，则不予毕业。香港中文大学开设的通识教育课程有：逻辑、科技传意、中西文化特质比较、现代主义、城市小说赏析、思考与电影、西方音乐导论、人文学科纵览、日本与中国、幸福论、生命科学概论、教育思想、人类认知、文化政治、香港的文化等；同时，开设有跨科课程（选修范围）：思想方法、批判思考、现代西方思潮、民族及国家与公民社会、人工智能泛论、现代社会与现代世界、爱情哲学、和平与战争、个人与社会、应用伦理学、香港研究、意识形态研究、死亡与不朽等；还有书院科目，属各书院开设的科目，如"大学修学指导""周会"等，如联合书院开设的"西方文化的特质""美国历史与社会""戏剧欣赏"等课程；逸夫书院开设的"现代人的问题""通识教育导论""香港社会福利服务"等课程。① 可以说，得到香港社会一致好评的通识教育课程体系为香港在一定时期以及一定社会发展阶段内的高校人才培养提供了较好的解决方案，尤其在东西方文化融合的问题上具有特色。但是通过近年来香港持续发生的以高校学生或毕业生为主体的一系列"反国民教育""占中""辱国议员"等事件，让人们又不禁思考香港高等教育尤其

---

① 郑培凯：《中国文化教学与香港前景》，内地与香港大学文化素质（通识）教育研讨会，广州，1998 年。

是高校思想政治理论课体系所传递的核心价值观念是否存在问题或者缺失。香港各所高校的课程设置，被其赋予思想政治教育功能的通识教育课程体系，在回归二十余年后仍然鲜有加入国家历史类、政治体制类课程的设置，这是不是香港高校思想政治理论课体系问题所在，并在一定程度上导致了香港青年学子对于国家历史、祖国乃至民族认同的问题，成为诱发香港社会出现不稳定情况的原因之一，这些背后的教育缺失，很值得反思。

第二，台湾地区高校思想政治理论课体系设置状况。台湾地区同香港地区类似，主要受美国高等教育理念的影响，以通识教育课程体系承担高校的思想政治理论课功能，但是台湾地区面临的历史背景与政治背景较香港地区更加复杂。台湾高校在推广通识教育课程体系的过程中与自身的社会经济发展现实相结合，发展出"全人教育"的理念。

自1949年国民党退台至1987年"解严"之前这段时期内，台湾高校思想政治理论课的正式渠道主要是通过共同必修科目来体现。虽然课程的名称、学分有所变化，但核心科目和要求却是基本确定的，这些共同科目主要包括三民主义、孙中山思想、中国近代史、国际组织与国际形势、中文、军训等。20世纪80年代中期开始，台湾地区经济迅速发展，政治呈现出"解严"趋势，多元文化不断交融；同时，这一时期的台湾随着经济的发展，社会分工日益精细，高校的学科划分更加具体以切合社会发展的现实需要。借鉴国际社会经验，台湾高等教育学界开始反思这种过分强调社会需要的人才培养模式，关注学生的全面发展。台湾教育事务机关于1983年成立"大学共同科目规划研究专案小组"，讨论高校教育存在的问题，探讨解决方案。1984年，台湾教育事务机关颁布《大学通识教育选修科目实施要点》（以下简称《实施要点》），要求各高校在七大领域范畴开设选修科目，具体包括文学与艺术领域、历史与文化领域、社会与哲学领域、数学与逻辑领域、物理科学领域、生命科学领域以及应用科学与技术领域。[①] 这标志着台湾在面对通识教育方面，各高校自身进行的探索逐步向规范化、制度化的方向发展。1989年，台湾教育事务机关又公布《大学共同必修科目表》，要求各高校对课程进行整体设计。2003年，台湾教育事务机关成立通识教育委员会，作为组织与管理通识教育的专门机构，并在此基础上成立通识教育评鉴小组。之后，台湾教育事务机关还制订了《2007—2010年通识教育中程纲计划》，该计划的核心在于开展以能力为导向的通识课程教学，培养学生的反思能力、创新能力及探

---

① 冯增俊：《中国台湾高等学校通识教育探析》，《比较教育研究》2003年第12期。

索能力，完善人格，最终实现"全人教育"。① 至此，台湾由通识教育理念发展而来的"全人教育"理念得到各高校的持续推进，在课程体系的具体设置上，各高校依据自身情况采取不同策略。具有代表性的有：台湾大学将其课程体系设置分为共同必修课程和通识必修课程两部分，前者涉及四个课程领域，包含中文课程领域、外文课程领域、历史课程领域及公民教育课程领域。后者包含的四个课程领域分别为人文学科课程领域、社会科学课程领域、物理科学课程领域以及生命科学课程领域。台湾大部分高校采取此种模式。还有一些高校采取类似核心课程的设置方法，将专业学习关联领域内的重要命题进行重新归类与整合，设置新的课程领域。如阳明大学开设哲学与心灵领域、历史与文明领域、社会与经济领域、伦理与道德领域、科技与社会领域还有艺术与文化领域六大领域的课程。除此之外还有一些高校采取高等教育的低年级段不分院系的形式组织课程学习，但此类高校较少。

台湾地区积极推行"全人教育"理念，台湾地区高校在追求"全"的同时是否忽视了"核"的重要性，其教育的政治化倾向使得教育政策直接、间接为政治而服务，政治领域完全统摄教育领域，使教育部门的自主性为之沦丧，成为政治的工具。② 尤其是近些年台湾岛内党派之争愈演愈烈，在这政治争斗中的去国民党化，很大程度上夹杂着"去中国化"的成分，并以此扰乱青年一代的历史认知，就是教育的政治化倾向一个最直观的体现。同时，岛内存在的追求西方民主价值观的旋律中是否夹杂了民粹主义的成分，"太阳花学运"是否反映了台湾高等教育思想政治教育功能的某些缺陷，一系列问题是值得我们思考其背后的原因并引以为戒的。

---

① 孙晓雪：《台湾高校通识教育课程发展及启示》，《现代教育科学》2016 年第 3 期。

② 黄俊杰：《大学通识教育探索：中国台湾经验与启示》，广州：中山大学出版社 2002 年版，第 62 页。

第十三章 新时代高校思想政治理论课体系创新发展趋势

高校思想政治理论课体系创新是一个复杂的系统工程，它涉及高校思想政治理论课教学的全过程。在这个过程中，某一个环节出现了问题，就会影响体系创新的时效性。其实，从理论到教材，从教材到教学，从教学到学生，从学生到行动，都有一个"间距"。这就是高校思想政治理论课体系创新的阶段性、连续性与发展性的辩证性。虽然高校思想政治理论课体系创新有一个阶段的稳定性，但也不是说体系创新就可以停滞不前。教材体系的完善、教学体系的改进、实践环节的设计、评价体系的调整等都是一个不断改进与发展的过程。这就预示着高校思想政治理论课体系创新是一个动态的发展过程。随着高校思想政治理论课体系创新的发展，高校思想政治理论课体系将进一步优化，从而不断提升高校思想政治理论课的吸引力和实效性，努力把高校思想政治理论课建设成学生真心喜爱、终身受益、毕生难忘的优秀课程。

一、新时代高校思想政治理论课体系创新的现实诉求

高校思想政治理论课体系经过改革发展，取得显著的成绩，尤其是随着中央"马克思主义理论研究与建设工程"的实施和推进，高校思想政治理论课体系创新得到明显加强，质量明显提升，受到广大教师和学生的好评。在中华人民共和国成立初期，党和国家非常重视高校思想政治理论课体系，但突出强调了思想政治理论课的政治意义。中华人民共和国成立以来，思想政治理论课作为高等教育的重要组成部分，国家给予了高度重视。毛泽东同志指出，"政治工作是我们军队的生命线，无此则不是真正的革命军队"[1]，"政治工作是一切经济工作的生命线"[2]。作为高校思想政治教育的必修课，思想

① 中共中央党校毛泽东思想研究室编选组：《思想政治工作文献选编》，北京：中共中央党校出版社 1989 年版，第 59 页。

② 毛泽东：《毛泽东文选》（第六卷），北京：人民出版社 1999 年版，第 449 页。

政治理论课主要是帮助青年学生树立正确的世界观、人生观、价值观，在"培养什么人""如何培养人"方面始终坚持正确的原则立场，坚持"育人为本、德育为先"，体现了社会主义大学的本质要求。新时代高校思想政治理论课肩负着学习研究宣传马克思主义，培养中国特色社会主义事业建设者和接班人的重大任务。思想政治理论课是巩固马克思主义在高校意识形态领域指导地位，坚持社会主义办学方向的重要阵地；是全面贯彻落实党的教育方针，培养中国特色社会主义事业合格建设者和可靠接班人，落实立德树人根本任务的主干渠道；是进行社会主义核心价值观教育，帮助大学生树立正确世界观、人生观、价值观的核心课程。办好思想政治理论课，事关意识形态工作大局，事关中国特色社会主义事业后继有人，事关实现中华民族伟大复兴的"中国梦"，必须始终摆在突出位置，持之以恒、常抓不懈。在改革开放进程中，在市场经济的影响下，高校思想政治理论课体系建设一度处于放松状态，有些课程内容滞后于国际、国内形势，高校思想政治理论课体系创新存在不少问题。"现在我们已经看到存在不少问题，我们还会遇到许多现在预料不到的问题。为了完成这个任务，为了保证全党思想上行动上的一致，必须有效地加强和改善我们党的思想政治工作。"① 在市场经济的冲击下，高校学生一度出现"西化"倾向，高校思想政治理论课没有及时、系统地回应这些问题。"我们不是从人们所说的、所设想的、所想象的东西出发，也不是从口头说的、思考出来的、设想出来的、想象出来的人出发，去理解有血有肉的人。我们的出发点是从事实际活动的人，而且从他们的现实生活过程中还可以描绘出这一生活过程在意识形态上的反射和反响的发展。"② 任何一个社会的发展并不是一个纯经济的发展，在某一个时间段可以集中精力来发展经济，但也不能忽视人的精神世界。物质文明的发展必须与精神文明的发展相辅相成，相得益彰。忽视任何一方的发展是不全面的发展，是不可持续的发展。因此，现实的要求，迫切需要建立完善的思想政治理论课体系、制度规范以及工作机制等，坚持理论联系实际的工作原则，紧密结合社会实践，采取灵活多样的方式进行思想政治教育。"人们的观念、观点和概念，一句话，人们的意识，随着人们的生活条件、人们的社会关系、人们的社会存在的改变而改变。"③ 高校思想政治理论课随着我国政治、经济、文化、社会、科技等发展

① 邓小平：《邓小平文选》（第二卷），北京：人民出版社 1994 年版，第 364 页。
② 中共中央马克思恩格斯列宁斯大林著作编译局编：《马克思恩格斯选集》（第一卷），北京：人民出版社 1995 年版，第 525 页。
③ 中共中央马克思恩格斯列宁斯大林著作编译局编：《马克思恩格斯选集》（第二卷），北京：人民出版社 1995 年版，第 91 页。

要求的不断变化，需要不断推进马克思主义中国化，始终站在时代前沿，解答时代问题，使思想政治教育不断走上正规化、系统化的发展轨道。尤其是近些年来，在党中央坚强领导下，各部门和各地各高校认真实施新课程方案，采取一系列重大举措，全面加强和改进思想政治理论课，深入推进中国特色社会主义理论体系"进教材、进课堂、进头脑"。设立马克思主义理论一级学科，为思想政治理论课建设提供坚实的学科支撑。思想政治理论课体系建设进一步规范，思想政治理论课建设的良好局面已经形成，为加强和改进大学生思想政治教育，维护改革发展稳定大局做出了重要贡献。

　　然而，面对千变万化的社会现实，高校思想政治理论课体系创新仍然存在一定程度的滞后性。恩格斯在1892年致康拉德·施密特的信中指出："马克思的东西都是互相密切联系着的，任何东西都不能从中单独抽出来。"① 高校思想政治理论课体系创新的滞后，必然造成思想政治教育的许多方面与现实脱节。高校思想政治理论课体系布局存在单一、线性、分散的状态，缺乏整体性、系统性、全面性、立体性的科学布局集合，存在重视传统理论阐述，而忽视对现实的解释或解释不足的问题。高校思想政治理论课体系理论、结构、内容滞后，思想政治理论课课程体系缺乏科学性、说服力和吸引力。思想政治教育不仅是一项实践性非常强的工作，而且具有理论科学性，仅仅靠经验是不够的，必须加强思想政治理论课研究。列宁强调："我们绝不把马克思的理论看作是某种一成不变的和神圣不可侵犯的东西；恰恰相反，我们深信：它只是给一种科学奠定了基础，社会党人如果不愿意落后于实际生活，就应当在各方面把这门科学推向前进。"② 可见，思想政治理论课必须理论联系实际，必须坚持实践检验真理的标准，用发展的眼光来看待和评价思想政治理论课的实效性。同时，也必须清醒地认识到，世界范围内各种思想文化交流、交融、交锋日益频繁，如何发挥思想政治理论课的正能量，增强对重大理论和现实问题的阐释力，在多元中确立主导，给高校思想政治理论课体系创新提出新的挑战。

　　思想政治理论课要以人为本，针对学生的实际问题，坚持以学生为中心。习近平总书记把"中国梦"归结为"人民的梦""每一个中国人的梦"，充分体现了"中国梦"的人民性这一本质属性。③ 人民性是马克思主义经典著作

　　① 中共中央马克思恩格斯列宁斯大林著作编译局译：《马克思恩格斯全集》（第三十六卷），北京：人民出版社1975年版，第9页。

　　② 中共中央马克思恩格斯列宁斯大林著作编译局编：《列宁选集》（第一卷），北京：人民出版社1995年版，第274页。

　　③ 韩振峰：《简论"中国梦"的十个鲜明特征》，《社会主义研究》2013年第5期。

中的重要术语，唯物史观第一次正确评价了人民群众在社会历史发展中的创造主体地位，指出历史的发源地"在尘世的粗糙的物质生产中"而不是"在天上的云雾中"。① 习近平总书记指出："人民是历史的创造者，群众是真正的英雄。人民群众是我们力量的源泉。"② 因此，高校思想政治理论课要充分考虑学生的主体诉求，这是高校思想政治理论课的生命力之所在。

近些年来，随着"马克思主义理论研究与建设工程"的实施和推进，高校思想政治理论课体系建设不断得到加强，教学质量得到明显提升。当然，在取得不错成绩的同时我们也应清醒地看到，现行的高校思想政治理论课体系在内容、结构等方面仍存在某些不足，从内容到形式尚有不少改进的空间。当前高校思想政治理论课面临着一系列新形势、新任务、新矛盾，理论研究仍较薄弱，理论研究水平需进一步提高，创新意识有待加强。高校思想政治理论课必须解决新时期面临的系列新问题，用中国的话语体系解释中国的成功经验。

高校思想政治理论课体系有其自身的整体性。当前高校思想政治理论课课程体系布局存在单一、线性、分散的状态，缺乏系统性、全面性、立体性的科学布局，存在重视传统理论阐述，而解释现实与回应现实乏力的问题。高校思想政治理论课四门主干课程，即"基础""概论""纲要""原理"课之间的有机联系不够明晰，没有形成系统、完整、立体的高校思想政治理论课之间的内在体系。高校思想政治理论课四门课程之间需要进行整体研究，整体设计。

四门课程之间在内容上也有部分重复交叉、不够清晰，且课程之间的衔接以及大中小学德育课程之间的衔接均存在问题。教育部在《关于整体规划大中小学德育体系的意见》中明确指出，只有坚持把有效衔接、分层次实施、循序渐进、整体推进作为根本要求，才能始终保持学校思想政治教育的生机和活力。"在整个中学阶段，青少年的品德，即道德品质，迅速发展，他们处于伦理观形成的时期。"③ 可以说，大学与中学的思想政治理论课既有明显的差异，又一脉相承，"但当前对思想政治理论课认识的偏差及内容缺乏整体规

---

① 《马克思恩格斯全集》（第二卷），北京：人民出版社 1957 年版，第 191 页。

② 中共中央文献研究室编：《十八大以来重要文献选编》（上），北京：中央文献出版社 2014 年版，第 70 页。

③ 林崇德、李庆安：《青少年身心发展特点》，《北京师范大学学报（社会科学版）》2005 年第 1 期。

划等因素，影响着大学与中学思政教育课的有效衔接"①。所以，加强高校思想政治理论课与中小学德育课的衔接，有利于建立科学的思想政治理论课体系。

关于"概论"课的具体问题分析。如课程名称问题，"毛泽东思想和中国特色社会主义理论体系概论"名称还值得讨论。课程的名称是否过长，这样表达是否准确。课程名称中将"毛泽东思想"和"中国特色社会主义理论体系"并列，是不是最好的表达；实际上，二者同属于马克思主义中国化的有机组成部分。习近平总书记指出："我们党领导人民进行社会主义建设，有改革开放前和改革开放后两个历史时期，这是两个相互联系又有重大区别的时期，但本质上都是我们党领导人民进行社会主义建设的实践探索。"② 从中国共产党诞生伊始，就开始用马克思主义理论指导自己的行动，不断地把马克思主义与中国实际相结合。在马克思主义与中国实际相结合的过程中，形成了马克思主义中国化的理论成果。所以，作为课程名称，"概论"课可以考虑用"马克思主义中国化概论"，有待专家论证。

再如课程结构问题，2018 年新版教材包含的内容很多，可以说是面面俱到。有许多问题，特别是有些比较重要的理论，书中只是一笔带过，没有也不可能全部展开论述。这就给教师的课堂讲授带来了困难。同时，这部教材过于抽象和呆板，不活泼，骨架过多，"血""肉"偏少，缺乏可读性。"原理"课，主要讲解马克思主义基本哲学原理，重在从总体上理解和把握什么是马克思主义，了解马克思主义产生的历史过程和发展阶段，掌握马克思主义的鲜明特征，深刻认识马克思主义的当代价值，增强学习和运用马克思主义的自觉性。这里有一个关系问题，那就是马克思主义基本原理与中国文化的关系，特别是与中国传统哲学思想的关系。中国传统哲学思想历史悠久、博大精深，对马克思主义哲学中国化产生了极大的影响。"马克思主义也要充分与中国的传统文化相结合，特别是马克思主义哲学，需要符合中国的实际国情。"③ 马克思主义哲学中的唯物主义和辩证法思想与中国传统哲学中的朴素唯物主义和朴素辩证法思想相呼应。在人类的历史发展过程当中，辩证唯物主义是哲学发展的最高阶段。"中国由于经历了漫长的封建社会，中国的朴素唯物主义和朴素辩证法的思想对人们产生了巨大的影响，而中国的朴素唯

---

① 侯彦杰、贺艳彬：《高校思想政治理论的课程衔接探析——以"毛泽东思想和中国特色社会主义理论体系概论"课为例》，《黑龙江高教研究》2016 年第 11 期。

② 习近平：《习近平谈治国理政》（第一卷），北京：外文出版社 2018 年版，第 102 页。

③ 麻丽：《高校思想政治教育涵养大学生文化自信的路径探赜》，《学校党建与思想教育》2018 年第 1 期。

物主义也对马克思主义哲学中的辩证唯物主义的发展产生了巨大的影响。"①
因此，中国传统哲学思想是否融入"原理"课，怎样融入，也是可以讨论的。
"基础"课就是帮助大学新生适应大学生活的核心课程。其中，理想信念贯穿
课程的始终，怎样把个人理想与国家理想，"个人梦"与"中国梦"结合起
来。这就要求大学生必须加强政治修养、思想修养、道德修养、法律修养等。
新时代大学生怎样树立科学的理想信念，怎样加强法律修养等问题，是"基
础"课的重点和难点问题，在教材中如何落实与体现。这些问题还有待完善。
"纲要"课所讲的中国近现代史不是孤立的，是与中国传统文化相联系的。历
史与文化是分不开的。教育部关于《完善中华优秀传统文化教育指导纲要》
指出，加强对青年学生的中华优秀传统文化教育，要求把中华优秀传统文化
融入高校思想政治理论课中。"纲要"课中加强中华优秀传统文化教育，对于
引导大学生全面准确地认识中华民族的历史传统、文化积淀、基本国情，对
于引导青年学生增强民族文化自信和价值观自信，自觉践行社会主义核心价
值观具有重要作用。"理论是来源于实践的，历史上产生的理论，要用历史的
进程、实践和历史的逻辑来说明。"② "纲要"课要"引起学生对马克思主义、
对党的认识，并不断增强对马克思主义、共产党和社会主义的信念，在逻辑
与历史的统一过程中，增强历史认同感，达到政治教育的目的"③。"纲要"
课须明确，在中国近现代发展进程当中，要充分地考虑到中国传统文化因素
的影响问题。

此外，高校思想政治理论课程体系还存在实践课程、网络课程建设问题。
完整的课程体系建设不仅包括理论课程体系，还应包括实践课程体系、网络
课程体系等全方位立体型的课程体系。习近平总书记强调："根据形势发展需
要，要把网上舆论工作作为宣传思想工作的重中之重来抓。"④ 宣传思想工作
是做人的工作，人在哪儿宣传思想工作的重点就应该在哪儿。这也是对高校
思想政治理论课体系创新的要求。

---

① 顾华：《中华优秀传统文化引入高校思想政治理论课教学研究》，《思想理论教育》2014 年第
7 期。

② 中共中央马克思恩格斯列宁斯大林著作编译局编：《马克思恩格斯选集》（第二卷），北京：
人民出版社 1995 年版，第 43 页。

③ 薛焱、朱哲：《高校思想政治理论课话语体系建构探微——基于"问题式教学法"的分析与
思考》，《思想理论教育导刊》2017 年第 7 期。

④ 习近平：《习近平谈治国理政》（第一卷），北京：外文出版社 2018 年版，第 235 页。

二、新时代高校思想政治理论课体系创新的维度

党的十八大以来，习近平总书记高度重视高校思想政治理论课体系建设。"新时代中国特色社会主义思想，是对马克思列宁主义、毛泽东思想、邓小平理论、'三个代表'重要思想、科学发展观的继承和发展，是马克思主义中国化最新成果，是党和人民实践经验和集体智慧的结晶，是中国特色社会主义理论体系的重要组成部分，是全党全国人民为实现中华民族伟大复兴而奋斗的行动指南，必须长期坚持并不断发展。"① 坚定在党的领导下走中国特色社会主义道路，实现中华民族伟大复兴的理想信念，实现制度自信、理论自信、道路自信和文化自信。习近平总书记指出："宣传思想工作就是要巩固马克思主义在意识形态领域的指导地位，巩固全党全国人民团结奋斗的共同思想基础，牢牢掌握意识形态工作领导权和话语权，丰富人民精神世界，增强人民精神力量，满足人民精神需求；高校要成为马克思主义学习、研究、宣传的重要阵地。"② 因此，高校思想政治理论课体系创新，必须坚定政治意识，把握政治方向，树立阵地意识，坚持问题导向。2013 年，习近平总书记在全国宣传思想工作会议上的重要讲话中强调："宣传思想工作就是要巩固马克思主义在意识形态领域的指导地位，巩固全党全国人民团结奋斗的共同思想基础。"2016 年 5 月，习近平总书记在哲学社会科学工作座谈会上再次强调："坚持以马克思主义为指导，是当代中国哲学社会科学区别于其他哲学社会科学的根本标志，必须旗帜鲜明加以坚持。"高校思想政治理论课承担着用马克思主义中国化最新成果武装大学生头脑的战略任务，决定了其必须形成科学化体系，始终紧跟党的理论创新步伐，实现理论和实践的创新。"理论上清醒，政治上才能坚定。坚定的理想信念，必须建立在对马克思主义的深刻理解上。"③ 因此，高校思想政治理论课体系创新，必须高举中国特色社会主义伟大旗帜，充分体现马克思主义中国化的最新理论成果，以习近平新时代中国特色社会主义思想为指导，学习宣传领会党的十九大精神，增强课程体系的现实性、针对性和创新性。

高校思想政治理论课体系创新必须围绕学生、关照学生、服务学生，树

---

① 习近平：《决胜全面建成小康社会　夺取新时代中国特色社会主义伟大胜利——在中国共产党第十九次全国代表大会上的报告》，北京：人民出版社 2017 年版，第 20 页。

② 习近平：《习近平谈治国理政》（第一卷），北京：外文出版社 2018 年版，第 153 页。

③ 习近平：《习近平谈治国理政》（第二卷），北京：外文出版社 2017 年版，第 35 页。

立以学生为中心的创新导向，始终坚持学生主体地位。"把科学思想理论转化为认识世界、改造世界的强大物质力量，以更好坚持和发展中国特色社会主义"①，高校思想政治理论课体系创新，就是要培养新时代合格的社会主义建设者和可靠接班人。"理念是行动的先导，一定的发展实践都是由一定的发展理念来引领的。发展理念是否对头，从根本上决定着发展成效乃至成败。"②改革开放以来，我国发展取得了巨大成就，社会主要矛盾发生变化；但是，"我国处于并将长期处于社会主义初级阶段的基本国情没有变，我国是世界上最大发展中国家的国际地位没有变"③，这表明，我国仍然是发展中国家，发展仍然是新时代中国的主题。习近平总书记指出："中国特色社会主义是不是好，要看事实，要看中国人民的判断……中国共产党人和中国人民完全有信心为人类对更好社会制度的探索提供中国方案。"④ 因此，要以推进"中国声音""中国方案""中国故事"为体系创新方向，促进高校思想政治理论课话语体系的优化和创新。贯彻落实《关于进一步加强和改进新形势下高校宣传思想工作的意见》精神，全面贯彻新时代党的教育方针，立足坚定大学生对中国特色社会主义的道路自信、理论自信、制度自信、文化自信，以课程结构、课程内容、课程衔接、课程评价等的优化为重点，落实高校思想政治理论课在高校立德树人工作中的战略地位，建立健全具有中国特色、中国风格、中国气派的高校思想政治理论课程体系。马克思曾指出："理论在一个国家实现的程度，总是取决于理论满足这个国家的需要的程度。"⑤ 而所谓满足"国家的需要"，归根到底是满足广大民众的利益，满足广大学生的利益。

立德树人是教育的根本任务，也是高校思想政治理论课的根本目标。"培养什么人，怎样培养人"，是教育的根本问题和永恒主题。党的十八大报告将"立德树人"确立为教育的根本任务。习近平总书记在十九大报告中指出："建设教育强国是中华民族伟大复兴的基础工程，必须把教育事业放在优先位置，加快教育现代化，办好人民满意的教育。要全面贯彻党的教育方针，落实立德树人根本任务，发展素质教育，推进教育公平，培养德智体美全面发

① 习近平：《习近平谈治国理政》（第二卷），北京：外文出版社 2017 年版，第 68 页。
② 习近平：《习近平谈治国理政》（第二卷），北京：外文出版社 2017 年版，第 197 页。
③ 习近平：《决胜全面建成小康社会　夺取新时代中国特色社会主义伟大胜利——在中国共产党第十九次全国代表大会上的报告》，北京：人民出版社 2017 年版，第 12 页。
④ 习近平：《习近平谈治国理政》（第二卷），北京：外文出版社 2017 年版，第 37 页。
⑤ 中共中央马克思恩格斯列宁斯大林著作编译局编：《马克思恩格斯选集》（第一卷），北京：人民出版社 2012 年版，第 11 页。

展的社会主义建设者和接班人。"① 这体现新时代教育规律和教育本质，丰富了我们党的教育方针的内涵。习近平总书记在北京大学师生座谈会上再次强调："要把立德树人的成效作为检验学校一切工作的根本标准，真正做到以文化人、以德育人，不断提高学生思想水平、政治觉悟、道德品质、文化素养，做到明大德、守公德、严私德。"② 高校思想政治理论课体系创新必须牢牢把握"立德树人"的根本任务和最终目标，把握其在高校立德树人工作中的战略意义。习近平总书记指出："核心价值观，其实就是一种德，既是个人的德，也是一种大德，就是国家的德、社会的德。国无德不兴，人无德不立。"③立德树人的根本目标要通过教育引导、舆论宣传、文化熏陶、实践养成、制度保障等方式，实现全覆盖普及、全媒体宣传、全方位融入。

高校思想政治理论课体系创新必须以实现社会主义和共产主义的崇高理想为最终目的，高举爱国主义与国际主义相结合的旗帜，培养学生无私奉献、顽强拼搏、艰苦奋斗、勤俭节约的革命精神。毛泽东同志曾指出，共产党人"无论何时何地都不应以个人利益放在第一位，而应是个人利益服从于民族和人民群众的利益。因此，自私自利，消极怠工，贪污腐化，风头主义等等，是最可鄙的；而大公无私，积极努力，克己奉公，埋头苦干的精神，才是可尊敬的"④。刘少奇在《论共产党员的修养》中系统论述了道德修养问题，并且集中论述了共产主义道德。刘少奇指出："我们的道德之所以伟大，正因为它是无产阶级的共产主义的道德。这种道德，不是建筑在保护个人和少数剥削者利益的基础上，而是建筑在无产阶级和广大劳动人民利益基础上，建筑在最后解放全人类，拯救世界脱离资本主义灾难，建设幸福美丽的共产主义世界利益的基础上，建筑在马克思列宁主义的科学共产主义的理论基础上。"⑤中国革命道德传统的灵魂是坚持社会主义和共产主义理想信念，是中华民族极其宝贵的精神财富，更是时代精神的重要体现。

高校思想政治理论课应该把中华优秀传统文化融入课程体系之中，不忘本来，面向未来。列宁在谈到无产阶级文化时指出："应当明确地认识到，只有确切地了解人类全部发展过程所创造的文化，只有对这种文化加以改造，才能建设无产阶级文化"，"无产阶级文化并不是从天上掉下来的，也不是那

---

① 习近平：《决胜全面建成小康社会　夺取新时代中国特色社会主义伟大胜利——在中国共产党第十九次全国代表大会上的报告》，北京：人民出版社 2017 年版，第 45 页。
② 习近平：《在北京大学师生座谈会上的讲话》，《人民日报》，2018 年 5 月 3 日。
③ 习近平：《习近平谈治国理政》（第一卷），北京：外文出版社 2018 年版，第 168 页。
④ 毛泽东：《毛泽东选集》（第二卷），北京：人民出版社 1991 年版，第 522 页。
⑤ 刘少奇：《刘少奇选集》（上卷），北京：人民出版社 1981 年版，第 133 页。

些自命为无产阶级文化专家的人杜撰出来的……无产阶级文化应当是人类在资本主义社会、地主社会和官僚社会压迫下创造出来的全部知识合乎规律的发展"。① 中华优秀传统文化具有深厚的历史文化底蕴，是中华民族之根，必须继承这份遗产。"在道德领域中我们有两种传统，既有在长期历史发展中形成的古代道德传统，又有中国人民在近现代的民主革命、社会主义革命和社会主义建设中逐步形成的革命传统。我们不能忽视对中国传统道德的弘扬，但也不能忘记进行革命传统和革命道德传统的教育。"② 《公民道德建设实施纲要》中明确提出："要继承中华民族几千年形成的传统美德，发扬我们党领导人民在长期革命斗争与建设实践中形成的优良传统道德，积极借鉴世界各国道德建设的成功经验和先进文明成果。"它的颁布，为新时期公民道德建设注入了强大动力，为以爱国主义为核心的中华民族精神的弘扬创造了条件。

高校思想政治理论课课程体系创新必须理论联系实际，以习近平新时代中国特色社会主义思想为指导，凸显问题意识，对现实问题做出相应分析和回应。"中国特色社会主义进入新时代，我国社会主要矛盾已经转化为人民日益增长的美好生活需要和不平衡不充分的发展之间的矛盾。"③ 可以说，中国特色社会主义在奋斗目标上，正在走向中华民族伟大复兴的奋斗目标；在改革取向上，正在走向既充分又平衡的公平正义目标；在生产力发展方式上，正在走向围绕"供给侧结构性改革"的创新驱动目标；在生产关系上，正在走向分配正义、和谐共赢目标；在国家权力上，正在走向国家治理、民主协商目标；在文化心理上，正在走向文化自觉与文化自信；在外交上，正在走向提升话语权导向目标，倡导建立人类命运共同体；在国际地位上，由"世界大国"走向"世界强国"。④ 高校思想政治理论课体系创新要充分体现理论与实践相结合的原则，突出问题导向和问题意识，充分反映马克思主义中国化的历史进程和理论成果。高校思想政治理论课体系创新应该具有发展性的视角和整体性思维，要对整个思想政治理论课所要达到的目标进行合理布局和统筹规划，使得各阶段的教育目标从整体上形成一个目标链，从而使高校与中小学的思想政治教育实现有效衔接。在思想政治教育实践中，教育者要

① 中共中央马克思恩格斯列宁斯大林著作编译局编：《列宁选集》（第四卷），北京：人民出版社1995年版，第285页。

② 陈先达：《革命的道德和道德的革命——读〈中国革命道德〉》，《光明日报》，2000年4月11日。

③ 习近平：《决胜全面建成小康社会 夺取新时代中国特色社会主义伟大胜利——在中国共产党第十九次全国代表大会上的报告》，北京：人民出版社2017年版，第11页。

④ 韩庆祥：《论习近平治国理政思想》，《中共福建省委党校学报》2016年第1期。

运用整体性思维，通过课程体系的优化和教学体系的融合使思想政治教育各子系统能够协调运作、协同创新，发挥整体效益，形成合力。

三、新时代高校思想政治理论课体系创新的时代走向

"理论创新每前进一步，理论武装就跟进一步，这是我们党加强自身建设的一条重要经验。"① 新时代必须贯彻落实习近平总书记重要讲话精神，大力推进习近平新时代中国特色社会主义思想进课堂。"党的十八大以来，'思想道德修养与法律基础'课主动聚焦实现中华民族伟大复兴的历史使命，坚持以培养担当民族复兴大任的时代新人为着眼点，进一步加强社会主义核心价值观的主题教学。'毛泽东思想和中国特色社会主义理论体系概论'课旨在引导学生全面了解马克思主义中国化的历史进程，分析阐释改革开放40年，特别是党的十八大以来党和国家建设所取得的巨大成就，展示中国国际地位所发生的巨大变化，引导学生深刻认识习近平新时代中国特色社会主义思想的科学体系和历史地位，进而内化为'四个自信'。'中国近现代史纲要'课根据习近平总书记重要讲话精神调整相关内容表述，引导学生在中华民族伟大复兴的历史进程中理解中国革命文化，突显将中华民族伟大复兴中国梦放置于整体历史观下进行考察的现实需求，引导学生树立正确的历史观，明确青年一代肩负的责任与使命。'马克思主义基本原理概论'课，立足马克思主义的基本立场观点和方法，阐明习近平新时代中国特色社会主义思想的哲学基础以及与马克思主义一脉相承的体系联系，引导学生深刻认识习近平新时代中国特色社会主义思想所彰显的马克思主义所特有的时代性、人民性和实践性本质属性。"② 教育部等八部门印发的《关于加快构建高校思想政治工作体系的意见》要求，办好思想政治理论课。按照"八个相统一"要求，扎实推进思想政治理论课建设思路创优、师资创优、教材创优、教法创优、机制创优、环境创优。遴选名师、大师参与思想政治理论课讲授。把新媒体新技术引入高校思想政治理论课教学，打造高校思想政治理论课资源平台和网络集体备课平台。高校思想政治理论课体系创新，必须深入总结现行课程方案的成功经验及其面临的新挑战。中宣部、教育部制定并印发的《关于进一步加强和改进高等学校思想政治理论课的意见》和实施方案中，构建了实施多年

---

①　胡锦涛：《在庆祝中国共产党成立90周年大会上的讲话》，《人民日报》，2011年7月2日。

②　王雯姝：《深入贯彻落实学校思想政治理论课教师座谈会重要讲话精神　大力推进新时代高校思想政治理论课改革创新》，《思想教育研究》2020年第3期。

的"05方案"。"05方案"是国家对"98方案"进行较大调整、改进的结果。目前，高校本科层次的思想政治理论课设置有"马克思主义基本原理概论""毛泽东思想和中国特色社会主义理论体系概论""中国近现代史纲要""思想道德修养和法律基础""形势与政策"等必修课。博士阶段开设"中国马克思主义与当代"、"马克思恩格斯列宁经典著作选读"（选修）；硕士阶段开设"中国特色社会主义理论与实践研究"、"马克思主义与社会科学方法论"（文科选修）、"自然辩证法概论"（理科选修）等课程；本科阶段开设"毛泽东思想和中国特色社会主义理论体系概论""思想道德修养与法律基础""形势与政策"等必修课。全国重点马克思主义学院率先全面开设"习近平新时代中国特色社会主义思想概论"课。各高校围绕习近平新时代中国特色社会主义思想，党史、国史、改革开放史、社会主义发展史，宪法法律，中华优秀传统文化等设定课程模块，开设系列选择性必修课程，形成了以习近平新时代中国特色社会主义思想为核心内容的思想政治理论课课程体系群。高校思想政治理论课体系体现了科学性、权威性、时代性，较好地解决了过去存在的课程门数和总学时偏多、知识体系比较零散等问题，取得了明显的成效。同时，也必须清醒地认识到，世界范围内各种思想文化交流、交融、交锋更加频繁，国内社会思想意识更加多元、多样、多变，如何发挥正能量，增强对重大理论和现实问题的阐释力，在多元中确立主导，给高校思想政治理论课体系创新提出了新的挑战和要求。

高校思想政治理论课体系创新是一件严肃且重大的事情，直接关系到我国高校的办学方向和大学生的健康成长。新时代要"提升研究生思政课教学质量，必须以习近平总书记系列重要讲话精神为指导，深入贯彻落实全国高校思想政治工作会议精神，深刻把握培养什么样的人、如何培养人以及为谁培养人这个根本问题，坚持政治导向、问题导向、效果导向、学生导向，通过综合改革、多样创新实现教学内容和教学方式方法的与时俱进"[①]。高校思想政治理论课体系创新在保持现行课程体系基本稳定的基础上，着眼于新形势的要求和"立德树人"的根本任务，"牢牢抓住全面提高人才培养能力这个核心点"[②]，进一步改进课程内容、完善课程体系、优化课程结构等，不断深化中国特色社会主义和"中国梦"教育，深入开展社会主义核心价值观教育，加强法治教育，坚持不懈地推进习近平新时代中国特色社会主义思想"进教

---

① 靳诺：《深入贯彻落实全国高校思想政治工作会议精神　进一步提升研究生思想政治理论课教学质量》，《思想理论教育导刊》2017年第9期。

② 习近平：《习近平谈治国理政》（第二卷），北京：外文出版社2017年版，第377页。

材、进课堂、进头脑"，不断改善思想政治理论课教学状况，进一步提升高校思想政治理论课的吸引力和实效性。新时代高校思想政治理论课创新发展，必须"不折不扣落实文件和相关政策要求，稳步推进文件和政策相关举措落实，推进各地各高校思政课建设均衡发展，这既是一项需要长期深入和持续探索的工作，也是一项需要足够韧性的十分艰巨的工作"。"党的十九大把习近平新时代中国特色社会主义思想确立为我们党必须长期坚持的指导思想并写入党章，第十三届全国人民代表大会通过的宪法修订案把习近平新时代中国特色社会主义思想载入宪法，实现了党和国家指导思想的与时俱进。及时推进党的创新理论新成果进教材、进课堂、进头脑，用习近平新时代中国特色社会主义思想铸魂育人，这是新时代思政课建设的根本任务。"① 习近平新时代中国特色社会主义思想的内容十分丰富。党的十八大以来，习近平总书记发表系列重要讲话，提出了许多新思想、新观点、新论断、新要求，为中国特色社会主义思想体系注入了新的内涵，丰富和发展了中国特色社会主义理论体系。"以全新的视野深化对共产党执政规律、社会主义建设规律、人类社会发展规律的认识。"② 习近平总书记的治国理政思想反映了从新的历史起点出发的中国的时代要求，是具有丰富的并有内在逻辑联系的思想内容，能够有针对性地指导我们今天实践的科学体系。正是在这样的意义上，我们说这一思想坚持和发展了中国特色社会主义，是马克思主义中国化的最新成果。③ 高校思想政治理论课要大力推动改革创新，扎实推进思政课内涵式发展。推进思政课的慕课建设，传播习近平新时代中国特色社会主义思想，强化"因材施教"，进一步提升思政课教学有效性和学生获得感，与时俱进推进思政课分层教学模式改革与创新，持续提升思政课教学整体水平和质量，不断建设和完善思政课课程体系，推进思政课内涵式发展。④ 因此，高校思想政治理论课体系创新必须以习近平新时代中国特色社会主义思想为指导，把习近平总书记的系列讲话精神融入教材、进课堂，培养中国特色社会主义的可靠建设者和接班人。

"毛泽东思想和中国特色社会主义理论体系概论"，建议更名为"当代中国马克思主义理论概论"或"马克思主义中国化概论"，进一步突出中国特色

　① 佘双好：《新时代思想政治理论课建设的新举措与新变化》，《思想理论教育》2020 年第 5 期。

　② 习近平：《决胜全面建成小康社会　夺取新时代中国特色社会主义伟大胜利——在中国共产党第十九次全国代表大会上的报告》，北京：人民出版社 2017 年版，第 18－19 页。

　③ 李君如：《习近平治国理政思想的显著特点》，《北京日报》，2016 年 1 月 18 日。

　④ 王雯姝：《深入贯彻落实学校思想政治理论课教师座谈会重要讲话精神　大力推进新时代高校思想政治理论课改革创新》，《思想教育研究》2020 年第 3 期。

社会主义道路、理论体系和制度"三位一体"的理论和实践主题。十九大报告指出:"新时代中国特色社会主义思想,是对马克思列宁主义、毛泽东思想、邓小平理论、'三个代表'重要思想、科学发展观的继承和发展,是马克思主义中国化最新成果,是党和人民实践经验和集体智慧的结晶,是中国特色社会主义理论体系的重要组成部分,是全党全国人民为实现中华民族伟大复兴而奋斗的行动指南,必须长期坚持并不断发展。"[①] 这样就可以把马克思主义中国化的理论成果统一起来。"思想道德修养和法律基础",建议更名为"思想道德与法治修养概论",以便与中学阶段的"道德与法治"科学衔接、循序渐进、形成合力,实现思想、道德、法治等德育内容一体化。"基础"课与中学相关课程的相互衔接与彼此区别,体现了德育总体目标和学生成长规律,体现了不同学龄阶段的德育内容和要求,形成了学生的思想品德和行为规范目标的合理递进层次。通过设置选修课程、课程思政等途径进一步完善课程的内容体系和结构体系,落实马克思主义理论学科领航计划,将高校思想政治教育内容渗透到文学、历史学、哲学、政治学、经济学、法学等人文社会科学相关课程中去,进一步扩展学生的理论视野和综合素质。

---

① 习近平:《决胜全面建成小康社会 夺取新时代中国特色社会主义伟大胜利——在中国共产党第十九次全国代表大会上的报告》,北京:人民出版社 2017 年版,第 20 页。

第十四章　新时代广东高校思想政治理论课体系创新探索

　　高校思想政治理论课承担着对大学生进行系统的马克思主义理论教育的任务，是巩固马克思主义在高校意识形态领域指导地位、坚持社会主义办学方向的重要阵地，是全面贯彻党的教育方针、落实立德树人根本任务的主要渠道和核心课程，是加强和改进高校思想政治工作、实现高等教育内涵式发展的灵魂课程。高校思想政治理论课以习近平新时代中国特色社会主义思想为指导，以弘扬和传播社会主义核心价值观为主线，以培育中国特色社会主义现代化建设的合格建设者和可靠接班人为目标，不断创新和加强思想政治理论课体系，持续推进高校思想政治理论课教学改革和发展。

一、广东高校思想政治理论课体系创新的理念

　　中山大学马克思主义学院依照《普通高校思想政治理论课建设体系创新计划》的相关精神和要求，结合当代大学生思想心理状况及其特点，在多年教学研究的基础上，对各门思想政治理论课不断探索，改革创新，实现由教材体系到教学体系的转变，最终转化为学生的思想观念和行为实践，形成了具有中山大学特色的思想政治理论课教学体系。坚持教学与科研相结合，努力探索攻克教学难关，强化马克思主义理论学科和科研对教学的支撑作用。中山大学不断加强重点马克思主义学院建设，按照重点马克思主义学院建设体系，设立目标逐步推进。中山大学为马克思主义学院设立助理教授岗位，引进一批高素质青年教师；坚持每门功课集体备课制度，教学体系不断创新。

　　华南师范大学马克思主义学院在思想政治理论课体系创新过程中，坚持以教学问题为导向，教学客体的内化为标的，教学情境为依托，梳理教材体系的目的、计划以及内容构成，着重探究与总结思想政治理论课教材解决的教什么、学什么的基本问题；立足于教学目的、对象、情境的具体因素进行教材体系的转化和运用，着重解决怎么教、怎么学的问题，围绕教材体系向

教学体系转换做了多方面的探索。

广东外语外贸大学马克思主义学院围绕思想政治理论课体系创新，主要进行由教材体系到教学体系的探索。根据《普通高校思想政治理论课建设体系创新计划》和学校自身的实际情况，从教材体系到教学体系进行了一定的创新。在"05"方案的基础上，系统完善了高校思想政治理论课建设体系，体现了结构合理、功能互助、相对稳定的特点。教材建设纳入马克思主义理论研究建设工程，实行"一纲一本"，教材体系走向系列化、数字化、立体化。

广东财经大学马克思主义学院坚持四门主干课程的协同，通过有效整合形成了思想政治理论课教学合力。高校思想政治理论课体系是把马克思主义理论的整体性、马克思主义理论学科的整体性与思想政治理论课教学的整体性结合起来的体系，只有站在马克思主义学科的整体性高度来科学理解和认识四门主干课程的体系，才能指导高校思想政治理论课教师不断开展四门课的体系创新，不断提高思想政治理论课教学水平。

华南农业大学马克思主义学院建设"以农业科学为优势、生命科学为特色，立足广东、面向全国，农、工、文、理、经、管、法等多学科协调发展的高水平教学研究型大学，并向国际知名、国内一流研究型综合性大学的目标迈进"的定位，按照"基本知识扎实、实践能力强、知识面广、适应现代化建设需要的具有创新精神的高级专门人才"的培养目标，以及华南农业大学生源以广东省生源为主并辐射全国的实际情况，华南农业大学非常重视思想政治理论课的体系创新，不断探索高校思想政治理论课体系，即由教材体系到教学体系的转化问题。高校思想政治理论课的统编教材作为马克思主义理论研究和建设工程的重点建设教材，反映了当前马克思主义理论研究的最高水准，体现了国家意志和国家意识形态的要求，是高校对大学生进行马克思主义理论与思想政治教育的主要蓝本，在此基础上不断探索思想政治理论课的教学体系，取得满意效果。

仲恺农业工程学院马克思主义学院围绕"三个环节"，实现"有效转化"。"思想政治理论课教师要以教材为教学基本遵循，在教材体系向教学体系转化上下功夫，真正做到融会贯通、熟练驾驭、精辟讲解。"仲恺农业工程学院马克思主义学院围绕"理解教材体系、理解学生需求、探索转化途径"三个关键环节，不断摸索，取得了良好效果。学院多措并举，鼓励教师多渠道深入了解学生需求。要想使思想政治理论课变成学生喜欢、终身受益的课程，在教材体系向教学体系转化的过程中，就必须清楚学生喜欢什么、学生需要什么。这就要求老师保持和学生的亲密接触，确保老师在教材体系向教学体系转化过程中知其所想、知其所思、知其所需，使转化有的放矢。筹建理论性学生社团，使教师在指导社团过程中摸清学生的实际需要。由于老师担任指导教师，负责理论指导、人员招募、活动策划、活动组织等工作，老师们在指导社团活动的过程中，了解了学生实际思想，明确了教材体系向教学体系转化的方向和目标。将班主任、辅导员等任职经历作为职称晋升的重要条件，激励思想政治理论课教师与学生打成一片。在"放管服"文件中，要求申报晋升职称的教师，必须具有担任班主任或辅导员的经历，相关经历将为教材体系向教学体系转化提供丰富的实践素材。运用新媒体了解学生需求。学院教师基于个人兴趣，组建了一个全校性的理论性微信公众号"花城青蚂蚁"，每天一篇原创理论文章，以青年的视角解读时事热点，在学生中有一定的影响力。

南方医科大学马克思主义学院在开展思想政治理论课体系创新过程中，结合医学为主体的学情特色，有针对性地开展课程理论教学与课程问题研究，形成了具有医科大学特色的思想政治理论课教学体系与教学模式。思想政治理论课体系创新的核心在于教材体系向教学体系创新，为有效实现教材体系向教学体系创新，南方医科大学马克思主义学院用吃透教材、明晰理论；强化问题、专题备课；课上课下、理实对接"三步走"方式推进教材体系向教学体系创新。

广东药科大学马克思主义学院思想政治理论课从教材体系到教学体系的探索。思想政治理论课教学要以教材体系、人才体系、教学体系建设为核心，发挥立德树人的职责和使命，把培育和践行社会主义核心价值观融入教学全过程，为实现立德树人、培养中国特色社会主义事业建设者和接班人，实现中华民族伟大复兴的"中国梦"发挥应有的作用。按照文件精神，努力提高思想政治理论课教学的针对性、实效性和吸引力、感染力，充分发挥思想政治教育立德树人的职责和使命，努力实现由教材体系向教学体系的转化，这是高校思想政治理论课体系创新的一个重要任务。

广州美术学院马克思主义学院思想政治理论课体系创新。艺术院校思想政治理论课教学不仅要遵循普遍性，更要体现特殊性，彰显个性与特色。艺术具有非凡的育人功能，好的艺术作品往往能净化人的心灵，塑造人的品格；古今中外艺术大师，在其艺术成就的发展道路中，也蕴含了丰富的艺术哲理与启示。这些都是艺术院校思想政治理论课教学的丰富资源，需要不断挖掘和利用。因此，广州美术学院马克思主义学院从美术院校的实际出发，努力寻找艺术教育与思想政治理论课体系的最佳结合点，深入挖掘艺术作品的思想内涵，充分发挥艺术作品的育人功能；认真研究艺术家生平事迹，运用典型事例进行教学，彰显艺术特色，创新教学模式，培养德艺双馨的复合型人才。学院立足教学调查，厘清教学思路，实施"一体两翼"教学模式。为了把握艺术生的个性特质，探索艺术院校思想政治理论课教学的规律和方法，必须进行调查研究。艺术生的特质是个性较强，有时我行我素；重艺术，轻人文；形象思维强，抽象思维相对较弱，对与美术相关的思想政治理论课教学有兴趣。针对艺术院校的特殊性和艺术生的特质，学院总结和提炼出独具艺术院校特色的思想政治理论课教学模式，进行思想政治理论课体系创新，即"一体两翼"教学模式，以思想政治理论课为核心（"一体"），以人文素质教育为拓展，以艺术类思想政治教育资源为辅助（"两翼"），从而收到意想不到的教学效果。

韩山师范学院马克思主义学院思想政治理论课在教学上实现教材体系向教学体系的转变，是思想政治理论课教学实践的根本要求。思想政治理论课的教材体系具有完整的知识体系，教材体系限于其篇幅、体例等多种因素的影响而使教材的编写具有语言的学术性、内容的纯理论性以及形式上的严谨性，这些特征一定程度上造成阅读体验和文本生动性的减弱。而"思想政治理论课教师要以教材为教学基本遵循，在教材体系向教学体系转化上下功夫，真正做到融会贯通、熟练驾驭、精辟讲解"。而所谓教学体系，就是指教学过程的知识结构、框架、教学内容、教学方法、教学过程和教学评价等组成的统一整体。如果说教材体系决定思想政治理论课"教什么"的问题，那么教学体系则是"怎么教"的问题。学院从教学内容、教学手段、教学方法、教学过程、教学评价等方面在教学体系创新中进行了探索，取得好的效果。

广东轻工职业技术学院马克思主义学院在构建并实施"职业普适—专业融合—素质拓展"高职思想政治理论课体系创新方面取得明显成效。在该体系下，学院思想政治理论课创建了"大学生思想政治心理品德素质教育研练中心"，打造了全国独有的思想政治理论课实践教学平台，实施"研练结合"教学模式。学院正是以"研练中心"为平台，围绕实践教学进行思想政治理论课教材体系向教学体系转化的探索。

二、广东高校思想政治理论课体系创新的实践

中山大学马克思主义学院坚持理论与实际相结合，注重发挥实践育人功能，创新推动学生实践教学和教师实践研修。近年来，中山大学马克思主义学院主动走出去，与学校教研部、学生处、团委、教师发展中心等合作，与

广西百色学院、延安干部学院、阿坝干部学院、井冈山干部学院等协作，建立了大学生红色革命教育实践实习基地，每个学期至少开展一次大学生红色实践教学和一次马克思主义学院全院教师红色实践教育培训，选派优秀大学生参加实践教育活动，到红色经典活动现场接受和感受红色文化和革命精神教育。同时也经常性选派教师（尤其是青年教师）参加教育部、省教育厅组织的各种教师研修培训计划，如骨干教师培训、青年教师授课大赛、各门课程的教材培训会议等，鼓励教师通过实践教育提升理论教学水平和增长教学才干。中山大学坚持课堂教学与日常教育相结合，积极拓展思想理论教育渠道，创新发挥第二课堂的教育作用。长期以来，中山大学思想政治理论课的课堂教学重视大学生日常生活的主题，正确引导大学生关注并处理好日常生活中存在的思想问题、专业学习问题、情感问题、人际交往问题、违纪违法问题等，与学生处、团委以及各院系建立密切联系，把主课堂与第二课堂有机结合，把思想进步、素质提升与解决学生的实际问题、促进校园文化建设结合起来，真正促进青年大学生健康成长、科学成才。马克思主义学院的思想政治课教师长期坚持课后或课外的思想政治辅导与心理疏导工作，在马克思主义研修班、青年马克思主义者班等大学生社团指导、大学生心理辅导咨询、大学生和教师党校教学、大学生国家安全教育、大学生国防教育等方面承担了大量课外服务工作。坚持教与学相结合，促进师生互动，充分调动学生学习的主动性和积极性。一方面通过专题教学改革，邀请名师进课堂，加强集体备课，改革教法，建立多因子的教学考核体系，促进教学的深入和拓展，展示教师理论教学的魅力和实效；另一方面通过布置学生阅读原著经典，撰写读书报告，开展小组合作主题调研，强化课堂案例讨论与问题论辩，开展网络自主学习与线上答疑等，促进学生参与教学过程，体现学习的主动性和积极性。

华南理工大学马克思主义学院不断探索思想政治理论课体系创新，即由教材体系到教学体系的探索。习近平总书记在全国高校思想政治工作会议上特别强调："要用好课堂教学这个主渠道，思想政治理论课要坚持在改进中加强，提升思想政治教育亲和力和针对性，满足学生成长发展需求和期待。"[①]高校思想政治理论课如何培养人要紧紧扣住社会主要矛盾，也就是思想政治理论课的主要矛盾、教育领域的主要问题。随着社会多元化、信息化和全球化进程的加快，高校思想政治理论课由教材体系到教学体系的转换成为当前

---

① 习近平：《把思想政治工作贯穿教育教学全过程　开创我国高等教育事业发展新局面》，《人民日报》，2016 年 12 月 19 日。

的紧迫任务。质量提升任务与时代信息化给高校思想政治理论课教师带来的难题之一是：如何有效地讲授新版教学大纲和教材的内容？为此，需要研究高校思想政治理论课的教材体系转变为教学体系以及教学方式改革等问题。教材体系是教学的基础和根据，教学体系是教学的关键和途径。教材体系是指某一门或某一类课程的各种类型和形式的教材系统，它是高校思想政治理论课的教学目的和标准的载体系统，涉及教科书、教学指导书、教学参考书、学习参考书、教学案例分析等要素。教学体系是指由高校思想政治理论课教师和教学组织设计的使教学要素朝向实现教学目标的合理组合，它是统一运作的既独立又联系的有机教学系统，涉及教师与学生双主体、教学目标和内容、教材与其他教学资源、教学活动、教学评价与反馈、教学制度与管理等要素。教材体系向教学体系转化是高校思想政治理论课实施过程的教师转化和创造性利用课程标准的活动。如何转化呢？就规律而言，就是坚持课程标准的连续性原则，就要协调好标准与适应、多与少、深入与浅出、事实与理论和情感与理性多种关系。教学体系的要素协调原则，以教学合力为导向，培育学生和谐心灵。教学主体、目标内容和管理方面的横向协同，大学生的思想、心理和品德的发展是连续性与阶段性上的纵向协调。具体的教学方法为：将教材知识制作为表格和图片并辅之以生动的视频，变知识"传道"为社会问题的"解惑"；通过富有时代气息的"案例剖析"，避免"平铺叙事"，凸显政治理论课接近现实的教学特色。由此，调整教育教学结构，改进教育教学方法，从国家教育供给侧与学生需求侧双向发力，实现教育供需平衡和转型升级，有效解决"培养什么样的人、如何培养人以及为谁培养人"这个根本问题。

华南师范大学马克思主义学院拓展与夯实教师专业知识，不断提升教师创新水平。思想政治理论课要能"以理服人""以情感人""以学养人""以文化人"，要求教师必须具备丰富而扎实的理论素养、高超的授课技艺、规范严谨但又生动活泼的教学语言运用能力。思想政治理论课各教研室积极开展理论研讨、集体备课、精讲演练等项目。对相关的理论问题进行系统性辨析研讨，在理论梳理、观点提炼、价值定位等方面形成共识，并注重将马克思主义的立场、观点、方法转化为容易接受又"管用"的语言精华、文字精华和话语精华，增强理论魅力和学生的情感认同。各个教研室围绕教学中心问题，搜集、挖掘与充实相关文件、案例进行阐释，使具有包容性、概括性的理论观点、知识要素与现实社会生活、生产实践、利益关切、情感诉求相链接，使得学生置身于真实的社会情境、利益关系、发展格局，去体悟教学理论，内化教学内容，增强课程兴趣。动员各个教研室建设精品课程，进行评比、奖励与推广；开展常态化的教学听课，针对性地反馈教学意见、提升教学质量。通过规章制度、组织活动等方式激励和督促思想政治理论课教师端正教学态度，提升教学积极性，改善教学方法，提升教学水准。思想政治理论课在教材体系向教学体系的转化过程中，坚持实事求是而又与时俱进的原则，结合新时代经济体制和社会结构的转型，社会主义市场经济背景条件下价值观念多元化的客观存在，在马克思主义立场、观点、方法的指导下，大胆借鉴和引入新时代畅行的话语，进一步归纳、提炼、建构一系列教学话语体系，推广并应用于思想政治理论课体系创新。

广东外语外贸大学马克思主义学院注重抓好教材体系的整体建设。教材体系的创新是教学体系创新的基础。受教材的整体关联性制约，在进行教材建设时，对教材体系实施组合设计是非常有必要的。思想政治理论课体系创新除了教科书作为基本教材外，还包括教学大纲、讲义、教学参考书、学习辅导读本、习题集等辅助教材，实行教材配套策略，也是重要的体系创新。当前，随着科学技术的发展，教学媒介多样化的发展；思想政治理论课教材设计也做出了重大改变，逐步摆脱单纯纸质媒介而向多媒体和网络、动感的、交互的、立体的教材体系延伸发展。近年来，学院在思想政治理论课内容体系的建构上进行了积极的探索。以习近平新时代中国特色社会主义思想为主体，在马克思主义世界观和方法论基础上，整合与融通相关的理论观点和实践知识，建构与本校学生层次和特点相适应的思想政治理论课内容体系。主要做法是：注重思想政治理论课五门课程之间的系统性。用习近平新时代中国特色社会主义思想统领五门课程的相关内容，避免简单重叠，对五门课程的知识结构与理论重点进行分类建构，从而保证了五门课程在习近平新时代中国特色社会主义思想的贯穿与联结，形成不同维度和不同功能的思想政治理论课整体内容体系。近年来，学院注重思想政治理论课多重平台、多重载体和多重路径的建设，初步形成了以课堂教学为基本平台，课前课后、线上线下、校内校外相结合的"三维"传播体系。先后建立了广东高校思想政治理论课名师工作室、社会主义核心价值观研究教学基地、习近平新时代中国特色社会主义思想传播研究基地等。这些平台职能分工明确，相互呼应，既有基本观点与核心内容的灌输渠道，又有知识观点拓展与深化的载体和路径，有利于灌输方式与启发方式的共生同构，推动了思想政治理论课有效传播。近年来，学院依据思想政治理论课空间拓展与时间延伸的新理念，贯彻落实习近平总书记关于加强思想政治理论课建设和改革的系列重要讲话精神，在建构思想政治理论课实践体系方面进行了探索，先后建立了大学生课程实践教育基地、大学生网络实践教育基地、大学生创新创业实践教育基地。通过相应的程序与环节，让大学生把所接受的知识和观点，转化为实践行动的依据和指南，用以观察当前复杂多变的国际国内形势，正确看待中国特色社会主义新时代的主要矛盾和根本任务，明确大学生的使命责任和时代担当。

暨南大学马克思主义学院为了提升大学生的人文素养，还开设了丰富多彩的通识课程，如"西方文化经典导论""应用伦理学""批判性思维导论"等。目前，学院已形成了包括必修课、选修课、通识课在内的多样化课程体系，实现理论教学与实践教学的有机结合。创新实践教学模式，使学生更了解社情、民情和国情。实践教学制度化，引导大学生主动参与生产实践、社会调查、志愿服务、红色之旅等实践活动，促使学生在实践中将理论知识内化成理想信念；主动与城市社区、农村乡镇、爱国主义教育基地、企事业单位等沟通，建立联合培养教学实践基地，促进理论与实践相结合，切实提高学生实际应用能力。实践资源一体化，整合教师资源，形成以思想政治理论课教师为主导，辅导员、班主任、专业课教师分工协作，学生处、教务处、校团委积极配合、合力育人的工作机制，形成有利于社会支持、教师指导、学生参与的实践教学模式。融合课程资源，构建以思想政治理论课为核心、人文素质课程为辅助的"大德育"课程体系。围绕思想政治理论课核心课程开设传统文化类、心理学类、法学类、艺术欣赏类等课程，将社会主义核心价值观贯穿大学生教育的全过程。实践方式综合化，教学方式从单一性向综合性转变，组织学生开展社会调研、专业综合实践等活动，用马克思主义立场、观点和方法指导学生，鼓励学生学以致用，提升综合实践能力。

广东财经大学马克思主义学院坚持思想政治理论课体系创新，理顺四门课程之间的逻辑关系。根据教育教学规律的递进性和层次性，确立了四门主干课程之间的逻辑关系，明确提出"原理"是基础，"概论"是重点，"纲要"是主线，"基础"是落脚点。四门主干课程中的每一门课程相对独立，但与其他三门课程又有着不可分割的联系；因此，必须统筹四门主干课程在教学内容上的衔接性与统一性。为了统筹四门主干课程的教学内容，学院四个教研室在长期教学实践中通过课程教学重点的相互协商、互派教师交叉上课等方式打通四门课程教学，有效避免了各门课程内容重复、反复说教的现象。

华南农业大学马克思主义学院在组织一线教师进行集体备课的基础上，深刻把握新修订教材的内容与精神，重新修订了适合大学生自主学习的思想政治理论课学习指导。学习指导严格遵循新修订教材的内在逻辑，准确阐述新修订教材的基本观点，全面体现新修订教材的基本内容和精神，力图紧贴当代大学生思想实际和学习习惯，重新构建教学体系，力求做到知识的准确性、科学性和可读性相结合，努力把新修订教材内容体系转变为学生认知体系和价值体系。学习指导把教材每章内容分解为学习要点、学习拓展、学习资料、复习与巩固四个模块构成。学习要点包括学习目的、重点与难点、知识结构。这一模块主要梳理出教材每章的基本知识点、核心理论、学习重点和难点，突出教材的知识性，指明学生学习的目的和达到知识、能力和素质目标，充分实现新修订教材的教学目的。学习拓展包括理论问题、热点问题、课外实践，对教材内容进行一定的补充和拓展，强化教材的理论与实际相结合的现实性。这一模块主要是在教材完整的理论体系中，找出教材每章的重点与难点理论问题进行比较系统的阐述，对学生关心的难点与热点问题进行回答和讨论，并列出一些需要学生进行调研的课题或参观体验的项目，训练学生应用理论和分析解决问题的能力，使所学理论内化为学生的行为价值。学习资料包括经典著作摘选、名人故事和案例分析，这一模块主要是补充教材提到的相关知识和背景，摘录每章教材中需要学生阅读的经典文献并进行适当的点拨或导读，选取典型的案例（史实）进行分析，彰显教材的科学性和指导性。复习与巩固这一模块主要是针对学生记要点、记重点、记特点的学习方式，把需要学生掌握的每章基本知识点以大量各类练习题的形式进行梳理，特别是根据学生考研等其他社会考试形式的需要，增加了近五年来研究生考试真题。所有试题附有参考答案，增强了学习指导的针对性和实用性。

深圳大学马克思主义学院思想政治理论课体系创新经历了一个从学科体系到教材体系再到教学体系（讲课体系）的过程。学科体系主要以思想政治教育和法学学科为基础，由从事思想政治教育和法学研究的专家学者所建构；教材体系以学科体系为基础，由作为编者的相关专家学者所建立，是对学科知识体系根据教材编写要求进行再建构的结果；教学体系或讲课体系，是以教材体系为基础，由思想政治理论课教师根据学生情况和教学需要，运用自己的知识储备和思维能力进行再创造的结果。简而言之，就是一个学科—教材—讲义的体系创新环节。前两个环节是在专家学者们手上完成的，而第三个环节需要教师发挥自己的主体性和能动性进行再创造。事实上，第三个环节的再创造对教学内容的最终确定至关重要。我们常说，一个教师一种教法。这句话不仅说明教师之间教学方法的差别，更重要的是说明不同教师对教学内容理解和讲授上的差别。从表面上看，教师们把教材中的所有内容（理论、观点、知识）都讲到了，似乎没有什么出入。但实际上由于教师们知识背景和自身阅历的不同，在教学内容的取舍与筛选、拓展与发挥上存在很大差别，甚至大相径庭，并且对同一理论观点的解释和所持的态度也可能大不一样。比方说"基础"课，有的教师对思想道德部分讲得多，有教师则对法律部分讲得多；同样是法律部分，也有的教师强调法治观念，有的教师则强调法律知识等。

广州大学马克思主义学院十分注重思想政治理论课体系创新。一方面，在课程设置上，既强调课堂教学，又注重实践教学，各门课程凸显现代性和系统化理念，注重前沿知识和专题知识的讲授，形成了一个立足经典、紧跟现实、视野开阔、内容创新的课程体系，立足于学生的"厚基础、析现实、跟潮流、观世界"的多方位发展。注重将科研成果转化成教学内容：一是对现有的教材内容进行更新和深化，二是转化为研究性题目，启发学生思考和初步研究，三是转化为学生课后自主或者小组合作完成的课堂分享的题目。无论哪种形式，都深化了教学内容，贴近了社会现实，训练了学生的创新意识和创新能力。

仲恺农业工程学院马克思主义学院建章立制，督促老师在理解教材体系上下功夫。教材体系具有根源性，教学体系具有派生性。对教材体系的正确理解，是实现教材体系向教学体系转化的前提。学院采取多种措施，激励、督促教师在理解教材体系上下功夫。构建理论学习平台，为理解教材体系打好理论基础。理解教材体系需要具有深厚的理论修养、敏锐的理论嗅觉。学院在党总支内设立理论学习小组，定期学习中央的最新理论成果；设立德新讲坛，定期请学院老师就一些理论热点向全院教师开讲座；设立仲恺讲坛，定期请校外知名专家向全院老师做学术报告，解读教材相关知识点。以教研室为抓手，使教师对教材体系的解读制度化、长期化。学院为各教研室提供了从事教研活动的专门场所，重新规范了教研室活动管理规定，鼓励教研室每月开展一次教研活动，解读教材体系。设立学院教学指导分委员会，对各门思想政治理论课的教材体系向教学体系转化做统一部署。学院教学指导分委员会对四门主干课的讲授重点进行总体的统筹安排，避免教材体系向教学体系转化的过程中出现知识点的重复现象，使思想政治理论课的课时效率达到最大化。以集体备课保障教材体系向教学体系转化的规范性。教材体系向教学体系转化的过程，是一个个性化的过程，但如果掌握不好，个性化就变成了随意化。学院要求各教研室严格执行集体备课制度；集体备课既为教材体系向教学体系的转化提供了丰富的材料，也保证了教材体系向教学体系转化的规范性。

韩山师范学院马克思主义学院思想政治理论课以教材为本，拓展和优化课程教学体系。高校思想政治理论课已经形成了具有系统性和权威性的教材体系，这是开展思想政治理论课教学的根本依据。考虑到不同层次和不同专业学生对理论学习的差异性，在讲授教材基本理论观点以及梳理理论之间的内在联系的基础上，进一步挖掘具有时效性、地方性的课程资源，优化课程体系的教学内容。首先，补充时政专题类内容，提升教学内容的时效性。通过设计专题式教学浓缩思想政治理论课各门课程基本知识点和核心知识点，及时把十九大精神和习近平新时代中国特色社会主义思想融入教学体系。其次，挖掘区域文化资源，形成具有地方特色的教学内容。着力把地方历史文化和传统文化资源融入教学体系。例如，"中国近现代史纲要"课程通过专题教学把韩愈治潮、汕头开埠、潮州"七日红"、三河坝战役、韩江支队、韩江纵队、韩师揭阳古沟办学历史等纳入专题教学内容，增强了教学的生动性和体验感。

广东轻工职业技术学院马克思主义学院积极探索高职院校思想政治理论课教材体系向教学体系转化。一是实践"转化"体系。"工学结合"是高职院校培养人才的重要途径。除了校内的研练课和竞赛，学院还先后与几十家企业、实践教学基地签订合作协议，使之成为思想政治理论课实践教学的"第二课堂"。比如，在与孙中山大元帅府纪念馆共建的爱国主义教育基地，学生们在参与陈列展览、学术讲座和志愿服务中接受爱国主义洗礼，培养服务社会的意识和责任感。二是分类别"转化"体系。学院除按文理分类外，目前还按生源分为：与本科院校合作培养的本科生、普高生、"三校生"及单招生。其中，本科生入学分数最高，理论知识功底相对更为深厚；普高生仅次于本科生；"三校生"及单招生的理论功底相比之下最薄弱，但实践和动手能力较强。针对这种情况，学院在思想政治理论课实践教学时选择分层、分专业设计教学内容。比如，同是道德品质篇，对文科生、本科生，主要开展主题演讲或辩论；对理科生、普高生，重点进行案例教学，选取社会中相关热点话题进行深入讨论；对艺术生、单招生，则用漫画的方式来表现道德的美与丑等。三是情境专题"转化"体系。为了创新"基础"课的教学体系，学院根据教材设置了五大实践教学主题：理想信念篇、爱国精神篇、道德品质篇、法律素养篇、廉洁修身篇。结合高职院校特点，在教材体系向教学体系转化中探索出了一条独特路径，形成了独具特色的"特定情境专题研练教学模式"，通过对问题的专题研练，把政治理论、心理知识、思想道德与法律规范的学习与运用有机地结合起来，极大地激发了学生关心政治、关注形势政策，实现了思想政治理论课教学体系的创新。

广东工程职业技术学院马克思主义学院研究并吃透教材体系，不断提炼教学体系。教材体系是教学体系的基础，研究教材、吃透教材是教材体系能否成功转化为教学体系的关键。任课教师对教材及相关教辅材料做到"吃透"并"消化"，在此基础上，教师在教学过程中认真把握每个章节的内容，结合教学大纲的要求，对教学内容有选择性地切入。每学期教学部门都会开展集体备课会，对教学内容进行合理规划。反映时代发展的最新要求，对教学内容进行必要的拓展和补充。思想政治理论课教学部门一直重视在"吃透理论的基础上，把教材所表达的基本理论观点和思想内涵，转化为大学生成长成才对思想理论素养的内在要求，引导学生运用所学理论来分析现实问题"。思政理论课教师不断强化问题意识，不断解答当代大学生各种思想理论之"惑"。思想政治理论课教学部门一直重视"教材体系向教学体系的转化应坚持以学生为中心，以学生困惑的问题为切入点，提高学生的学习兴趣"的教育观点。在教学中首先展示主题，再引出问题，共同探讨，最后进行总结概括，引导反思。在课堂教学中强化问题意识，更好地在教学中充分发挥教师的主导作用和学生的主体作用。

广州民航职业技术学院马克思主义学院讲求授课技艺，做好课堂设计创新。做好课堂设计才能使教材内容真正转换成教学内容，从而实现教材体系向教学体系的转化。在教学设计中应使教材阐述的基本观点和精神实质遵循理论与实践相结合的原则。思想政治理论课教师在实际教学中注重把教材语言转化为生动有趣的教学语言，思政部每学期都会制订同行听课规划，同事间相互听课，进行经验交流和相互学习促进。灵活运用多种教学方法，促进学生主动参与教学过程。按照"教师提出问题—学生思考—学生讨论（辩论）—教师引导"的模式开展教学，调动学生思考的积极性，锻炼学生的解题能力、逻辑思维能力和语言表达能力，加深学生对相关理论、政策和问题的理解；根据课程内容和学生关心的问题，在上课过程中由学生围绕布置的问题自愿自由讨论发言，鼓励学生争论和辩论。当发言、争论或辩论比较充分时，由教师进行总结陈述。根据教学内容，精选案例，把现实中学生关心、关注的国内外重大政治、经济、社会问题及时变成案例，提倡"研究式学习"。有效运用现代化教学手段，进行形象教学。思想政治理论课教师根据教学目的和基本要求，精心选取视频、图片等资料，并认真进行编辑、制作，使之衔接合理，内在关联紧密。任课教师通过微信、QQ等方式与学生建立课后联系，部分教师使用教学平台展开教学活动。

广州南洋理工职业学院马克思主义学院着重专题化教学体系创新。根据学校以培养应用性和实践性职业人才为主要目标，针对学生的具体情况，重点突出部分内容，这样才能为教材体系向教学体系转化打下基础。学院为"思想道德修养与法律基础""毛泽东思想和中国特色社会主义理论体系概论"等课程制定了相应的专题，并且由每个教师制作出每个主题的教案和演示文稿，进行统一化的教学。经过专题教学改革后，能够在有限的学时内既体现思想政治理论课的课程标准，又凸显了本学校的自身特色；既体现了教材的整体性，又突出了教学的重点性，能更好地利用好课堂时间，也让学生真正有所收获，使得教学效果有了比较好的改进。教材体系向教学体系转化的关键是要通过某种教学手段使得静态的理论性内容转化为鲜活的能被教学对象所吸收的内容。针对不同的专业、不同的教学内容开展不同的实践教学内容。课内实践主要以辩论赛、知识竞赛、情景表演、演讲比赛等形式进行，比如针对实现理想过程中如何正确处理顺境与逆境的问题，开展了"顺境更有利于人才的成长还是逆境更有利于人才的成长"的辩论赛；针对爱情观的问题开展了"大学生谈恋爱利大于弊还是弊大于利"的辩论赛；针对最近几年老人跌倒了很多人不敢扶的问题，开展了"老人跌倒了后将发生什么"的情景表演活动；针对"中国梦"的问题，开展了"中国梦，我的梦"演讲比赛；针对十九大的召开，开展了十九大知识竞赛等活动。课外实践主要以观看法庭审判、参观爱国主义教育基地、社会保障实施情况调查等形式为主。通过这些活动，加深学生对知识的理解，调动学生的积极性，促使教材体系向教学体系转化。

广东机电职业技术学院马克思主义学院建设好思想政治理论课，努力实现思想政治理论课从教材体系向教学体系转化、知识体系向信仰体系转化，努力实现教学贴近实际、贴近生活、贴近学生，努力把思想政治理论课建设成为学生真心喜爱、终身受益、毕生难忘的优秀课程。主要途径有探索体验式、案例式、讨论式、专题式课堂教育模式。通过新闻播报、时事点评、社会热点探讨、理论研讨、座谈辩论等形式，不断进行教学体系创新。同时，加强思想政治理论课体验式教学改革和实践教学品牌建设探索。改革教学方法，创新教学艺术，实施集体备课和名师引领，强化问题意识和团队攻关，注重发挥教与学两个环节，形成第一课堂与第二课堂、理论教学与实践教学、课堂教学与网络教学相互支撑，理念手段先进、方式方法多样、组织管理高效的思想政治理论课教学体系。

三、广东高校思想政治理论课体系创新的落脚点

中山大学马克思主义学院坚持思想政治理论课与专业课相结合，注重发挥所有课程的育人功能和所有教师的育人职责。中山大学建立了校长和党委书记、二级学院（系）院长和党委书记讲授思想政治理论课的工作制度，坚持每个学期必须完成1次思想政治理论课（3个学时）教学任务。实施辅导员讲授思想政治理论课的聘任管理计划，选聘优秀辅导员进入思想政治理论

课课堂，以主讲、助教、实践导师等身份参与教学。通过建立特聘教师资源库，鼓励符合条件、有较高政治理论素养和丰富教育实践经验的党政干部、社科理论研究人员等参与思想政治理论课教学。学校探索建立相关人事制度，鼓励哲学、历史学、法学、社会学、政治学等相关学科的专任科研系列教师申请聘任思想政治理论课教师岗位。坚持校内与校外相结合，注重资源整合，探索建立全社会关心支持思想政治理论课建设的长效机制。近年来，马克思主义学院重视吸收借助政府和社会力量的正能量，推进思想政治理论课建设。除承接国家和教育部的相关任务外，学院还积极主动承接广东省委宣传部、广东省教育厅、广东省和广州市文联的相关会议、课题、论坛及新闻宣传文稿等任务，通过服务政府和社会机构，提供智慧和方案的同时获得研究资金、相关政策等关心扶持，既提升学院团体工作能力和科研水平，又赢得了社会对思想政治理论课教师工作的认同和赞誉。

华南师范大学马克思主义学院创新教学体系、改进教学方法。树立教学双主体、多主体的教学理念，改变传统的一支粉笔、一本书的教学方式，打造公正平等、积极参与、良性互动的教学形式与方法。思想政治理论课致力于改变单纯说教式的教学方法，采用启发式、互动式的教学，综合采用背景透视教学法、情境教学法、案例教学法等，综合利用新旧媒体，将传统的PPT、视频、音乐、自媒体平台、公众号等手段与课程教学有机融合起来，借此调动学生的积极性、主动性，使教学内容便于双向交流、喜闻乐见、乐于接受。在这种教学理念的指导下，着重打造教师主讲与学生辅讲、学生主讲与教师总结相结合、案例分析与课堂讨论相结合、讲授与提问相结合、课堂教学与课外实践相结合、课堂讲述与多媒体教学手段相结合的综合性教学方法体系。思想政治理论课开设社会实践课程板块，作为"第二课堂"，全面系统建设思想政治理论课实践教学环节，给学生推荐课外阅读书目，结合学生生活实际设计调研参考题目，让学生利用课余实践完成专题调研；加强与大学生各种社团的联系，利用学工部、团委组织学生开展活动的优势，积极配合并主动参与学工部、团委组织的学生辩论会、演讲比赛、征文比赛、青年志愿者活动、暑期大学生社会实践活动，努力把实践教学落到实处。

广东外语外贸大学马克思主义学院不断探索思想政治理论课教学方法。思想政治理论课教学通过多年的探索具有自身的鲜明特点。①在教学过程中针对不同的教学对象，对教材的讲授采取不同的方式。学生是教学的主体，要让他们深入其中。课堂展示是思想政治理论课教学的一大特色，通过课堂展示让学生真正融入思想政治理论课中，使他们对教材和时政主动接受。②提高思想政治理论课教师队伍的整体水平。根据时代的发展，对思想政治理论课教师的要求也越来越趋向专门化和专业化。教师没有专门化和专业化，对学生的讲授就没有针对性。思想政治理论课教师的选拔上更加注重专业化，只有专业化的思想政治理论课教师才能把问题讲透。教师不仅要有专业化，还要有"宽阅历"。思想政治理论课知识面涉及广，涵盖多个学科的内容，在要求教师具有"高学历"的同时还需要具有较深的社会阅历。③教学媒介的创新运用。网络的发达给思想政治理论课的教学提供了更大的空间和更多的资源。思想政治理论课把网络作为一个传播的平台，让学生学习思想政治理论课更为便捷，使学生更易接受这种上课方式。网上学习系统资源丰富，时政资源能够及时更新，摆脱了传统教材更新时间长、知识老化的弊端，使学生容易接收到最新的知识。

暨南大学马克思主义学院丰富教学方法，不断提升课堂教学吸引力。①创新教学方式，即在传统授课方式基础上，采用专题式教学法、问题式教学法、启发式教学法、参与式教学法、案例教学法、研究式教学法，还有辩论式、演讲式、访谈式等丰富多样的教学方式方法，让学生用眼看、张口说、动手做、动腿行、动脑想，取得"让课堂走进生活，让课程走进心灵"的良好教学效果，同时增进了师生之间的交流和互动，提高了教学的实效性。②优化教学内容，如将"思想道德修养与法律基础"的教学内容划分为四大板块：理想信念教育、道德修养教育、法律法规教育、心理素质教育；"中国近现代史纲要"课程中提出了"史论结合，论从史出"的讲授思路，形成了"学、思、行"三位一体的教学模式；"马克思主义基本原理概论""毛泽东思想和中国特色社会主义理论体系概论"课程以问题为导向，采取重点讲解与一般讲授相结合的原则，密切结合社会热点、时事热点等进行讲解。③重视网络信息技术的充分运用。教师普遍采用多媒体、网络等技术辅助进行教学。思想政治理论课都进行了网站建设，效果显著。"中国传统文化概论"和"马克思主义原理"两门课程已建成网络公开课，并成功上线"学堂在线"，拍摄了"习近平治国理政思想进课堂"和"纪念改革开放四十周年"两个系列微课。不少教师还利用QQ、论坛、电子邮件、微信群等形式，与学生进行教学互动、思想交流、疑难解答等，增强教学的针对性和实效性。

深圳大学马克思主义学院依据2018年新版教材，根据教学经历和体会，把"思想道德修养与法律基础"课的教学内容分为四部分，即学习理念、思想理念、道德理念和法治理念。第一部分"学习理念"主要包括教材"绪论"部分及拓展性内容（含入学教育的部分内容，即老生的优秀社会实践报告宣讲），目的是帮助新生尽快适应大学生活，探索适合自己的行之有效的学习方法，培养良好的学习理念和学习风格。第二部分"思想理念"主要包括教材第一至四章的内容以及相关的拓展性内容，目的是帮助大学生树立科学的世界观、人生观、价值观，树立坚定的理想信念，弘扬和培育中国精神。第三部分"道德理念"主要包括教材第五章及相关拓展性内容，目的是帮助大学生树立正确的道德观，形成良好的行为习惯，培养其社会公德、职业道德、家庭美德和个人品德。第四部分"法治理念"主要包括教材第六章内容，目的是帮助大学生增强法律意识，培养法治观念和法律素养，形成法治思维方式和遵纪守法的良好习惯。

仲恺农业工程学院马克思主义学院积极探索，寻找教材体系向教学体系转化新路径。在理解教材体系、掌握学生实际需求的基础上，鼓励老师积极探索，寻找教材体系向教学体系转化的新路径。翻转课堂，即教师将教材体系中的基本知识点，录制成微课视频，放在"易班优课"网络平台上，供学生进行网络学习；课堂教学重在引导学生运用网络所学内容对时事热点进行分析。案例教学，即案例可以将普遍化、理论化的教材体系具体化、形象化；学院鼓励老师将对时事热点的解读发表在"花城青蚂蚁"微信公众号上；同时鼓励其他老师将"花城青蚂蚁"的原创性推文作为案例教学的重要素材来源，实现微信公众号与教学体系转换的对接与联动。改革考核方法，即在学生的考核中，将平时成绩的比重由30%增加到70%，改变学生期末考试前死记硬背教材体系、不注重教师教学体系的学习习惯，引导学生将注意力放在教师平时对教材知识点的分析、运用上。

南方医科大学马克思主义学院实现思想政治理论课体系创新"三步走"。第一步：吃透教材、明晰理论。"理论只要说服人，就能掌握群众；而理论只要彻底，就能说服人。所谓彻底，就是抓住事物的根本。"近年来，为推进思想政治理论课教学改革，提升学生"抬头率""到课率""点赞数"，部分老师出现了思想政治理论课"娱乐化""表演化""去理论化"的偏差，然而，思想政治理论课的魅力根源不在于形式的花哨，而在于"理论的彻底性"。思想政治理论课教材是马克思主义理论研究和建设工程重点教材，具有深刻的理论魅力与严谨的理论逻辑，学院在推进教材体系向教学体系创新中，提出一定要吃透教材、明晰理论，真正做到"以理服人"。吃透教材、明晰理论主要是从教材理论基础、教材理论逻辑、教材理论要点等方面吃透，在理论清晰指导基础上推进向教学体系转化。第二步：强化问题、专题备课。"问题是时代的声音"，思想政治理论课从抽象的教材走向鲜活的教学需要强化问题意识，以具体的问题导入，加强课程的针对性与实效性。强化问题，主要从三个方面着眼：第一，立足学生需求，充分把握学生在思想上和理论上的困惑，以学生关注的问题为切入点，设定相应的理论专题；第二，聚焦现实问题，认真研究现实生活中热点问题、深层次问题，融会贯通地把现实问题和教学内容联系起来，加强理论对现实问题的解释力；第三，梳理课程理论问题，以课程理论中心问题为线索，梳理课程必须回答的具体问题，讲清楚"马克思为什么是对的"。基于学生关注问题、现实聚焦问题、课程理论问题，设定相应专题，并围绕专题备课，真正将抽象教材与国情、学情对接，为教材体系向教学体系转换做好教学准备。第三步：课上课下、理实对接。教材体系向教学体系转换的第三步即通过课上课下两种方式，实现理论与现实的对接，它是教材体系向教学体系的"落地"环节。课上的方式主要有通过教师专题教学、学生情景展演；教师理论面对面、学生头脑风暴等方式将深刻的理论通过课堂教学得以认知、认可并最终得到认同。课下的方式主要是通过参观访问中国特色社会主义理论体系研究基地、鸦片战争博物馆、顺德博物馆等教学实践基地，将课堂知识与课外实践对接，将抽象的理论与鲜活的生活对接、将抽象的思考与现实的问题对接，在现实问题中寻求理论求解，也从理论指导中思考现实问题。课上课下、理实对接既将理论指导于实践，也从现实中提升理论问题，真正实现理论与现实的对接、抽象与具体的结合，实现教育生活化与教学实景化，不断推进教材体系向教学体系创新。

广东药科大学马克思主义学院在思想政治理论课从教材体系到教学体系的转化上做了如下几个方面的积极探索。一是树立先进的教学理念。思想政治理论课教材体系，是教学体系的基础和依托，是师生教学活动最直接、最主要的材料依据。学院始终强调任课教师要认真研读和把握教材、理解教材、吃透教材，明确重点和难点问题，做到授课时突出精神实质。学院教师都树立了先进的教学理念，认识到思想政治理论课教学，可以在遵照课程标准的前提下，结合自身的条件，紧扣大学生的实际，重组、整合、灵活地处理教材。实现从教材体系到教学体系的转化，既不能照本宣科，也不能脱离教材随意发挥。二是优化课程教学内容体系。当前高校使用的思想政治理论课教材，是马克思主义理论研究与建设工程教材，具有高度的权威性和科学性。学院始终要求全体教师在教学过程中，始终围绕教学目标，遵循教材中的基本观点、基本结论。要求教师避免以下情况：教师根据自己的理解，或迎合学生的兴趣，或根据自己的专业背景，而偏离原有的教学目的、教学内容，在课堂上任意发挥。要求所有教师认真分析、鉴别、慎重选择教学参考资料或参考书籍。教材体系内容充实丰厚，而教学课时则有所限制。任课教师面临着一个讲什么、讲多少的取舍问题。学院始终坚持每门课程每学期展开 2 ~ 3 次集体备课会，明确教材中的重点和难点，并在教学过程中体现出来。任课教师要在讲课过程中，明确教材中的重点问题，突出教材中的难点问题，同时结合国内外热点问题，在重点和难点问题的讲解上下大功夫，增强教学的针对性。三是优化课程教学方法体系。教学方法是教学改革的核心，也是教学目标实现的手段。必须树立以教师为主导、以学生为主体的教育思想，使高校思想政治理论课向创新型、智能型的教学模式转变。多年来，学院积极探索思想政治理论课教育教学方法的改革与创新，改变传统的注重理论知识讲授的模式，引入问题（案例）讨论法、经典著作阅读法、影视教学法、翻转课堂法、实践教学法、多媒体教学法、思想政治理论课专题社会实践调查等方法，大大提高了思想政治理论课的针对性、实效性和吸引力、感染力。创新型、智能型、开放型的教学模式，使每一位大学生都积极参与到学习过程中，从而促进了思想政治理论课从教材体系到教学体系的转化。

韩山师范学院马克思主义学院建立健全教学质量评价与反馈制度。学院建立了教学质量检查、教学督导、学生信息反馈等方面的制度：《马克思主义学院教学常规工作管理细则》《马克思主义学院听课制度》《马克思主义学院教学督导组规定》，力争实现对思想政治理论课教学质量实施全过程监控。①建立学生评教制度。每学期末，学校组织学生对所学课程的任课教师进行网上评教，对所有任课教师的教学态度、教学内容、教学方法和教学效果等情况进行打分。学生评教数据反馈给马克思主义学院和任课教师，同时学院和任课教师及时研究数据情况，有针对性地进行教学改革，提高教学效果。学院党政领导和学院督导组对学生评教分数较低的教师分析原因，帮助改进，提高教学效果。②改革考核方式，重视过程性考核。学院创新考试考核办法，注重学习过程考核和学生能力评价的多样化的课程考核方式。主要内容是在平时考核和期末考核两部分中，采用学生讲坛、表演、演说、课堂表现等多种形式，增大平时考核环节并提高其在总评成绩中的比例，使过程性考核的比重占到整个考核比重的50%以上。

参考文献

［1］中共中央马克思恩格斯列宁斯大林著作编译局编：《马克思恩格斯选集》（第一卷），北京：人民出版社 1995 年版。

［2］中共中央马克思恩格斯列宁斯大林著作编译局编：《马克思恩格斯选集》（第二卷），北京：人民出版社 1995 年版。

［3］中共中央马克思恩格斯列宁斯大林著作编译局编：《马克思恩格斯选集》（第三卷），北京：人民出版社 1995 年版。

［4］中共中央马克思恩格斯列宁斯大林著作编译局编：《马克思恩格斯选集》（第四卷），北京：人民出版社 1995 年版。

［5］中共中央马克思恩格斯列宁斯大林著作编译局编：《列宁选集》（第一卷），北京：人民出版社 1995 年版。

［6］中共中央马克思恩格斯列宁斯大林著作编译局编：《列宁选集》（第二卷），北京：人民出版社 1995 年版。

［7］中共中央马克思恩格斯列宁斯大林著作编译局编：《列宁选集》（第三卷），北京：人民出版社 1995 年版。

［8］中共中央马克思恩格斯列宁斯大林著作编译局编：《列宁选集》（第四卷），北京：人民出版社 1995 年版。

［9］毛泽东：《关于纠正党内的错误思想》，《毛泽东选集》（第一卷），北京：人民出版社 1991 年版。

［10］毛泽东：《反对本本主义》，《毛泽东选集》（第一卷），北京：人民出版社 1991 年版。

［11］毛泽东：《实践论》，《毛泽东选集》（第一卷），北京：人民出版社 1991 年版。

［12］毛泽东：《矛盾论》，《毛泽东选集》（第一卷），北京：人民出版社 1991 年版。

［13］毛泽东：《关于正确处理人民内部矛盾的问题》，《毛泽东文集》（第七卷），北京：人民出版社 1999 年版。

［14］毛泽东：《人的正确思想是从哪里来的?》，《毛泽东文集》（第八

卷），北京：人民出版社 1999 年版。

[15] 邓小平：《在全国教育工作会议上的讲话》，《邓小平文选》（第二卷），北京：人民出版社 1994 年版。

[16] 邓小平：《解放思想，实事求是，团结一致向前看》，《邓小平文选》（第二卷），北京：人民出版社 1994 年版。

[17] 邓小平：《坚持四项基本原则》，《邓小平文选》（第二卷），北京：人民出版社 1994 年版。

[18] 邓小平：《建设有中国特色社会主义》，《邓小平文选》（第三卷），北京：人民出版社 1993 年版。

[19] 邓小平：《一靠理想二靠纪律才能团结起来》，《邓小平文选》（第三卷），北京：人民出版社 1993 年版。

[20] 邓小平：《用坚定的信念把人民团结起来》，《邓小平文选》（第三卷），北京：人民出版社 1993 年版。

[21] 江泽民：《论科学技术》，北京：中央文献出版社 2001 年版。

[22] 江泽民：《在中央思想政治工作会议上的讲话》，《江泽民文选》（第三卷），北京：人民出版社 2006 年版。

[23] 胡锦涛：《坚定不移沿着中国特色社会主义道路前进　为全面建成小康社会而奋斗——在中国共产党第十八次全国代表大会上的报告》，北京：人民出版社 2012 年版。

[24] 习近平：《习近平谈治国理政》（第一卷），北京：外文出版社 2018 年版。

[25] 习近平：《习近平谈治国理政》（第二卷），北京：外文出版社 2017 年版。

[26] 习近平：《习近平谈治国理政》（第三卷），北京：外文出版社 2020 年版。

[27] 习近平：《之江新语》，杭州：浙江人民出版社 2007 年版。

[28] 习近平：《在纪念孔子诞辰 2565 周年国际学术研讨会暨国际儒学联合会第五届会员大会开幕会上的讲话》，北京：人民出版社 2014 年版。

[29] 习近平：《在哲学社会科学工作座谈会上的讲话》，北京：人民出版社 2016 年版。

[30] 习近平：《决胜全面建成小康社会　夺取新时代中国特色社会主义伟大胜利——在中国共产党第十九次全国代表大会上的报告》，北京：人民出版社 2017 年版。

[31] 习近平：《在庆祝中国共产党成立 95 周年大会上的讲话》（2016 年

7 月 1 日），北京：人民出版社 2016 年版。

[32] 中共中央宣传部编：《习近平总书记系列重要讲话读本》，北京：学习出版社、人民出版社 2014 年版。

[33] 中共中央文献研究室编：《习近平关于实现中华民族伟大复兴的中国梦论述摘编》，北京：中央文献出版社 2013 年版。

[34] 习近平：《在北京大学师生座谈会上的讲话》，《人民日报》，2018 年 5 月 3 日。

[35] 习近平：《在纪念马克思诞辰 200 周年大会上的讲话》，《人民日报》，2018 年 5 月 5 日。

[36] 习近平：《坚持中国特色社会主义教育发展道路　培养德智体美劳全面发展的社会主义建设者和接班人》，《人民日报》，2018 年 9 月 11 日。

[37] 习近平：《在"不忘初心、牢记使命"主题教育总结大会上的讲话》（2020 年 1 月 8 日），《人民日报》，2020 年 1 月 9 日。

[38] 习近平：《辩证唯物主义是中国共产党人的世界观和方法论》，《求是》2019 年第 1 期。

[39] 习近平：《在湖北省考察新冠肺炎疫情防控工作时的讲话》，《求是》2020 年第 7 期。

[40] 习近平：《在第十三届全国人民代表大会第一次会议上的讲话》，《求是》2020 年第 10 期。

[41] 中共中央宣传部编：《中国特色社会主义学习读本》，北京：学习出版社 2013 年版。

[42] 中共中央文献研究室编：《习近平关于全面深化改革论述摘编》，北京：中央文献出版社 2014 年版。

[43] 中共中央文献研究室编：《十八大以来重要文献选编》（上），北京：中央文献出版社 2014 年版。

[44] 中共中央文献研究室编：《十八大以来重要文献选编》（中），北京：中央文献出版社 2016 年版。

[45] 中共中央党史和文献研究院编：《十八大以来重要文献选编》（下），北京：中央文献出版 2018 年版。

[46] 中共中央党史和文献研究院编：《十九大以来重要文献选编》（上），北京：中央文献出版 2019 年版。

[47]《中国共产党第十九次全国代表大会文件汇编》，北京：人民出版社 2017 年版。

[48] 中共中央宣传部编：《习近平新时代中国特色社会主义思想三十

讲》，北京：学习出版社 2018 年版。

［49］中共中央宣传部编：《习近平新时代中国特色社会主义思想学习纲要》，北京：学习出版社、人民出版社 2019 年版。

［50］中共中央文献研究室编：《习近平关于协调推进"四个全面"战略布局论述摘编》，北京：中央文献出版社 2015 年版。

［51］中共中央文献研究室编：《习近平关于全面从严治党论述摘编》，北京：中央文献出版社 2016 年版。

［52］中共中央文献研究室编：《习近平关于社会主义社会建设论述摘编》，北京：中央文献出版社 2017 年版。

［53］《中共中央关于坚持和完善中国特色社会主义制度　推进国家治理体系和治理能力现代化若干重大问题的决定》，北京：人民出版社 2019 年版。

［54］人民日报评论部编：《习近平用典》，北京：人民日报出版社 2015 年版。

［55］教育部社会科学司组编：《普通高校思想政治理论课文献选编（1949—2006）》，北京：中国人民大学出版社 2007 年版。

［56］教育部社会科学司组编：《普通高校思想政治理论课文献选编（1949—2008）》，北京：中国人民大学出版社 2008 年版。

［57］本书编写组编：《社会主义核心价值观：培训教材》，北京：新华出版社 2014 年版。

［58］本书编委会编：《培育和践行社会主义核心价值观》，北京：人民出版社 2014 年版。

［59］陈先达：《马克思主义哲学原理》，北京：中国人民大学出版社 2004 年版。

［60］《思想政治教育学原理》编写组编：《思想政治教育学原理》，北京：高等教育出版社 2018 年版。

［61］郑永廷等：《社会主义意识形态研究》，广州：中山大学出版社 2001 年版。

［62］郑永廷等：《社会主义意识形态发展研究》，北京：人民出版社 2002 年版。

［63］王玄武：《比较德育》，武汉：武汉大学出版社 2003 年版。

［64］石云霞：《高校思想政治教育理论课程建设史研究》，武汉：武汉大学出版社 2006 年版。

［65］顾海良、沈壮海等：《高校思想政治理论课程建设研究》，北京：经济科学出版社 2009 年版。

［66］顾海良、佘双好：《高校思想政治理论课程教学改革研究》，武汉：武汉大学出版社 2006 年版。

［67］张雷声：《新中国思想理论教育史》，北京：高等教育出版社 2005 年版。

［68］骆郁廷：《高校思想政治理论课程论》，武汉：武汉大学出版社 2006 年版。

［69］骆郁廷：《高校思想政治理论课程评价新探》，北京：中国社会科学出版社 2011 年版。

［70］戴钢书：《高校思想政治理论课实践教学论》，北京：中国人民大学出版社 2015 年版。

［71］李卫东：《高校思想政治理论课导学》，南昌：江西人民出版社 2013 年版。

［72］忻平、吴德勤等：《高校思想政治理论课改革发展研究》，上海：上海大学出版社 2015 年版。

［73］顾钰民：《马克思主义理论学科建设研究》，上海：复旦大学出版社 2009 年版。

［74］顾钰民：《马克思主义理论学科建设和思想政治理论课教学研究》，北京：中国人民大学出版社 2016 年版。

［75］刘社欣：《思想政治教育合力研究》，北京：人民出版社 2013 年版。

［76］王仕民：《思想政治教育心理学概论》，广州：中山大学出版社 2015 年版。

［77］许启贤：《中国共产党思想政治教育史》，北京：中国人民大学出版社 2004 年版。

［78］高奇：《新中国教育历程》，石家庄：河北教育出版社 1996 年版。

［79］黄小平、汪云：《职业教育资源整合研究》，兰州：甘肃教育出版社 2010 年版。

［80］米如群：《高校德育工程论》，南京：南京师范大学出版社 2006 年版。

［81］李建平：《思想政治理论课改革与教学——提高本科教学质量的探讨》，北京：社会科学文献出版社 2008 年版。

［82］艾四林：《思想政治理论课新体系与教师队伍建设研究》，北京：清华大学出版社 2008 年版。

［83］何云峰、苏令银：《高校思想政治理论课教学与学科发展研究》，合肥：黄山书社 2009 年版。

［84］苏振芳：《思想道德教育比较研究》，北京：社会科学文献出版社2011 年版。

［85］何理：《思想政治理论课话语体系生成和发展研究》，北京：人民出版社2015 年版。

［86］李卫东：《高校思想政治理论课导学》，南昌：江西人民出版社2013 年版。

［87］冯培：《新媒介时代高校思想政治理论课创新体系研究》，北京：旅游教育出版社2013 年版。

［88］熊启珍、高伟丽：《高校思想政治理论课热点·重点·难点问题解析》，武汉：华中科技大学出版社2013 年版。

［89］胡涵锦：《高校思想政治理论课教师队伍建设与发展》，上海：上海交通大学出版社2013 版。

［90］张耀灿等：《高校思想政治理论课教育教学质量监测体系研究》，北京：经济科学出版社2014 年版。

［91］李松林等：《新时期高校思想政治理论课教学体系研究》，北京：首都师范大学出版社2014 年版。

［92］郭纯平：《我国高校思想政治教育理论课实践教学研究》，广州：世界图书出版广东有限公司2014 年版。

［93］王爱玲：《中国网络媒介的主流意识形态建设研究》，北京：人民出版社2014 年版。

［94］周琪：《意识形态与美国外交》，上海：上海人民出版社2006 年版。

［95］樊浩：《中国大众意识形态报告》，北京：中国社会科学出版社2012 年版。

［96］胡惠林：《中国国家文化安全论》，上海：上海人民出版社2005 年版。

［97］郭明飞：《网络发展与我国意识形态安全》，北京：中国社会科学出版社2009 年版。

［98］任志锋：《当代中国社会主义意识形态主导性研究》，北京：中国书籍出版社2015 年版。

［99］李建华：《多元文化时代的价值引领》，北京：人民出版社2012 年版。

［100］杨建义：《大学生文化认同与价值引领》，北京：社会科学文献出版社2016 年版。

［101］徐崇温：《当代外国主要思潮流派的社会主义观》，北京：中共中

央党校出版社 2007 年版。

［102］李正国：《国家形象构建》，北京：中国传媒大学出版社 2006 年版。

［103］孙乃龙：《社会意识形态危机与规避》，北京：中国社会科学出版社 2013 年版。

［104］聂立清：《我国当代主流意识形态认同研究》，北京：人民出版社 2010 年版。

［105］石云霞：《十六大以来意识形态建设研究》，武汉：武汉大学出版社 2012 年版。

［106］韩震：《中国的价值观》，北京：中国社会科学出版社 2016 年版。

［107］袁贵仁：《价值观的理论与实践——价值观若干问题的思考》，北京：北京师范大学出版社 2013 年版。

［108］关海宽：《改革开放以来我国社会主义意识形态建设研究》，北京：中国社会科学出版社 2012 年版。

［109］石本惠：《党的先进性建设与执政党的意识形态建构》，上海：上海人民出版社 2010 年版。

［110］张云莲：《冷战后国际社会的意识形态冲突》，北京：光明日报出版社 2013 年版。

［111］朱继东：《新时期领导干部意识形态能力建设》，北京：人民出版社 2014 年版。

［112］李辽宁：《当代中国思想政治教育意识形态功能研究》，武汉：武汉大学出版社 2006 年版。

后　记

　　《新时代高校思想政治理论课体系创新研究》是广东省教育科学规划（党的十九大精神研究专项）重点课题"新时代广东高校思想政治理论课建设研究"系列成果之一。

　　本课题研究全面贯彻党的教育方针，坚持马克思主义指导地位，贯彻落实习近平新时代中国特色社会主义思想和党的十九大精神，贯彻落实习近平总书记关于教育的重要论述，特别是在学校思想政治理论课教师座谈会上的重要讲话精神，全面贯彻党的教育方针，重点研究解决好"培养什么人、怎样培养人、为谁培养人"这个根本问题，坚持不懈用习近平新时代中国特色社会主义思想铸魂育人，落实立德树人根本任务，坚持思想政治理论课为人民服务，为中国共产党治国理政服务，为巩固和发展中国特色社会主义制度服务，为改革开放和社会主义现代化建设服务，加快推进思想政治理论课现代化，办好人民满意的思想政治理论课。坚持思想政治理论课守正和创新相统一，落实新时代思想政治理论课改革创新要求，不断增强思想政治理论课的思想性、理论性和针对性。坚持思想政治理论课在课程体系中的政治引领和价值引领作用。坚持思想政治理论课问题导向和目标导向相结合，注重推动思想政治理论课建设内涵式发展，全面提升学生思想政治理论素养，实现知、情、意、行的统一；努力培养担当民族复兴大任的时代新人，培养德智体美劳全面发展的社会主义建设者和接班人。

　　课题研究中吸取了国内外有关学者关于思想政治教育研究，特别是思想政治理论课的理论成果和实践经验，这些成果提供了很好的研究参考。同时，课题研究过程中得到了广东省内高校马克思主义学院的大力支持，在此表示感谢！新时代高校思想政治理论课迎来了发展的黄金时期，高校思想政治理论正在成为学生真心喜爱、终身受益、毕生难忘的优秀课程。办好思想政治理论课，事关意识形态工作大局，事关中国特色社会主义事业后继有人，事关实现中华民族伟大复兴的"中国梦"，必须始终摆在突出位置，持之以恒、常抓不懈。这次研究成果的出版，只是研究的一个阶段性总结。研究团队将高举中国特色社会主义伟大旗帜，以马克思列宁主义、毛泽东思想、邓小平理论、"三个代表"重要思想、科学发展观、习近平新时代中国特色社会主义思想为指导，深入贯彻落实党的十九大和十九届四中全会精神，深入贯彻落实习近平总书记系列重要讲话精神，立足坚定大学生对中国特色社会主义的道路自信、理论自信、制度自信、文化自信，以问题为导向，进一步坚定信心，强化责任，落实思想政治理论课在高校立德树人工作中的战略地位，不断推进高校思想政治理论课的教学与研究。

本书由王仕民教授、丁存霞副研究员主持编写提纲和最后修改定稿。参与课题研究和书稿撰写的人员有：尹慧（吉首大学）、陈文婷（中山大学），撰写第一章；黄诗迪（中山大学）、李丽（中山大学），撰写第二章；徐丽燕（中山大学）、罗希明（广东第二师范学院），撰写第三章；陈志丹（韩山师范学院）、吴新奇（佛山科技学院），撰写第四章；徐丽葵（中山大学）、粟莉（广东药科大学），撰写第五章；徐丽燕（中山大学）、黄英霞（广东轻工职业技术学院），撰写第六章；蔡开贤（广州医科大学），撰写第七章；吴晓斐（广东药科大学）、葛彬超（中山大学），撰写第八章；汤玉华（广东机电职业技术学院）、黄云妍（中山大学），撰写第九章；吴晓斐（广东药科大学）、龚丹丹（广东机电职业技术学院），撰写第十章；陈继亚（中国人民公安大学）、陈继雯（中山大学），撰写第十一章；徐丽燕（中山大学）、金娇（中山大学），撰写第十二章；汤玉华（广东机电职业技术学院）、郑晓如（中山大学），撰写第十三章；欧阳永忠（中山大学）、彭小兰（华南理工大学）、苏泽宇（华南师范大学）、游为伟（广东外语外贸大学）、丁雪（暨南大学）、江传月（广东财经大学）、练庆伟（华南农业大学）、刘志山（深圳大学）、莫炳坤（广州大学）、徐满泽（仲恺农业工程学院）、曾楠（南方医科大学）、粟莉（广东药科大学）、林丰（广州美术学院）、王新宏（广州美术学院）、陈志丹（韩山师范学院）、宋杨（广东轻工职业技术学院）、邹开明（广东工程职业技术学院）、林丽群（广州民航职业技术学院）、陈小霞（广州南洋理工职业学院）、汤玉华（广东机电职业技术学院）、徐县中（广州华立科技职业学院），撰写第十四章。

感谢中山大学李辉教授、华南理工大学刘社欣教授、华南师范大学陈金龙教授、广东外语外贸大学谢迪斌教授、暨南大学程京武教授、广东财经大学杜奋根教授、广州大学罗明星教授、仲恺农业工程学院蔡立彬教授、南方医科大学任映红教授、广东药科大学吕志教授、广东工程职业技术学院方燕教授、广州华立科技职业学院林伟健教授、广州市社会福利院（广州市儿童综合康复中心）杨杰文研究员、广州医科大学龚超教授对本课题研究提供的大力支持！课题组成员对研究成果进行了反复讨论和修改，希望给读者呈现尽善尽美之力作，然终因水平有限，书中难免存有疏漏，敬请专家、学者和广大读者批评指正！书中借鉴和引用了一些学者的研究成果，在此表示感谢！

感谢广东省教育厅的大力支持！感谢中山大学马克思主义学院的支持！感谢暨南大学出版社的支持！

王仕民

2020 年 12 月 18 日